U0554409

权威·前沿·原创

皮书系列为
"十二五""十三五"国家重点图书出版规划项目

BLUE BOOK

智 库 成 果 出 版 与 传 播 平 台

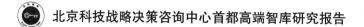

北京科技战略决策咨询中心首都高端智库研究报告

北京高质量发展蓝皮书
BLUE BOOK OF BEIJING'S HIGH-QUALITY DEVELOPMENT

北京高质量发展报告 (2021)

REPORT ON HIGH-QUALITY DEVELOPMENT OF BEIJING (2021)

方 力 贾品荣 胡曾曾 / 等 著

社会科学文献出版社
SOCIAL SCIENCES ACADEMIC PRESS (CHINA)

图书在版编目（CIP）数据

北京高质量发展报告. 2021 / 方力等著. -- 北京：
社会科学文献出版社，2021.3
　（北京高质量发展蓝皮书）
　ISBN 978 - 7 - 5201 - 8075 - 7

　Ⅰ. ①北…　Ⅱ. ①方…　Ⅲ. ①区域经济发展 - 研究报
告 - 北京 - 2021　Ⅳ. ①F127. 1

　中国版本图书馆 CIP 数据核字（2021）第 041876 号

北京高质量发展蓝皮书
北京高质量发展报告（2021）

著　　者 / 方　力　贾品荣　胡曾曾 等

出 版 人 / 王利民
责任编辑 / 王玉山　张丽丽

出　　版 / 社会科学文献出版社·城市和绿色发展分社（010）59367143
　　　　　　地址：北京市北三环中路甲 29 号院华龙大厦　邮编：100029
　　　　　　网址：www. ssap. com. cn
发　　行 / 市场营销中心（010）59367081　59367083
印　　装 / 三河市东方印刷有限公司

规　　格 / 开　本：787mm × 1092mm　1/16
　　　　　　印　张：21　字　数：313 千字
版　　次 / 2021 年 3 月第 1 版　2021 年 3 月第 1 次印刷
书　　号 / ISBN 978 - 7 - 5201 - 8075 - 7
定　　价 / 168. 00 元

北京市社会科学基金重点项目《完善科技创新制度研究》（项目编号：20LLGLB041）阶段性成果

北京市科学技术研究院"北科学者"计划《北京高精尖产业评价与发展战略研究》（项目编号：PXM2020－178216－000008）阶段性成果

北京市科学技术研究院财政项目《新经济支撑北京高质量发展研究》（项目编号：PXM2020－178216－000001）成果

北京市科学技术研究院创新工程项目《创新引领的北京产业高质量发展路径研究》（项目编号：PXM2021－178216－000002）阶段性成果

主要著者简介

方 力 北京市科学技术研究院党组书记，北京市习近平新时代中国特色社会主义思想研究中心特邀研究员、北科院研究基地主任，《北京高质量发展蓝皮书》主编。毕业于北京航空航天大学。曾任北京市环境保护局党组书记、局长。主要研究方向：可持续发展。在《人民日报》《光明日报》《经济日报》理论版发表多篇理论文章。主持北京市社会科学基金重大课题等多项课题，其中《北京市大气污染治理力度比较研究》论文获北京市第十三届优秀调查研究成果二等奖。出版《首都高质量发展研究》等专著。

贾品荣 北京市科学技术研究院"北科学者"，北科院"高精尖"产业研究学术带头人，北科智库研究员。毕业于华中科技大学，获博士学位，南开大学经济学博士后。主要研究方向：技术经济及管理。兼任南开大学硕士研究生导师。主持中国社会科学院重大招标项目、北京市社会科学基金重点项目等多项课题。著有《京津冀地区低碳发展的技术进步路径研究》等专著12部。在 ENERGY 等 SCI 一区和《中国管理科学》等中文核心期刊以第一作者身份发表论文30多篇。其中，《新华文摘》转载论文7篇，《中国人民大学复印报刊资料》转载论文14篇。

摘　要

党的十九届五中全会明确提出以推动高质量发展为主题。高质量发展覆盖了经济增长、环境保护、资源利用、社会事业等各个方面，贯穿了生产流通、分配和销售等社会再生产的全过程，是一个复杂的系统工程，必须结合国家和首都的资源禀赋特征，开展系统的研究，制定合理可行的发展目标和路径。为更好地贯彻党中央和北京市的决策部署，北京市科学技术研究院联合清华大学、北京工业大学等单位，持续开展"创新驱动首都高质量发展"的系统性研究，举办首都高质量发展研讨会，发布北京高质量发展指数报告。指数报告提出衡量区域高质量发展的三个维度——经济高质量发展、社会高质量发展、环境高质量发展，建构了衡量区域高质量发展的68个指标体系，对北京高质量发展进行了评价分析，并与上海等高质量发展水平较高的城市进行了比较研究。在高质量发展中，产业结构优化是重要主题；新经济发展是北京产业结构优化的重要引擎。2021年度报告聚焦新经济高质量发展，提出新经济五大发展要义、六大内涵，从六个维度构建了北京新经济评价指标体系，指出北京新经济发展具有六个特征，并提出有针对性的发展对策，为北京新经济高质量发展献计献策。

《北京高质量发展报告（2021）》由总报告、分报告、专题报告、案例报告、附录五个部分共12章内容组成。总报告分析了2020年北京高质量发展现状及其成效，通过构建数理模型、运用指数评价了北京高质量发展，提出了"十四五"时期需要把握高质量发展的十大战略趋向。分报告分别构建了北京经济、社会、环境高质量指标体系，基于数据分析，对2005～

2018 年北京经济、社会、环境高质量发展水平进行测度，并与各维度指标得分较优的省市进行对比分析。专题报告则聚焦北京新经济发展，分析了全球新经济发展状态，编制了北京新经济指数，研究了新经济促进高质量发展的机理，建构了"新经济—高质量"的投入产出模型。案例报告选择了北京市有代表性的企业——百度和京东方，进行新经济企业促进北京高质量发展的案例分析。附录收录了北京高质量发展方面的相关政策、文件，以及北京高质量发展指数指标解释及资料来源。

本书的主要建树有以下十个方面。

第一，从经济、社会、环境三个维度建构了北京高质量发展评价指标体系。从国际权威机构报告看，经济维度、社会维度、环境维度是可持续发展的三个支柱；从新发展理念的要求看，高质量发展与高速增长相比，从关注经济增长一个维度，转向关注经济发展、社会公平、生态环境等多个维度；从北京的定位看，经济高质量发展、社会高质量发展、环境高质量发展是北京高质量发展的应有之意。作为科技创新中心，北京集聚了丰富的人才和科技资源，以创新为第一引擎，引领并驱动经济结构升级、经济增长效率提升，实现经济高质量发展；作为全国首个实质性减量发展的城市，北京应通过适当恰当的减量，倒逼其改革机制达到在既有的人口、土地和环境等硬约束下实现更大产出比，实现更有效益、更可持续的发展；北京是中国首善之区，按照"七有五性"要求，应着力解决民生问题，推进城乡统筹，促进社会领域的高质量发展。

第二，指出了北京高质量发展呈现五大特征。报告从经济高质量发展、社会高质量发展、环境高质量发展三个维度，评价了 2005～2018 年北京高质量发展水平，重点评价分析了 2018 年北京高质量发展。得出北京高质量发展呈现五个特征。特征之一：北京高质量发展呈持续增长态势，指数领先。特征之二：绿色发展深入人心，环境高质量成为主要推动力。特征之三：经济高质量发展更加依靠创新驱动，高精尖产业是重点。特征之四：资源利用指数贡献凸显，生态环境质量呈螺旋式上升。特征之五：民生优化中缩小城乡差距成为最大的提升点。

第三，评价分析了北京经济高质量发展水平。报告从经济增长、结构优化、效率提升、创新驱动四个维度构建了经济高质量发展评价指标体系，评价分析了北京 2005～2018 年经济高质量发展水平。研究得出：北京经济高质量发展水平在创新驱动下领先于其他省市，目前北京经济高质量发展主要依靠创新驱动指数与经济增长指数，结构优化趋于合理，但是在效率提升方面亟须改善。具体而言，北京经济增长指数保持平稳增长；北京结构优化指数呈现在曲折波动中缓慢增长的态势，下一阶段是北京向"高精尖"产业迈进的关键；效率提升对北京经济高质量发展的贡献度需要提升，提升产业劳动生产率是重点；创新驱动已成为推动北京经济高质量发展的最主要动力源，对北京经济高质量发展贡献率比重不断提升。尤其应注重加大对企业研发的投入。

第四，评价分析了北京社会高质量发展水平。报告从民生优化、城乡统筹、风险防控三个维度构建了社会高质量发展评价指标体系，评价分析了北京 2005～2018 年社会高质量发展水平。研究得出：北京社会高质量发展指数呈现"Z"形增长态势，波动幅度相对较大。民生优化维度是北京社会高质量发展的主要动力，而城乡统筹与风险防控维度的贡献需要提升。因此，努力缩小城乡发展差距、加强风险防控将是未来北京社会高质量发展的主要动力。

第五，评价分析了北京环境高质量发展水平。报告从环境质量、污染减排、资源利用、环境管理四个维度构建了环境高质量发展评价指标体系，评价分析了北京 2005～2018 年环境高质量发展水平。研究得出：北京环境高质量增长由平缓增长转为在波动中增长态势，但波动幅度相对较小。具体而言：尽管绿化覆盖率成效显著，但环境质量仍需持续改善；北京污染减排指数处于全国领先水平，呈现在波动中增长的态势，增长幅度相对较大；资源利用对北京环境高质量发展贡献度最高，已成为主要动力源；环境管理指数呈现增—减交替的不平稳增长态势。今后由不平稳增长转为稳定增长是重点，需要加大环境保护投资投入。

第六，提出"十四五"时期高质量发展的十大战略趋向。报告结合

"十四五"发展规划，提出高质量发展的十大战略趋向。一是"内循环"体系助力高质量发展；二是经济结构升级推动高质量发展；三是自主创新引领高质量发展；四是新经济驱动高质量发展；五是"数智化"和数字经济驱动高质量发展；六是消费拉动高质量发展；七是服务型制造促进高质量发展；八是区域协调发展推进高质量发展；九是绿色发展助力高质量发展；十是共享发展聚力高质量发展。

第七，分析了新经济促进高质量发展的机理。从宏观层面看，新经济能够从激发国家创新和社会创新两个方面推动经济高质量发展；从中观层面看，新经济可以从改进产业效率和促进要素流动两个方面推动经济高质量发展；从微观层面看，新经济通过促进各类企业实现内部自我循环更新持续推进经济高质量发展。新经济对于高质量发展具有动能转化作用、结构优化作用与协同演化作用。

第八，首次建构了 6 维度、51 个指标的北京新经济指数。报告提出新经济的五大发展要义：一是在新经济的推动下，步入以知识为主导的社会；二是新经济提高了全社会生产效率；三是在新经济的推动下，城市更加智慧，生活更为智能；四是新经济催生了新的经济力量——独角兽企业；五是新经济促使制度与技术协同，促进了公共服务建设。提出新经济的六大内涵：经济活力是新经济发展的基石；知识型人力投入是新经济发展的支撑；创新能力是新经济发展的核心；国际化是新经济发展的载体；"数智化"是新经济发展的关键；转型升级是新经济发展的方向。原创性地提出符合北京新经济发展特征的 6 维度、51 个指标的北京新经济指数。与美国的新经济指标相比，北京新经济指数的内容更为丰富，逻辑关系更强，尤其是在创新能力维度增加了自主查询的数据，增加了高质量发展背景下的转型升级指标。

第九，评价了北京新经济发展水平。经评价分析，北京新经济发展具有以下六个特征：一是新经济产业加快发展，北京经济活力攀升；二是知识型人才投资成效显著，北京知识密集型服务业规模稳步增长；三是新经济创新能力不断提升，自主创新还需加强；四是新经济国际化成效突出，北京成为全球"独角兽之都";五是从"数字化"到"数智化"跨越,数字经济成为新经济主引擎;六是绿色发展势头较好,新经济成为转型升级主角。2015～2019年,北京新经济指数由157.4快速增长到351.1,年均复合增长率为22.2%。从贡献度分析,新经济"数智化"指数贡献度第一,成为北京新经济发展的第一引擎;转型升级指数亟须提升。

第十,建构了"新经济—高质量"的投入产出模型。报告分析了2002～2017年北京市新经济的影响力系数情况。研究得出:新经济制造业对其他部门生产的波及影响程度超过社会平均影响力水平,体现出新经济制造业对于整体经济增长的拉动作用已经处于重要的位置;然而新经济服务业中只有科学研究和技术服务的影响力系数大于1,说明北京市新经济服务业的发展水平还有待提升。从感应度系数来看,属于新经济的信息传输、软件和信息技术服务,通信设备、计算机和其他电子设备的感应度系数大于1,其他9个新经济部门的感应度系数小于1。说明在经济高质量发展过程中,新经济为其他行业提供产出的强度还不够大;同时表明新经济和传统经济的协同发展程度还不够高。报告提出促进北京新经济发展的对策建议:持续提高新经济制造业水平,大力推进新经济服务业发展,强化产业生态系统,完善新经济高质量发展治理体系,实施新经济高质量发展示范工程。

关键词: 北京高质量发展　北京经济高质量发展　北京社会高质量发展　北京环境高质量发展　北京新经济指数

目 录 ⌐❯▚▚▚

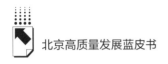
Ⅲ 专题报告

Ⅳ 案例报告

Ⅴ 附录

皮书数据库阅读**使用指南**

"十四五"时期中国高质量
发展的战略思考（代序一）

余　斌*

高质量发展为我国"十四五"期间经济社会发展的主题。从供给的角度看，深化供给侧结构性改革来促进产业转型升级，是迈向高质量发展轨道的关键所在。从需求的角度看，以下四个方面至关重要：一要充分发挥举国体制的优势，破解核心技术、关键零部件受制于人的局面；二要加强向以政府投入、基础研究为主转变；三要引导资源或要素不断向产业链中高端转移集中，提高我国中高端产品和服务的供给能力；四要引导生产或市场向高效率的企业转移集中。

一　理解高质量发展地位的三个角度

（一）发展仍然是执政兴国的第一要务

尽管在过去40年中，我国在经济社会发展领域取得了举世瞩目的成就，但不能否认的是中国仍然是世界上最大的发展中国家。2019年，中国人均GDP首次突破1万美元，而世界高收入国家人均GDP平均值为4.45万美元、美国人均GDP为6.2万美元。由此可见，我国各项经济指标与国际水

---

* 余斌，国务院发展研究中心党组成员、办公厅主任、研究员。本文为作者在"第二届首都高质量发展"研讨会上的特邀报告。

平仍存在明显差距。党的十九届五中全会提出，我国2035年人均国内生产总值要达到中等发达国家水平。为实现这个目标，必须将发展作为第一要务。在以数量扩张为主的阶段，我国主要依靠资源要素的高投入、环境的高污染以实现经济的高增长；在新的发展阶段必须坚持创新、协调、绿色、开放、共享的新发展理念。

（二）发展质量不高是目前经济社会发展中矛盾和问题出现的主要原因

党的十九大报告提出，新时代我国社会主要矛盾为"人民日益增长的美好生活需要和不平衡不充分的发展之间的矛盾"，同时强调，满足人民日益增长的美好生活需要是根本目的，是经济社会发展的出发点和落脚点。唯有通过发展，才能解决如今经济社会发展中存在的矛盾和问题，唯有走上高质量发展的轨道，才能从根本上解决发展不平衡、不充分的问题。

（三）提高综合国力有赖于发展质量提高

当今世界面临百年未有之大变局。十九届五中全会提出，世界进入动荡变革期，中美全方位战略竞争将持续较长时间。在此情况下，提高综合国力、国际竞争能力、抗御风险能力都有赖于发展质量的不断提高。

二　如何走上高质量发展轨道

可从需求和供给两个角度分析如何走上高质量发展轨道的问题。当今社会要形成需求牵引供给、供给创造需求的更高水平的动态平衡，需要从供给侧结构性改革和加强需求侧管理两方面进行强调。要走上高质量发展的轨道，也需要从供给和需求这两个角度发力。

（一）供给

从供给的角度看，深化供给侧结构性改革来促进产业转型升级，是迈向高质量发展轨道的关键所在。

供给侧结构性改革旨在调整经济结构，使要素实现最优配置，提升经济增长的质量和数量。随着收入水平的大幅度提高，消费结构快速升级所出现的个性化、高端化、服务化、多样化趋势逐渐明显。需求侧发生重大变化后，供给侧存在的大量体制、机制障碍阻碍了供给侧调整，导致供给不能满足需求。一方面社会存在大量无效供给，另一方面市场存在大量无法满足的需求，要通过改革来消除制约供给调整的体制或机制障碍，让供给重新焕发出新的生机活力，让供给能够满足需求。

（二）需求

从需求的角度看，以下四个方面至关重要。

1. 要充分发挥举国体制的优势，破解核心技术、关键零部件受制于人的局面

这是当前面对的重要问题。从产业链、供应链、价值链的角度看，我国许多领域存在短板、弱项和"卡脖子"的问题，无法靠单一个体在短期内取得突破。需要发挥举国体制的优势，集中力量办大事，在重点领域不断取得突破，才能保障产业链、供应链、价值链的安全稳定。

2. 加强向以政府投入、基础研究为主转变

从国家角度看，过去 40 年中我国产业发展处在跟随阶段，大量引进、消化和吸收国外新兴技术再创新，不断缩小与发达国家之间的差距。此阶段中创新和研发以企业投入、应用式研究为主。当产业到达并跑或领跑的新阶段，技术水平日益接近世界前沿时，技术创新赢得优势、赢得主动、取得突破主要依靠基础研究。而基础研究应以政府投入为主，为颠覆性的重大技术创新奠定基础。

3. 引导资源或要素不断向产业链中高端转移集中，提高我国中高端产品和服务的供给能力

国民收入水平提高、中等收入群体规模不断扩大、消费结构快速升级，这些现象表现为百姓消费倾向从以中低端产品为主向以中高端产品和服务为

主转变。在客观上要求国家在资源配置方面引导资源或要素不断向产业链的中高端转移集中，增加中高端产品和服务的供给能力，满足不断升级的消费需求。

4.引导生产或市场向高效率的企业转移集中

产业链中低端环节存在大量过剩产能，导致过度竞争、恶性竞争发生，中国大部分产业领域都面临此问题。应当通过竞争兼并重组、优胜劣汰，淘汰行业内的低效率企业，引导生产或市场向高效率企业转移和集中，提高行业的集中度、竞争能力、盈利能力和创新能力。

三　产业的转型升级

十九届五中全会分别对不同产业提出了新的不同要求。

（一）第一产业

十九届五中全会强调三个要点，要提高农业的质量、效益和竞争能力。在质量方面，过去，农产品供不应求，农业发展以提高农产品产量为主，满足中国人吃饭的需要。大量使用农药化肥提高单产、毁林开荒、毁草开荒、扩大耕地面积，都是提高农产品产量的对策。收入水平提升后，百姓需求从吃饱升级为追求食品安全和健康。因此对农业来说，要由以提高农产品产量为主转变为以提高农产品质量为主。在效益方面，强调农业发展效益，保障农民稳定收入，避免抛荒撂荒，调动农民从事农业生产积极性，才能不断提高农民收入水平，不断缩小城乡居民收入差距，最终走上共同富裕道路。在竞争力方面，如今中国部分农产品价格高于国际市场，表明农业生产成本在不断提高，农业竞争能力进一步削弱。农业只有走上规模化经营的道路，才有可能走上机械化道路，最终才能走上现代化道路。

（二）第二产业

十九届五中全会强调，要保持制造业比重基本稳定。在当前经济发展水平下，往往会出现服务业增加值占 GDP 比重不断提高、制造业增加值占 GDP 比重不断下降的情况。目前我国服务业增加值占 GDP 比重已超过 50%，美国服务业增加值占 GDP 比重接近 80%，这表明服务业正在进入加快发展阶段，服务业增加值占 GDP 比重会进一步提高。十九届五中全会强调要保持制造业比重基本稳定，是针对当前中国制造业加速向海外转移、经济运行中所出现的脱实向虚以及实体经济在运行过程中面临更多矛盾和困难提出的。如果不保持制造业比重基本稳定，可能会出现过快和过早的去工业化，重蹈发达国家产业空洞化的覆辙。2008 年国际金融危机之后，奥巴马曾反思为什么国际金融危机会率先在美国这一世界上经济实力最强大的国家爆发。美国把大量制造业向海外转移，导致美国产业空洞化，进而导致美国经济过度依赖虚拟经济，而虚拟经济形成泡沫之后破灭，最终导致次贷危机爆发。因此，我们要高度重视实体经济和制造业在发展中所面临的矛盾和困难，用新技术、新产品、新业态、新模式来帮助企业成功改造；提升传统制造业，让传统制造业重新焕发新的生机和活力。大力发展新动能，从而保持制造业比重基本稳定。

（三）第三产业

十九届五中全会分别从生产型服务业和生活型服务业的角度提出了高质量发展目标。在生产型服务业上，十九届五中全会提出生产型服务业要向专业化和价值链高端延伸。当前生产型服务业往往会出现严重缺少综合性专业化分工的问题，许多生产型服务业处在价值链中低端，因此，未来发展方向应当强调向专业化和价值链高端延伸。在生活型服务业上，十九届五中全会强调要促进生活型服务业向高品质和多样化方向升级，与居民消费结构升级方向相吻合。从需求角度讲，应着力扩大消费需求，释放内需潜力。在"十三五"期间，消费对经济增长的平均贡献达 60% 左右，在经济发展中起到基础性作用。消费可以分解为实物商品消费和服务消费。目前中国消费市场规模和美国仍有一定差距，若剔除服务消费，中国实物商品消费额则与美国大体相当。

居民最终消费率指居民最终消费占国内生产总值的比重。目前中国居民最终消费率仅不到40%，而美国接近70%，世界上所有高收入国家平均水平达到近60%，因此中国消费扩张的潜力和空间巨大，是世界上最有潜力的消费市场。

四　扩大消费需解决的问题

（一）必须促进居民收入稳定增长

消费是收入的函数，不断扩大消费首先要保障居民收入稳定增长。保障居民收入增长的两个同步：一是保持居民收入增长与经济增长基本同步；二是保障劳动者报酬增长与劳动生产力提高同步。

此外，还需要不断优化国民收入分配结构。国民收入分配指在政府、企业和个人之间进行分配，形成政府所得税收、企业所得利润和个人所得工资。近几年，中央政府通过大规模减税降费调整了政府和企业之间的分配关系。为不断扩大消费需求，保障居民收入稳定增长，应当不断提高劳动所得占 GDP 比重，在国民收入分配当中降低政府所得和企业所得，让劳动者报酬增长达到更高水平。

（二）完善社会保障体系，消除百姓后顾之忧

十九届五中全会提出，我们建立起了世界上规模最大的社会保障体系，但是同时存在覆盖面不足和保障水平过低的问题。当百姓在养老、医疗、教育等领域面临大量不确定性时，会选择增加储蓄以备不时之需，导致有钱不敢花的情况发生。因此需要不断完善社会保障体系、提高保障水平，消除百姓后顾之忧。

（三）不断缩小居民收入分配、财富分配的差距

十九届五中全会通过的建议强调，2035 年远景目标中，要实现城乡区

域发展差距和居民生活水平差距显著缩小，从而实现全体人民共同富裕。当收入分配差距过大时，高收入群体往往倾向于国外消费，中国消费能力流失海外，而大量低收入群体则面临支付能力不足的问题。2020 年 5 月，国务院总理李克强在全国"两会"结束以后的答记者问中提到中国有 6 亿人口的月收入为 1000 元左右。这从另一个方面说明中国如今面临着居民收入差距、财富分配差距不断扩大的现实，未来应做到十九届五中全会所提出的城乡差距、居民生活水平差距显著缩小，在共同富裕上取得更明显的实质性进展。

"十四五"时期北京经济高质量
发展的推进路径（代序二）

吕 政*

北京经济高质量发展中必须以企业为主体，依靠企业技术创新推动。企业是从事生产经营的单位，面对竞争性市场，能够较准确地把握市场需求和技术创新方向，具有将技术创新成果进行验证、改进、完善和工程化的能力，进而实现产业化、规模化和市场化。技术创新成果工程化、产业化和市场化是科技创新的最终目标。

一 基础设施建设投资仍是拉动经济的重要动力

中共中央关于"十四五"国民经济与社会发展规划建议提出，要统筹推进基础设施建设。构建系统完备、高效实用、智能绿色、安全可靠的现代化基础设施体系。虽然投资拉动经济增长权重已相对下降，但仍要保持必要固定资产投资规模，优化投资结构。投资是拉动经济增长的重要动力，北京基础设施建设仍有许多领域和项目需要进行投资：一是继续完善城乡交通体系建设，推进交通运输体系现代化；二是企业投资应当从外延式扩大再生产转向以创新驱动为主导的内涵式扩大再生产，加大企业对研发、设备更新、技术改造的投入。

---

* 吕政，中国社会科学院学部委员，研究员。本文为作者在"第二届首都高质量发展"研讨会上的特邀报告。

以华为为例：华为公司在电子通信设备制造业处于全球领先地位，原因是坚持主营业务领域技术创新。华为每年研发投入占企业营业收入的15%，高于苹果公司的4.6%、三星公司的7.73%、谷歌的13.5%、微软公司的13.95%（见图1）；研发人员共8万人，占公司员工总数的45%。华为公司始终坚持以电子通信设备制造和研发为主业，不在房地产和资本市场进行投机，而是对以下领域进行投资。一是系统布局新型基础设施，加大智能社会基础设施建设投资。加快第五代移动通信、工业互联网、大数据中心等建设和量子通信、前沿科技设施等技术密集型的新基建，提升工业、服务业、商业、公共管理等行业智能化水平。二是对软基础设施建设进行投资。包括环保、公共卫生、养老健康、教育、防灾减灾、国防基础设施建设、保障生态安全、防疫应急、村庄社区保健、备战应急设施建设。三是对城市升级工程投资。包括智慧城市、海绵城市等设施建设，提升城市防洪抗震、建筑节能等能力。四是对老旧楼房拆迁和加装电梯改造工程进行投资。

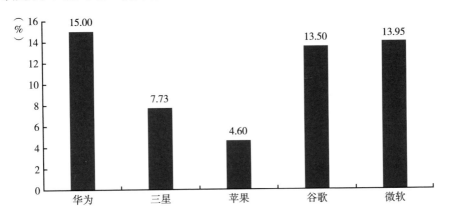

图1　华为、三星等企业年研发投入占企业营业收入比重

二　需求侧改革问题

生产决定消费，消费是保证商品和服务实现的必要条件，这是社会扩大再生产并良性循环的基本规律。产能过剩是企业实现扩大再生产的突出矛盾。

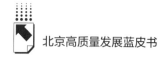
随着生产力发展和城乡居民收入水平逐步提高，消费需求结构和规模也相应发生变化。需求侧改革既包括收入分配格局的调整，也包括需求结构的调整。

（一）国内消费需求结构的变化

改革开放以来，我国城乡居民需求结构不断发展变化。1980 年前后，消费需求主要是解决温饱以及日用消费品问题，促进了农业和轻纺工业发展；自 20 世纪 80 年代中期开始，居民对洗衣机、电冰箱、电视机的需求迅速增长，促进了家用电器制造业发展；自 20 世纪 90 年代开始，以单位分配为主的公建住房投资规模不断扩大，初步改善了国有单位职工住房条件。进入 21 世纪以来，我国城镇居民消费需求显著升级。消费需求主要集中领域：一是住宅建设和分配体制改革促进房地产业发展，居民消费转向以个人购买商品房为主导，同时带动家装产业发展；二是 2003 年"非典"后大中城市家庭轿车购买量出现井喷式增长，旺盛的国内需求促进我国成为汽车制造业大国。

2015 年以来，城镇居民购房需求和购车需求增长显著放缓，现在面临难以找到拉动经济增长并具有规模效应的新消费需求的问题。

（二）促进消费需求的途径

提高生产要素配置效率，是增加城乡居民收入、扩大消费的基础。我国目前存在的问题是在国内消费品零售总额中，县级以下农村消费比重过低。

调节收入分配格局，缩小收入分配差距。防止资本和财富过度向少数人集中，避免出现私人垄断资本。少数人富可敌国、大多数人收支预算紧张，不符合扩大中等收入群体的方向，必然导致生产过剩。所有制结构变化是我国收入差距扩大的基本原因。我们不应用小农经济私有观念来理解产权民营化和构建现代企业产权制度。资本集中化不等于资本必然和必须向少数私人集中。应当推进企业法人资本集中化与自然人产权分散化相统一的民营企业产权制度。

继续坚持中央确定的房地产调控政策，抑制房价不合理上涨。高房价加重了刚性需求购房者经济压力，削弱了对其他消费品的购买力，压缩其他产业市场空间，阻碍国民经济产业体系协调发展。因此降低房价、减轻购房者还贷压力是扩大消费需求的重要途径。

适当增加城市近郊区高档住宅的供给。促进一部分高收入并有较多存款的富裕群体在近郊区购房，使大量资金留在国内，促进房地产及其相关产业发展，降低城市中心区二手房价格。

（三）科技创新应当坚持需求牵引

1. 科学创新与技术创新的联系和区别

在社会化大生产的条件下，科技创新分为科学创新和技术创新两个领域，以及科学发现、技术发明和创新成果产业化三个阶段。

发现的目的在于认识世界，即揭示从宏观到微观的物质世界存在方式及其运动规律，主要是从事基础理论研究工作的科学家的责任和工作重点。发明的任务是根据科学发现所揭示的规律，通过工程技术手段研制成新材料、新产品或新生产工艺流程，主要在工程技术层次上进行创新。技术创新成果工程化、产业化和市场化是科技创新的最终目标，需要企业家把各种生产要素组织起来，将科技创新成果转化为现实生产力，进行规模化生产。

2. 科技创新应当坚持需求牵引，坚持以硬科技为主导

硬科技是指能够提高物质产品生产效率的科学技术，能够改进物质产品生产的材料、设备、工艺、零部件、元器件和终端产品性能，推进工业、农业、交通运输业、建筑业、环境治理和保护、信息产业、武器装备制造业现代化，提高我国国际产业分工地位和国际贸易竞争力。

以德国为例：德国每年平均产生 200 亿笔零售交易，其中 75% 的消费者选择现金支付，13%～18% 的消费者使用移动支付，移动支付普及程度远不及中国。但是，德国在汽车制造、机械装备制造和精细化工产品等领域的竞争力仍然处于世界领先地位。德国每年在华销售奔驰、宝马等高档轿车约200 万辆，但其实现了相当于 800 万～1000 万辆国产轿车的利润。2008 年国际金融危机以来，德国财政、金融和进出口贸易一直保持稳健，其根本原因是德国经济建立在先进制造业的基础上。这也说明：在国际经济和科技竞

争的战场上，真正能够带来实际利益的还是有竞争力的硬科技和实体经济，特别是高端先进制造业。

3. 科学论文第一不等同于先进技术第一

中国发表的自然科学论文数已经超过美国、日本和德国，但高端制造业领域关键技术仍存在较大差距，核心问题是硬科技创新不足（见表1）。

表1　2016～2018年自然科学论文年平均数的国际比较

国别	中国	美国	德国	日本
篇数	305027	281487	67041	64874
占世界比重（%）	19.9	18.3	4.37	4.23

4. 高端制造业关键技术短板

我国科技部门筛选了高端制造业中与国外有较大差距并依赖进口的关键材料、设备、元器件和软件等，有光刻机、手机和电脑的操作系统、民用大飞机发动机等30多个主要项目（见表2）。

表2　高端制造业依赖国外技术的部分关键项目

光刻机	高端芯片
超精密抛光工艺	光刻胶
民用大飞机发动机	人工智能传感器
重型燃气轮机	手机和电脑操作系统
手机射频器件	真空蒸镀机
高端电容电阻	核心工业软件
高端轴承钢	高压柱塞泵
核心算法	微球
掘进机主轴承	高档汽车发动机
航空设计软件	燃料电池关键材料

现阶段我国高端制造业的问题不在于科学理论，而在于材料、设备和工艺等硬科技，这些应由企业家和工程师解决，研究所和科学家的分工决定他们无法解决工程技术问题。

（四）技术创新必须以企业为主体

1. 树立创新精神，摒弃机会主义行为

我国国内投资方向和企业经营模式选择存在机会主义倾向，即热衷于短期获得超额利润的房地产行业，偏好于商业模式创新，希望在虚拟经济和资本市场领域创造奇迹并迅速暴富。

创新驱动不仅需要增加资金投入，更需要在硬科技领域树立不甘落后、自强不息的精神。

2. 技术创新必须以企业为主体

企业是从事生产经营的单位，面对竞争性市场，能够较准确地把握市场需求和技术创新方向，具有将技术创新成果进行验证、改进、完善和工程化的能力，进而实现产业化、规模化和市场化。

解决高端制造业"卡脖子"技术难题，必须以企业为主体，依靠企业技术创新。技术创新成果工程化、产业化和市场化是科技创新的最终目标。

3. 促进技术创新的社会化分工与合作

现代科学技术发展和工业化大生产的显著特点是科学技术交叉融合。任何企业都难以独立完成技术创新、零部件制造和生产的全过程，因此需要依托社会化分工、协同与合作。根据产业链特点，在全国范围内布局设计、材料、设备、工艺、关键零部件、总成等各个环节，选择不同环节中具有优势的企业和科研院所，按总体目标要求分别承担其中某一环节的研发、攻关和配套任务，最后由具有综合技术实力的龙头企业集成。

4. 国防科技工业创新发展的启示

21 世纪以来，我国武器装备实现了跨越式发展，歼 20、预警机、大型驱逐舰、国产航母、电子对抗武器、东风 41 等新一代武器装备的研发制造缩小了与美俄之间的差距。发展经验：①20 世纪 50～70 年代奠定了独立自主的国防工业基础；②以国防科技集团公司为主体，构建了产学研一体化的国防科技工业体制；③有一大批献身国防科技工业的高水平科学家和技术专家队伍；④1991 年海湾战争后，我们对高技术条件下战争方式及其武器装

备的发展变化有了信息化、零接触、超视距、精确打击等新认识，同时认识到我国武器装备与军事强国之间存在巨大差距，此后逐步调整国防政策，加大对国防科技工业投入；⑤以强军需求为导向，以缩小差距为目标，以型号研发为重点，以重大工程为依托；⑥改革开放以来我国工业技术基础不断进步，配套能力不断增强。

总 报 告

General Report

B.1
北京高质量发展评价分析及
十大战略趋向*

摘　要：　习近平总书记在党的十九大报告中首次提出我国经济已由高
速增长阶段转向高质量发展阶段后，北京高质量发展相关政
策文件相继出台，北京高质量发展迈入新阶段。在高质量发
展阶段，观念明显发生变化，重点领域和重要政策的推进方
面都有了明显进展。本报告对"一体两翼"的联动发展、
"三城一区"的进展、"两区三平台"规划、北京新经济发
展等建设现状及其成效进行了梳理。并通过构建数理模型、
运用指数评价体系对北京高质量发展和北京新经济发展水平

---

* 作者：北京市科学技术研究院高质量发展研究课题组。执笔人：方力、贾品荣、胡曾曾。方
力，北京市科学技术研究院党组书记，北京市习近平新时代中国特色社会主义思想研究中心
特邀研究员，北科院研究基地主任，主要研究方向为可持续发展；贾品荣，北京市科学技术
研究院"北科学者"，北科院高精尖产业研究学术带头人，北科智库研究员，主要研究方向
为技术经济及管理；胡曾曾，北科智库助理研究员，经济学博士，主要研究方向为高质量发
展、可持续发展。

进行定量测度，得出基本判断。（1）北京高质量发展呈持续增长态势，指数领先。（2）北京经济高质量发展主要依靠创新驱动与经济增长。北京结构优化指数水平远超全国平均水平，三次产业比例趋于合理，这说明北京经济发展中形成了较为合理的产业结构，下一阶段重点应向高精尖产业迈进，提高发展内涵。（3）北京社会高质量发展指数呈现"Z"形增长态势，民生优化维度是北京社会高质量发展的主要动力，而城乡统筹与风险防控维度的贡献度需要提升。（4）北京环境高质量发展呈现由平缓增长转为在波动中增长态势，生态环境质量呈螺旋式上升。（5）2015~2019年，北京新经济指数由157.4快速增长到351.1。2019年北京新经济"数智化"指数增速在6个维度中位居第一，对北京新经济发展的引领作用凸显。但北京新经济迎来关键的"转型升级"期，2019年北京转型升级指数比2015年略微下降，转型升级是北京新经济发展的难点。在此基础上报告提出了相应的对策建议，并预测"十四五"时期需要把握高质量发展的十大战略趋向。

关键词： 北京高质量发展　经济高质量发展　社会高质量发展　环境高质量发展　北京新经济指数

　　2017年10月，习近平总书记在党的十九大报告中提出高质量发展，并指出目前我国经济已经转向高质量发展阶段，这是对我国经济发展阶段变化和现在所处关口做出的一个重大判断。毋庸置疑，北京高质量发展是未来一段时期的主要转型方向和重要目标。那么，北京高质量发展状况如何？北京高质量发展的着力点在哪里？北京高质量发展状况的变化趋势是怎样的？组成北京高质量发展的各维度系统之间的协调性如何？对以上问题进行深入探讨分析，有利于更好地推进北京高质量发展。本报告在全面梳理北京高质量发展进展和成效的同时，通过构建数理模型，运用经济、社会和环境维度指数和新经济指数对北京高质量发展的现状水平进行定量测度，提出相应的对策建议，并对高质量发展趋势进行预测。

一　主要进展与基本成效

（一）政策文件陆续出台，北京高质量发展迈入新阶段

自习近平总书记在党的十九大报告中提出高质量发展以来，关于北京高质量发展的相关政策和文件相继出台，包括北京高质量发展标准体系建设的顶层设计、战略重点与实施路径等，涉及高精尖产业、服务业、贸易和数字经济等方面。比如在高精尖产业方面，为北京市高效率高质量发展的产业升级进程指明了精准化、系统化的高精尖产业发展方向和标准。本报告对2018～2020年北京高质量发展相关政策和文件进行了梳理，详见附录1。

（二）重要政策进展

北京高质量发展受到党中央、市政府领导的高度重视。习近平总书记在党的十九大报告中首次提出我国经济已由高速增长阶段转向高质量发展阶段。在高质量发展阶段，观念明显发生变化，蔡奇书记强调，要将高质量发展贯穿到北京各项工作中，解决各种不平衡不充分问题，充分利用北京科技人才优势，扩大服务业开放试点，促进产业、消费的双升级，以"三城一区"等平台优化"高精尖"产业结构，持续推进供给侧改革、改革开放和创新驱动[①]。陈吉宁市长强调，以人民为中心的发展是北京高质量发展的根本落脚点，要持续深化供给侧改革，提供丰富的公共产品和服务供给，满足

---

① 蔡奇：《全面贯彻新发展理念　扎实推动北京高质量发展》，《北京日报》2020年1月15日。

人民群众对美好生活的需要①。在高质量发展阶段，重点领域和重要政策的工作推进方面都有了明显进展，具体如下。

（1）"一核两翼"建设进展

立足"一核两翼"联动发展。"一核"就是要充分发挥北京的核心引领作用，紧抓"非首都功能疏解"这个"牛鼻子"，有序疏解非首都功能并提升北京功能。"两翼"就是通州行政副中心与雄安新区。具体包括以下内容。

非首都功能疏解进展。非首都功能产业疏解稳步推进，大城市病有所缓解。非首都功能疏解是解决北京"大城市病"的关键环节，目前一般制造业、区域性物流基地和专业市场、部分行政事业单位等四类非首都功能产业疏解稳步推进。具体进展表现在：已两次修订并完善新增产业禁限目录，疏解整治促提升专项行动成效显著，产业结构在不断优化，一般性产业快速淘汰退出，公共服务资源配置更加均衡。截至 2019 年，疏解提升各类区域性市场和物流中心 970 个，累计疏解一般制造业企业达 3047 家，腾退土地 12534 公顷，整治"开墙打洞"8622 处，完成 29 个老旧小区整治和 2396 条核心区背街小巷整治通过市级验收，完成绿化 1686 公顷并实现公园绿地 500 米服务半径覆盖率提高到 83%，8 所医院和 5 所高校新校区加快建设②。

通州行政副中心建设进展。市级机关陆续入驻，城市绿心建设加快推进。截至 2019 年，部分市级机关已入驻，启动行政办公区二期工程。城市绿心建设加快推进，已完成 9000 亩绿化造林。中小学和医院等项目建设陆续建成，老旧小区改造和管理分类推进。综合交通枢纽、东六环路入地改造等建设项目已开工，地铁等绿色出行线路进一步完善，7 号线东延、八通线南延、广渠路东延实现通车。

雄安新区建设。一批基础性重大工程项目加快实施，新区建设加快推进。自 2017 年 4 月 1 日提出设立雄安新区以来，启动并实施了一批基础性重大工程项目，生态治理初显成效。2019 年，交通建设方面成效凸显：京

---

① 陈吉宁：《北京推动高质量发展：迈向国际一流和谐宜居之都》，《人民日报》2019 年 9 月 19 日。

② 数据来源：2019 年北京市政府工作报告。

雄城际北京段开通运营，京唐城际、轨道交通平谷线建设项目启动，京沈客专即将建成通车。与此同时，公共服务均等化持续推进，北京支持雄安新区建设的3所优质学校、1所高水平医院均已全部开工，雄安新区中关村科技园建设也已启动。

京津冀协同发展。区域产业结构优化布局，交通网络持续完善，生态治理成效明显。2020年是京津冀协同发展战略实施6周年，已取得诸多重大标志性进展，完成了京津冀首部区域协同立法项目，京津冀协同治理大气污染和生态环境协同治理成效明显。在产业布局上，伴随着非首都功能疏解的持续推进，京津冀地区合作持续加强，区域要素的流动更加自由和优化。2020年，北京向津冀转移技术合同成交额高达5282.8亿元，相比2019年增长24.4%。2019年开展了津冀医用耗材联合采购，大大降低了药品和耗材价格，2019年节省药费和耗材费用分别达到15亿元和5亿元，比如心内血管支架等六大类价格平均下降了15%。在交通方面，京津冀世界级机场群加快发展，北京正式进入航空"双枢纽"时代。在生态环境治理方面，京津冀协同治理大气污染和生态环境协同治理取得明显成效。2020年实现了黄河水首次入京、京津冀首部区域协同立法项目完成等标志性进展。

（2）"三城一区"的建设进展

"三城一区"是建设全国科技创新中心的主平台。"三城"包括中关村科学城、怀柔科学城、未来科学城，注重基础、理论科研和前瞻性研究。其中，中关村科学城是"三城一区"的领头羊，创新内生动力最强，着力发展新一代信息技术、节能环保、航空航天、生物制药等八大战略新兴产业高端环节。怀柔科学城承担着原始创新和重大技术创新方面寻求"突破"的重要任务，围绕物质、空间、地球系统、生命、智能五大科学方向的成果孵化。未来科学城的发展聚焦先进能源、先进制造、医药健康三个核心领域。"一区"即北京市经济技术开发区，是科研成果转化的主阵地。"三城一区"以不足北京市4%的土地面积吸引了全市50%以上的研发投入和科技人才，实现了全市60%以上的发明专利。具体如下。

中关村科学城发展情况。经济产出方面，2018年其GDP达到6479.5亿元，对北京市经济增长贡献率已位居 16 区"双第一"，占北京市的比重达到 21.73%；研发资源方面，中关村科学城有 17 所"双一流"大学，占北京市的 51.5%，同时，北京大数据研究院、中国科学技术大学北京研究院等一批新型研发机构也在快速崛起，产学研和资本的全链条通道更加通畅；创新人才方面，2020 年中关村科学城两院院士达到 625 人。截止到 2018 年，入选北京市"海聚工程"、中关村"高聚工程"分别达到 349 人和 248 人，分别占全市的 36% 和 68%，为其科技创新高地建设提供了强大的人才资源保障；创新服务方面，形成了以 21 家大学科技园、69 家创新型孵化器和 93 家国家级众创空间等为主体的创业服务载体，初步建立了全链条创业孵化生态体系；成果产出方面，2018 年，每万人发明专利拥有量达到 272 件，是全国平均水平的 28 倍。59 个项目分别获得国家自然科学奖、国家技术发明奖、国家科技进步奖，占北京市的八成以上；产业规模方面，其高新技术产业规模约占北京市的四成以上，2019 年规模以上高新技术企业收入达到 2.6 万亿元，占中关村示范区的 40%；产业发展方面，近年来中关村科学城主导和创制了 70 项国际标准和 600 项国家标准，云计算产业达到全国的 1/3，集成电路设计产业总收入占全国的 1/10，已发展成为北京 AI 产业发展主阵地和全国"领头羊"，2018 年文化和科技融合产业规模收入达到 4469.7 亿元，18 家企业入选 2018 年第三届北京文化企业 30 强，并逐步成为北京市乃至全国战略新兴产业策源地。

怀柔科学城发展情况。产业发展方面，2019 年，全区高技术产业累计实现总产值 35 亿元，拉动全区规模以上工业总产值增长 0.5 个百分点；创新平台方面，已密集开工包括泛第三极环境综合探测平台等 11 个中科院"十三五"科教基础设施项目和分子科学交叉研究平台等 5 个第二批交叉研究平台项目以及 16 个科学设施平台；创新人才方面，为引进高层次人才入驻，北京市正在逐步完善相关支持政策和公共服务配套设施，目前固定在怀柔工作的中科院科研人员不到 1000 人，到 2025 年，争取在怀柔科学城工作的中科院科研人员达到三个"万人量级"，固定科研人员超万人。

未来科学城发展情况。创新平台方面，2018 年，已集聚了 330 家能源企业和8000多名能源科研人才，累计建成了28个国家级和北京市重点实验室与技术中心，组建了氢能技术和核能材料等15个协同创新平台。2018年，拓展为"两区一心"，盘活了6万平方米的闲置楼宇；成果产出方面，2018年已入驻15家央企的23家研究院，国内外专利累计达到2564件，省部级以上科技成果109项，科技成果转化75项。

北京市经济技术开发区发展情况。经济产出方面，2019年，开发区GDP为1932.8亿元，规模以上高新企业研发投入135亿元，经济产出稳步增长；成果产出方面，聚焦关键技术攻关，创新成果丰硕，被工信部授予全国唯一智能网联汽车制造业创新中心，新增142家国家高新技术企业，累计达到1100家，组建高价值专利培育中心2家，涌现出了一批具有突破性、引领性的重大技术创新成果；创新人才方面，区内现有两院院士37名，新增院士工作站4家，累计达到28家，新增博士后工作站11家，累计达到50家；创新服务方面，聚焦交流平台搭建，组织了产业联盟、首届"世界5G大会"等活动，累计举办116场路演及配套服务活动，引进近550个创新创业项目，2019年推介合作需求56项、释放投融资需求超100亿元。

（3）"两区三平台"建设

"两区"指的是中国（北京）自由贸易试验区和国家服务业扩大开放综合示范区。"两区"建设是党中央在构建新发展格局中赋予北京的更大责任，需加快推进"两区"工作进展，紧抓任务落地。"三平台"指的是中国国际服务贸易交易会、中关村论坛、金融街论坛。要加强"两区"政策与京津冀三地自贸区政策联动，形成叠加优势。突出科技创新、服务业开放、数字经济、区域协同开放的北京发展特色，不断提升"三平台"的影响力，使其成为配置要素资源、促进北京高质量发展的有效机制。

中国（北京）自由贸易试验区规划。2020年8月30日，国务院公布中国（北京）自由贸易试验区总体方案，建立中国（北京）自由贸易试验区（以下简称北京自贸试验区），是党中央、国务院做出的重大决策。北京自贸试验区以科技创新、服务业开放、数字经济为主要特征，实施范围119.68平方公里，涵盖三个片区：科技创新片区31.85平方公里，国际商务服务片区48.34平方公里（包含北京天竺综合保税区5.466平方公里），高端产业片区39.49平方公里。其中，科技创新片区重点发展新一代信息技术、生物与健康、科技服务等产业，打造数字经济试验区、全球创业投资中心、科技体制改革先行示范区；国际商务服务片区重点发展数字贸易、文化贸易、商务会展、医疗健康、国际寄递物流、跨境金融等产业，打造临空经济创新引领示范区；高端产业片区重点发展商务服务、国际金融、文化创意、生物技术和大健康等产业，建设科技成果转换承载地、战略性新兴产业集聚区和国际高端功能机构集聚区。北京自贸试验区将重点支持文创产业发展的民营银行，探索赋予中关村科创企业更多跨境金融选择权；支持建设法定数字货币试验区和数字金融体系，首次提出建设数字货币试验区。北京自贸试验区还将探索建设国际信息产业和数字贸易港，构建国际互联网数据专用通道，制定信息技术安全、数据隐私保护、跨境数据流动等重点领域规则，鼓励发展数字经济新业态新模式；鼓励适度竞争，完善免税店相关政策。推动首都国际机场与北京大兴国际机场联动发展，建设世界级航空枢纽。北京自贸试验区的设立使得京津冀地区实现了自贸试验区的全覆盖，三大自贸试验区实现了差异化定位，彼此又相互支撑、互为犄角，作为京津冀的龙头，大幅提高了开放层级，堪称京津冀高水平开放的"点睛"之笔。

国家服务业扩大开放综合示范区。2020年8月28日发布了《深化北京市新一轮服务业扩大开放综合试点建设国家服务业扩大开放综合示范区工作方案》，提出在北京建设国家服务业扩大开放综合示范区。提出北京将推进在服务业重点行业领域的深化改革扩大开放，推动服务业扩大开放在重点园区示范发展，形成与国际接轨的制度创新体系，优化服务业开放发展的要素供给，并从重点行业领域、重点园区、制度体系、要素供给四个维度，提出了26项开放创新举措。其中重点行业领域包括科技服务、数字经济和互联网、金融、文旅教育健康以及专业服务等领域，并对重点行业领域提出了相应的任务与政策，比如在科技服务领域，将进一步优化创新创业环境。在公司型创投企业开展所得税优惠政策试点、技术转让所得税优惠政策试点，探索形成市场化赋权、成果评价、收益分配等制度，加强对知识产权和创新知识产权的保护，通过无偿资助、业务奖励以及补助等多种方式支持众创空间、创业基地发展；在数字经济和互联网领域，加快推进公共数据的开放，打通政务数据与社会化数据对接瓶颈，完善数字贸易知识产权相关制度，允许海外的电信营业商投资国内互联网虚拟专用网业务，等等。

中国国际服务贸易交易会。2019年第三产业增加值占我国GDP的比重达到53.9%，服务出口对全球外贸增加值贡献率达到50%左右。北京服贸会对北京服务业高质量发展、"双循环"模式构建起到重要推动作用，与上海进博会、广州广交会相辅相成，构成了我国贸易促进专业平台。2020年中国国际服务贸易交易会影响力持续提升，国际合作和发展进一步深化。此次共有来自148个国家和地区的2.2万家企业和机构参加，规格更高、形式更新，创新打造服贸会数字平台"云上服贸会"。截至2020年北京服贸会闭幕，已有97项权威发布类成果、19项联盟平台类成果，首发99项创新类成果，评选出了263项优秀展区、优秀论坛和会议活动、优秀服务模式等案例。由各省区市、大型中央企业和金融企业首次组建的交易团与会洽谈采购并签订了240项协议协定。其中，数字贸易领域交易十分活跃，数字经济发展新动能持续释放。

中关村论坛。创办于2007年，是集科技交流、创新成果展示、发布和交易于一体的国际化科技创新交流合作平台。2020年中关村论坛引全球10亿人次共享科技"盛宴"，比如在技术交易板块中，汇聚7000多个线上+线下优秀技术成果，集中推出了200多个国内首发产品、300多个国际领先技术项目和首个产业创新领先技术百强榜单，促成一批高价值的技术交易，最大一单签约交易金额1.2亿元，初步形成了"全球买、全球卖"的格局，也首次面向全球发布《全球科技创新中心指数2020》，等等。2020年中关村论坛全球科技创新智库论坛是中关村论坛平行论坛之一，由北京市科学技术研究院、中国科学技术发展战略研究院、中国科学院科技战略咨询研究院、中国科协创新战略研究院、清华大学国家治理与全球治理研究院、千龙智库、中国网新闻中心主办，中国、美国、日本、新加坡、以色列、塞尔维亚等国家19家智库单位共同发起成立中关村全球高端智库联盟，该联盟"以全球智慧推动构建人类命运共同体为愿景"，为国内外高端智库搭建交

流平台、开展合作研究、推动人文交流、服务社会发展。

金融街论坛。创立于2012年，迄今已连续举办8届，2020年升格为国家级论坛。2020年金融街论坛提出要坚持稳健的货币政策，全面增强金融普惠性，支持保市场主体稳就业，大力发展第三支柱养老保障，加快资本市场基础制度体系建设，对于金融科技创新重点关注数据安全和供应链安全。

（三）存在的问题和困难

在高质量发展阶段，北京在重点领域和重要政策方面的工作都取得了明显成效。北京经济运行整体保持平稳，非首都功能疏解进一步加快，疏解整治促提升行动快速推进，一般性产业快速退出，产业结构在不断优化。通州行政副中心建设稳步推进，高精尖产业发展态势良好，"三城一区"建设初显成效，营商环境显著改善，"两区"和"三平台"影响力不断提升。民生福祉不断得到改善，城乡统筹持续优化，社会和谐稳定，大气污染治理取得明显成效。

北京高质量发展虽然达到预期目标，但下行的压力很大。从经济、社会、环境三个维度来看，仍然存在诸多问题和困难。一是从经济维度来看，企业的资产负债率较高，营商环境仍需持续改善，尤其是北京的原始创新能力不足，且科技与产业创新脱节等问题并存，科技创新对北京经济高质量发展的支撑引领作用仍然不够。二是从社会维度来看，公共服务供给还不能满足老百姓对"七有"和"五性"需求，发展不平衡不充分等突出问题依旧存在，城乡差距加大和区域协调发展水平偏低。三是从环境维度来看，环境质量仍需提升，交通依旧拥堵，尤其是人口资源环境矛盾等长期性、结构性问题依然存在。

二 北京高质量发展评价

（一）高质量发展内涵与评价维度

高质量发展是指一个国家或区域经济社会发展在数量增长的基础上，以五大发展理念为引领，通过结构优化、效率提升、创新驱动、保护环境、增加福利等实现数量与质量共同提升的发展，更加注重发展效率、要素高效配置、结构持续优化、创新驱动、生态环境有机协调和成果共享。

高质量发展的内涵包括以下五个方面。一是高质量的经济增长。不仅表现为经济总量上的持续稳健增长，而且表现为质量的持续提高。二是高质量的资源配置。不仅需要充分发挥市场配置资源的基础性和决定性作用，同时也需要打破资源由低效部门向高效部门配置的障碍。三是高质量的投入产出。进一步发挥人力资本红利，并依靠创新驱动发展，实现全要素生产率的提升。四是高质量的生态环境。以更低的能源、土地等资源消耗，支撑更高质量、更可持续的发展，形成经济、社会、环境和谐共处的绿色、低碳、循环发展。五是高质量的社会保障。发展成果惠及民生，扩大基本公共服务覆盖面，提高基本公共服务保障水平，推进基本公共服务，实现高质量的社会分配。

北京高质量发展可从经济、社会、环境三个维度进行评价。主要依据有以下几点。一是从国际权威机构报告看，经济维度、社会维度、环境维度是可持续发展的三个支柱。经济学家 René Passet 提出以经济、社会、环境为重点的可持续发展三维框架模型，该三维结构为联合国所使用。二是从新发展理念的要求看，经济高质量发展、社会高质量发展、环境高质量发展是高质量发展的重要部分。三是从北京的定位看，经济高质量发展、社会高质量发展、环境高质量发展是北京高质量发展的应有之意。首先，作为科技创新中心，北京集聚了丰富的人才和科技资源，以创新为第一引擎，引领并驱动经济结构升级、经济增长效率提升，实现经济高质量发展。其次，作为全国首个实质性减量发展的城市，北京应通过适当恰当的减量，倒逼其改革机制达到在既有的人口、土地和环境等硬约束下实现更大产出比，实现更有效益、更可持续的增长。最后，北京是中国首善之区，必须着力解决好不平衡不充分发展的问题，使老百姓满意，致力于社会保障的高质量发展。

（二）北京高质量发展的经济维度

1. 北京高质量发展的经济维度评价：纵向分析

北京经济高质量发展指数呈现由平缓增长转为快速增长态势。2005～2018

年，北京经济高质量发展指数整体呈上升趋势。北京经济高质量发展指数由
2005 年的 0.33 增至 2018 年的 0.599。存在阶段性特征，一是 2005～2015 年经
济质量增长趋势由缓慢增长转为平稳增长。2005～2009 年年均增长率仅为
0.77%，增长缓慢；在 2009 年北京经济高质量发展指数进入了一轮经济上升
周期的起点，2009～2015 年的经济高质量发展指数以年均 4.85% 的增长速度
上升，明显高于前期增长速度。经济增长呈现由缓慢增长转为平稳增长的趋
势。二是 2015～2018 年经济增长呈现由平稳增长转为快速增长的趋势。
2015～2018 年年均增长率达到 9.71%，而 2005～2015 年年均增长率仅为
3.2%。2018 年北京经济高质量发展指数比 2017 年增长了 5.27%。

北京创新优势显著，创新驱动已是最主要动力源。本书比较了四个维度
对北京经济高质量发展贡献率占比的变化，创新驱动指数值排在第一，且呈
显著上升趋势。2005～2018 年创新驱动指数增长了 188.7%，创新驱动对北
京经济高质量发展的贡献率从 2005 年的 36% 增长到 2018 年的 57.5%，创
新驱动维度的快速增长为北京经济高质量发展注入了强大动力。北京近几年
加速"三城一区"主平台建设，加快落实全国科技创新中心建设总体方案，
并制定了落实人才引进等多项政策措施，发布了新一代信息技术等 10 个高
精尖产业发展指导意见及财政、土地、人才等一揽子支持政策，这些极大地
提高了北京的创新驱动力。

经济增长指数对北京经济高质量发展的拉动作用保持平稳。2005～2018
年北京经济增长指数仅增长了 13.9%，年均增速 6.4%，对北京经济高质量发
展水平的贡献率占比仅为 10% 左右。北京自进入发达经济初级阶段和新常态
发展之后，北京经济增长率保持稳定对北京经济高质量发展是有益的，同时
也说明了北京经济高质量发展驱动早已摆脱了单纯依靠经济增长的拉动。

结构优化趋于合理，效率提升贡献度亟须提升。结构优化与效率提升对
北京经济高质量发展的贡献需要提高。结构优化对北京经济高质量发展的贡
献率从 2005 年的 22% 降到 2018 年的 13.8%，效率提升对北京经济高质量
发展的贡献率从 2005 年的 33% 降到 2018 年的 17.4%。与此同时，结构优
化和效率提升指数虽缓慢上升但总体变化较小。2005～2018 年结构优化指

数年均增长率仅为 0.91%，效率提升指数年均增长率为 - 0.43%。故未来一段时期内，促进效率提升是北京进一步提升经济高质量发展水平的着力点。目前北京实施《中国制造 2025》北京行动纲要，启动实施优化营商环境 26 条措施，文化创意产业活力不断增强，生产性服务业加速发展，北京应抓住机遇不断推进结构优化、促进效率提升。

效率提升增长率潜力有待进一步发挥。创新驱动指数在 2005~2018 年间变化幅度最大，整体呈现直线发展态势，尤其在 2010 年之后，创新驱动指数增长幅度较大；效率优化指数位列第二，但整体呈现"U"形增长态势，在 2005~2010 年其增幅呈现下降态势，2010~2015 年保持稳定增长，2015~2018 年其增幅逐渐上升，且增幅高于结构优化和经济增长指数；2005~2018 年结构优化指数增幅处于平稳增长状态；经济增长指数虽然一直位列最后，但一直保持着平稳增长的态势。

2. 北京高质量发展经济维度与最优省域的横向比较

本书还对经济高质量发展的四个维度（经济增长、结构优化、效率提升和创新驱动）进行了分析，并与相关省份进行了对比。

（1）经济增长指数

经济增长发展指数与广东差距较大，仅处于全国平均水平，保持稳定增长仍是重点，第三产业增加值对北京经济稳定增长贡献凸显。北京经济增长发展指数 2005~2018 年呈现波动中平稳增长态势，2018 年经济增长指数比 2017 年增长了 6.25%。2005~2011 年略微高于全国平均水平，但是在 2011 年之后均略低于全国平均水平，在 2015 年出现波动略微下降，此后 2015~2018 年年均增速 6.08%，与全国平均水平差距逐渐缩小。"人均 GDP"和"第三产业增加值"对北京经济增长指数贡献率比例达到 50% 以上。2005~2018 年，经济增长各指标中"第三产业增加值"年均增幅最大，年均增长率达到 8.78%。第二产业增加值年均增长率也达到 7.44%。人均 GOP 贡献率最高，但年均增长率为 5.9%。2018 年，北京市规模以上高技术制造业增加值实现两位数增长，金融、科技、信息等优势服务业对经济增长贡献率达到 60% 以上，对北京经济稳定增长贡献凸显。

经济增长指数比较，选取得分最高的广东省与北京市进行对比分析。相对于广东，北京经济增长指数的增长速度较慢，2005～2018年年均增长率为6.43%（广东为7.38%）。这说明在经济增长"换挡期"，保持经济稳定增长仍是北京经济转型升级阶段的重点。北京应激发经济增长新动力，发挥消费作为经济增长"重要引擎"作用，促进北京经济高质量发展。

（2）结构优化指数

结构优化水平在波动中缓慢上升，结构优化趋于合理。2005～2018年，北京结构优化指数水平远超全国平均水平，但出现高—低交替变换的现象，总体呈现在曲折波动中缓慢增长的态势，波动幅度较低。北京的结构优化指数水平远远高于全国平均水平，与全国平均水平的波动趋势一致，与其他省市相比，北京的结构优化指数水平位列第一，且2018年结构优化指数比2017年增长了2.4%。这说明北京经济发展中形成了较为合理的产业结构。但是在2005～2018年间，北京结构优化水平年均增幅低。加快推进"高精尖"产业发展是产业结构优化的关键。

结构优化指数比较，选取了上海与北京进行对比分析。北京的产业结构相对优势明显，但高端制造业销售后劲不足。尽管北京在"第三产业与第二产业之比"指标上优势明显，但是在"高端制造业销售产值占工业销售产值比重"指标上表现不及上海，且与上海的差距明显。而且"第三产业与第二产业之比"指标对北京结构优化指数贡献度最大，且其贡献度逐年增加，2005～2018年年均增长率达到5.18%，也远高于其他省市。"第三产业占GDP比重"和"高端制造业销售产值占工业销售产值比重"指标对北京结构优化贡献度占比也较大。

（3）效率提升指数

效率提升指数增长呈"U"形发展态势，提升产业劳动生产率是重点。资产负债率贡献度凸显，加速提高人均产出效率是关键。2005～2018年，北京效率提升指数水平略高于全国平均水平，但出现"U"形增长态势，在2015年之后逐渐缓慢增长，最近几年涨幅小，2018年效率提升指数与2017年持平。资产负债率指标对北京效率提升水平贡献度最大，人均产出效率偏低。劳动生产率、利润—税费比率等指标得分较低，亟须提升三大产业劳动生产率。加快提高北京经济的人均产出效率是推动经济实现更高质量更大规模发展的关键。

效率提升指数比较，选取了山东、上海与北京进行对比分析。北京的效率提升指数虽然高于全国平均水平，但是低于山东、上海等省份。2005 年北京效率提升指数水平处于领先水平，后续被山东等省份赶超，2005～2018年年均增长率为 −0.43%（山东为 4.32%）。与山东相比，北京三大产业的劳动生产率、全员劳动生产率指标均低于山东，尤其是第一产业生产率。上述情况说明提升三大产业，尤其是第三产业的劳动生产率和全员劳动生产率是推动北京提升效率的关键。

（4）创新驱动指数

"北京创造"优势凸显，创新已成为核心驱动力。2005～2018 年，北京创新驱动指数水平远超全国平均水平和其他省市，而且优势由 2005 年的 0.12 扩大到 2018 年的 0.34，且 2018 年创新驱动指数比 2017 年增长了 7.5%。年均增速为 7.86%，远高于全国平均年均增速 1.34 个百分点。这说明北京在创新驱动高质量发展方面取得了巨大进步，且已经成为推动北京经济高质量发展的核心驱动力，北京创新驱动指数在全国排名第一，具有引领性作用。北京在进一步推进经济高质量发展的过程中，应比照世界先进水平，注重研发关键性核心技术，培育独角兽企业，加大技术转移力度，以创新成果为北京经济高质量发展助力。

从创新驱动的各分项指标来看，技术市场成交额贡献凸显，科研与教育投入缺口仍旧较大。"技术市场成交额"对创新驱动指数贡献度最大，且其增幅在逐年增加。相比 2005 年，技术市场成交额在 2018 年增长了 913%，年均增长率 17.99%。另外，"每十万人发明专利授权量"指标贡献度也在逐年增大。但是"R&D 投入占 GDP 比重"和"基础研究占 R&D 投入比重"指标贡献不凸显。就增长率而言，地方财政科学事业费支出增长率最高，相比于 2005 年，地方财政科学事业费到 2018 年增长了 2605%，年均增长率达到 26.83%。但是总体来说缺口仍然很大，应持续加大企业研发投入。

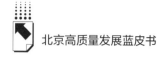
（三）北京高质量发展的社会维度

1. 北京高质量发展的社会维度评价：纵向分析

社会高质量发展指数呈现"Z"形增长态势。2005～2018 年，北京社会高质量发展指数整体呈上升趋势，总体呈现"Z"形增长态势。北京社会高质量发展指数由 2005 年的 0.089 增至 2018 年的 0.142。近几年保持平稳，2018 年北京社会高质量发展指数比 2017 年略下降了 0.7%。存在阶段性特征：一是 2005～2011 年北京社会高质量发展指数呈现在波动中较快增长。年均增长率为 8.79%，相对于 2005 年，2011 年总增长率为 80.41%，增长相对较快；二是 2011～2014 年北京社会高质量发展指数呈现逐渐下降态势，年均增长率为 -4.91%，相比 2011 年，下降了 18.27%；三是 2014～2018 年北京社会高质量发展指数呈现缓慢增长态势，年均增长率为 1.67%，相比 2014 年，增长了 8.68%。

民生优化贡献凸显，已成为主要推动力。从四个维度对北京社会高质量发展贡献率占比变化进行分析，民生优化指数排在第一位，且呈显著上升趋势。2005～2018 年民生优化指数增长了 71.21%，年均增速为 3.92%。民生优化指数对北京社会高质量发展贡献率保持稳定状态，从 2005 年的 63% 增长到 2018 年的 68%，为北京社会高质量发展注入了强大动力。

城乡统筹短板显现，城乡差距依旧较大。城乡统筹指数对社会高质量发展贡献率占比相对较少，且波动幅度相对较大。2005～2018 年总增长率仅为 50.9%，年均增速为 2.98%。尤其是在 2012 年之后，对北京社会高质量发展水平的贡献率呈逐渐缩小趋势。在 2012 年，其贡献率占比达到 36.63%，此后以年均 -7.22% 的速度下降，到 2018 年其贡献率占比仅为 21.54%。

风险防控保持稳定，维护社会和谐稳定依旧是关键。风险防控对北京社会高质量发展的贡献率需要提高。风险防控对北京社会高质量发展的贡献率从 2005 年的 13.34% 降到 2018 年的 10.3%，尽管近几年风险防控指数缓慢上升但总体变化较小。2005～2018 年风险防控指数年均增长率仅为 1.54%。

故未来一段时期内，保持风险防控水平稳定提升，维护社会和谐稳定依旧是北京进一步提高社会高质量发展水平的关键。

2. 北京高质量发展社会维度与最优省域的横向比较

（1）民生优化指数

2005～2018年民生优化指数总体呈现在波动中不平稳增长态势，在2009年之后由平稳增长转为不平稳增长。"居民可支配收入"指标对其贡献凸显，但就业和消费活力有待激发。虽然北京的民生优化指数水平远超全国平均水平，但是年均增速仅为3.92%，2018年民生优化指数比2017年略微下降了0.29%。目前民生优化已成为推动北京社会高质量发展的主要推动力。从民生优化的各分项指标来看，"居民可支配收入"对民生优化指数贡献度最大，且其增幅在逐年增加，增长率也是最高的。相比2005年，居民可支配收入2018年增长了426.68%，年均增长率为13.13%。另外，每千人口医院床位数贡献度也在逐年增大；"医疗卫生保障"和"每百名学生拥有专任教师数"对民生优化指数的贡献度虽然呈波动增长状态，但是近几年贡献度均保持在16%左右；"教育支出"指标对民生优化指数贡献率为6.9%左右，2005～2018年总增长率达到170%，年均增长率为7.35%，增长率相对较高，但是总体来说缺口依然很大，导致贡献度不凸显。与此同时，"居民消费价格指数""城镇商品房价格占居民收入比重""养老金增长率""城乡居民养老保障人数增长"等指标呈现负增长状态。说明北京市就业和消费活力有待激发，社会保障工作有待进一步完善。

民生优化指数比较，选取了浙江与北京进行对比分析。相对于浙江，北京尽管在民生优化驱动社会高质量发展方面全国排第一，但是增速偏低。浙江的年均增长率为8.68%，是北京的两倍多，尤其是在2016年之后，浙江的年均增长率达到11.22%，而北京仅为1.35%；此外，商品房价格与收入差距大也是影响北京民生优化的主要制约因素。浙江在"居民消费价格指数""城镇商品房价格占居民收入比重""养老金增长率"三个指标上均高于北京，尤其是"城镇商品房价格占居民收入比重"指标得分，2018年是北京的2.78倍。城镇商品房价格占居民收入比重对北京民生优化指数的贡献率较低，是影响民生优化水平提升的短板和主要制约因素。与上海相比，北京在城镇登记失业率和城乡居民可支配收入增长率上也低于上海。目前民生优化已成为推动北京社会高质量发展的主要推动力，北京在进一步推进社会高质量发展的过程中，应着力推进民生保障精准化精细化。

（2）城乡统筹指数

北京城乡统筹指数总体呈"凸"形发展态势，发展不平稳，波动幅度大，其中城乡差距未得到明显改善。2005～2018年城乡统筹指数总体在波动中增长，2018年城乡统筹指数比2017年略下降了1.39%。存在明显的阶段性特征。一是2007～2008年快速上升，2012～2013年快速下降；二是在2005～2007、2008～2012、2013～2018年间基本保持持平状态。从城乡统筹的各分项指标来看，"公共交通运输能力和服务水平"对城乡统筹指数贡献度最大，且其增幅在逐年增加，增长率也是最高的。相比于2005年，公共客运量在2018年增长了1768.4%，年均增长率为23.25%。另外，"城乡居民可支配收入之比"贡献度保持在12%左右。但除此之外，受教育年限、互联网普及率、人均住房建筑面积等指标的城乡之比基本没有变化，说明北京市城乡整体差距并未得到改善，对城乡统筹指数贡献率不凸显。未来发展中，北京应寻找差距，缩小城乡发展差距。

城乡统筹指数比较，选取了上海、江苏与北京进行对比分析。与上海相比，北京的城乡居民恩格尔系数之比指数得分偏低；与江苏相比，北京的城乡居民可支配收入之比指数的得分偏低。未来发展中，北京市应更加注重城乡区域协调发展。

（3）风险防控指数

北京风险防控指数2005～2018年呈现波动中不平稳增长态势。"城市应急管理水平"指数对其贡献凸显，但整体提升空间较大。2005～2014年略高于全国平均水平，但是在2011年之后均略低于全国平均水平，2015年出现波动略微下降，此后2015～2018年年均增速为3.08%，与全国平均水平差距逐渐缩小，2018年与2017年基本持平。从风险防控的各分项指标来看，2005～2018年，"城市应急管理水平"对其贡献率比例达到50%以上。

"信访总量增长率"年均增幅最大，年均增长率达到4.32%。"12345"市民热心诉求办结率年均增长率也达到3.57%。近几年北京依托"12345"政府服务热线，有序推进各类政务服务热线整合，搭建"向前一步"等公共政策对话节目平台，致力于社会和谐稳定。

风险防控指数比较，与历年风险防控得分最高的云南相比，北京风险防控水平与之差距较大，到2018年，云南是北京的2倍。因此，北京在未来发展中，要进一步改善道路交通安全环境，从政策制定、行政执法、宣传教育出发，减少道路交通事故，创造安全、畅通、文明的道路交通环境；同时，进一步拓宽社情民意反映渠道，以社区街道、基层党组织为第一线，从身边入手，切实解决市民反映的困难与矛盾，从而营造良好的社会氛围。

（四）北京高质量发展的环境维度

1. 北京高质量发展的环境维度评价：纵向分析

北京环境高质量发展指数呈现由平稳增长转为在波动中增长态势。2005~2018年，北京环境高质量发展指数总体呈现持续增长态势。北京环境高质量发展指数由2005年的0.326增至2018年的0.538，整体增长率达到了65.03%，年均增长率为3.65%，高于全国平均年均增长率3.25%，且2018年环境高质量发展指数比2017年增长了5%。说明北京市在环境高质量发展水平方面是领先于全国平均水平的，且在水平提高的速度上远快于全国平均水平。存在阶段性特征：一是2005~2014年北京环境质量增长趋势呈现持续平稳增长态势，年均增长率为4.11%。二是2014~2018年北京环境质量增长呈现由平稳增长转为波动中增长的态势，波动幅度较小。

资源利用贡献率最高，已成为主要动力源。从四个维度对北京环境高质量贡献率占比变化进行分析，资源利用综合指数值对北京环境高质量发展水平贡献率最高，增长率也最快。2005~2018年资源利用指数增长了167.7%，2005年的贡献率为31.7%，到2018年达到51.33%，且贡献率占比呈现持续平稳上升趋势；"污染减排"指数贡献程度位列第二，但增长幅度相对较小，2005~2018年仅增长了8.75%；"环境管理"和"环境质量"

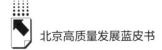
指数排名靠后且变化极小，其中"环境管理"指数历年来均处于较低水平。现阶段资源利用是推动北京环境高质量发展的主要动力源，持续保持资源利用水平仍是关键。

环境质量和环境管理贡献率占比小，但潜力尚待激发。环境质量指数对北京环境高质量发展贡献率保持在10%左右，年均增长率为0.55%；环境管理指数对北京环境高质量发展贡献率保持在6%左右，年均增长率为6.67%。相对于资源利用与污染减排指数而言，其贡献率与增长率均处于较低水平。

2. 北京高质量发展环境维度与最优省域的横向比较

（1）环境质量指数

北京环境质量指数远低于全国平均水平，绿化覆盖率成效显著，大气污染状况亟须改善。环境质量指数2005～2018年呈现波动中平缓增长态势，2012～2014年出现波动下降，2014年以后以年均1.1%的增速保持平缓增长。虽然差距在逐渐缓慢缩小，但是大气污染状况亟须改善。2018年环境质量指数比2017年下降了7.02%。"建成区绿化覆盖率"和"受保护地占国土面积比例"对生态环境指数的贡献较大。"建成区绿化覆盖率"指标2005～2018年的增长率为58.84%，年均增速为3.36%，是生态环境维度下各指标间的最高数值；"土地利用"对生态环境指数的支撑作用保持平稳，14年间几乎未变，对生态环境指数的贡献率保持在25%左右；"淡水压力""全年优良天数比例"指标贡献较小。

环境质量指数比较，选取得分最高的上海与北京进行对比分析。选取的5个主要年份中北京的环境质量指数均低于上海，年均差为0.059，且2015年的差距最大，为0.081。同时选取得分第一的海南省，比较各具体指标发现：北京市在全年优良天数比例、受保护地占国土面积比例、淡水压力方面的得分低于海南省，尤其是在受保护地占国土面积比例的得分差距最大，二者相差0.16。说明北京市生态环境治理仍然任重道远，在水资源利用、大气污染控制方面也仍然任重道远，存在较大的改善空间，应加强生态保护地的保护工作。

（2）污染减排指数

北京污染减排指数呈现在波动中不平稳增长态势，绿色出行贡献凸显，污染排放亟待改善。2005～2018 年，污染减排指数在波动中不平稳增长，总增长率为8.75%，年均增速为0.6%，增长幅度相对较大。2005～2013 年位居全国第一，2014～2018 年被广东赶超，2018 年污染减排指数比2017 年下降了1.14%。"城镇每万人口公共交通客运量"指标对污染减排维度的贡献最大，历年维持在35%以上，揭示了北京市较好的公共交通基础设施建设程度与良好的绿色出行的推广成效。另外，"城镇生活垃圾填埋处理量"和"生活垃圾无害化处理率"指标对污染减排维度的贡献也较大。年均增速最大的是"农村卫生厕所普及率"，2005～2018 年增长了754.92%，年均增速为16.56%，增长最快。但是"二氧化硫排放强度""二氧化碳排放强度""氨氮排放强度""COD 排放强度"等与污染排放强度相关的指标对污染减排维度的贡献较小。由于污染物具有空间溢散的特点，所以北京市在继续巩固污染防治成果的同时，还应积极推广污染防治的经验技术，推进全国其他地区的污染防治工作，这样才能真正实现北京环境高质量发展。

污染减排指数比较，选取了广东省与北京市进行对比分析。2005～2013 年，北京污染减排指数均高于广州，位居全国第一，在2013 年二者差距显著缩小，北京在2014 年出现波动下降后，被广东赶超，且2014～2018 年与广东的差距逐渐拉大。这主要得益于广东省在生活垃圾填埋及无害化处理、农村卫生厕所普及方面所获得的成就，广东在"城镇生活垃圾填埋处理量"指标上得分高于北京。虽然北京在环境建设和绿色生活方面的指标得分高于广东，但其总体年均增速均低于广东，使其与广东的差距凸显。北京应加快推进垃圾分类，提高城镇生活垃圾填埋处理效率。

（3）资源利用指数

北京资源利用指数呈持续增长态势，水资源产出率贡献大，能源产出率贡献率逐渐增加，煤炭消费占比下降空间有限，建设用地产出率潜力较大。北京资源利用指数已成为拉动北京环境高质量发展的主要动力源，对其的贡献率也是最大的。2005～2018 年保持持续增长态势，总增长率为167.7%，年均增速7.29%，增长幅度相对较大。2018年资源利用指数比2017年增长了11.3%，并超过天津位居全国第一。在2005～2018年北京资源利用指数与天津不相上下，虽然其得分远高于全国平均水平，但优势并不凸显。北京市在资源利用方面处于全国领先地位，侧面反映了北京市对资源利用、资源结构优化和资源产出效率的重视。从各分项指标来看，"水资源产出率"对资源利用维度的指数贡献最大，贡献比例在50%以上，但呈逐年缩减态势。与此相反，能源产出率呈逐年上升趋势，增幅平稳；"建设用地产出率"在2018年涨幅明显。"煤炭消费占总能耗消费比重"增长平稳，贡献相对较小。

资源利用指数比较，选取了天津、上海与北京进行对比分析。北京市的资源利用指数在2018年超过天津市，与上海相比，优势凸显。在2010年之后，北京与天津的距离逐渐拉大。相比于天津市，北京市的煤炭消费占能耗总量的比重较低，且自2013年以来该比重下降速度远快于天津；至2018年，天津市的煤炭消费占能耗总量的比重为31.02%，而北京市仅为3.48%。相比于海南省，在2012年，北京在"煤炭消费占能源总量比重"指标得分上超过海南省，说明北京市在调整能源消费结构方面取得了显著进展，这也是助推北京市环境高质量发展的关键动力。但值得注意的是，未来北京市煤炭消费占比下降的潜力已十分有限，北京市环境高质量发展应该寻求新动力，如积极寻求清洁能源发展途径等；而相对而言建设用地产出率具有较大的提升潜力，2018年北京市建设用地产出率为20.60亿元/平方公里，全国排名第四，北京市仍具有较大的提升潜力。因此，未来发展中北京市应采取内涵挖潜的方式，在少增或不增加建设用地面积的情况下提高建设用地产出率，助推北京市环境高质量发展。

（4）环境管理指数

环境管理指数呈现波动中增长态势。2005～2018年虽然保持增长态势，但是波动幅度较大，2018年环境管理指数比2017年增长了10.47%。尽管近几年高于全国平均水平，近两年保持增长趋势，但由于波动幅度较大，呈现增—减交替的不平稳增长态势。今后由不平稳增长转为稳定增长是重点。

在 2005~2018 年间，环境管理指数总增长率为 140%，年均增速为 6.67%。2018 年北京的"环境保护投资额占 GDP 比重"，整体呈持续增长趋势，揭示了长期以来北京市投资市场对环保领域发展较为乐观的态度，也从侧面反映了政策对环保行业持续稳定的支持态度。

环境管理指数比较，选取了广东省和新疆维吾尔自治区与北京市进行对比分析。北京与各年份中北京市的环境管理综合指数均低于全国最优水平（2005~2009 年为宁夏，2010 年为广东，2012~2015 年为新疆，2016 年为山西，2017~2018 年为新疆），在 2018 年与全国环境管理指数得分最高的新疆差距加大，说明在环境管理水平方面北京市还需进一步提高。结合具体指标可以发现，北京市的环境保护投资占 GDP 的比重增长明显，由 2005 年的 1.23% 增至 2017 年的 2.6%，但仍低于新疆维吾尔自治区的 4.05%，广东省在 2010 年为全国最优水平，是因为在 2010 年其环境保护投入较大。此外，根据《全国城市生态保护与建设规划（2015~2020 年）》，到 2020 年，我国环保投资占 GDP 的比例不低于 3.5%，因此北京市在环境保护投资方面仍有较大的提升空间。

（五）北京高质量发展总指数

北京高质量发展指数由经济维度指数、环境维度指数以及社会维度指数构成，对 3 个维度指数进行计算得到北京高质量发展指数。

2005~2018 年，北京高质量发展指数位居全国第一，呈现持续增长态势。如图 1 所示，由 2005 年的 0.268 上升至 2018 年的 0.457，年均增速 3.85%，且自 2015 年起增速加快，由平稳增长转为快速增长态势，2018 年北京高质量发展指数比 2017 年增长了 4.58%。在经济高质量和环境高质量维度增长强劲下，北京高质量发展指数加速向更高水平发展。

环境高质量发展已成为拉动北京高质量发展的主要推动力，经济高质量作用逐渐凸显，社会高质量发展潜力有待进一步激发。在高质量发展的三个维度，环境高质量发展指数和经济高质量发展指数排名靠前，说明二者对北京高质量发展指数的作用更强，环境高质量发展指数、经济高质量发展指数

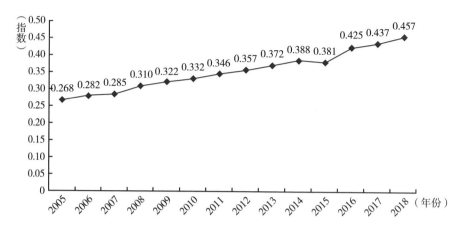

图1　2005～2018年北京高质量发展指数

说明：根据指数计算的结果均保留三位小数，下同。

资料来源：作者根据指数计算结果制作。以下图表未注明资料来源的均为作者自制。

对北京高质量发展的贡献率历年分别保持在55%和35%。说明北京高质量发展过程中对环境建设与保护、优良生态环境的重视，同时也使得环境高质量发展指数成为拉动北京高质量发展的主要推动力；经济高质量发展平稳、持续增长为北京高质量发展提供了重要基础。社会高质量发展指数对北京高质量发展的贡献率历年保持着10%左右，且增速不明显，亟待进一步激发其活力。在高质量发展进程中，应更加重视社会高质量发展这一短板，注重民生保障和风险防控，为北京高质量发展提供稳定的社会环境。

中国高质量发展水平近年来得到了较大提高。与2005年相比，2018年所有省份的高质量发展指数均有不同程度的增长。北京位居全国第一，紧随其后的是上海和广东，其显著高于其他省份（见图2），说明北京、上海、广东的高质量发展水平较高。另外，2018年的高质量发展指数排名前8的省份多为东部发达地区；而西部省份的高质量发展水平偏低，亟须优化发展；中部地区的高质量发展水平虽然总体处于全国平均水平，但增长率相对较高，2005～2018年，河南、湖南、江西、山西的年均增速分别达到4.72%、4.45%、4.38%和4.18%，增速超过了北京和上海。从北京与其他高质量发展水平较高的省份的对比分析来看，北京高质量发展水平优势较为明显，但上海和广东与其的差距并不大，浙江的年均增速为 3.96%，增速高于北京。

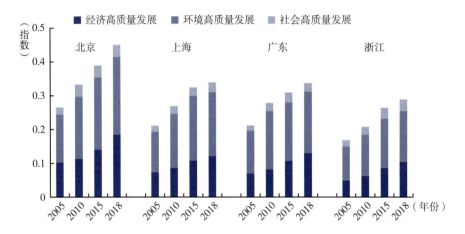

图2　北京高质量发展各维度指数比较：北京 VS 上海 VS 广东 VS 浙江

高质量发展需要城市群的协同。京津冀地区、长三角地区与珠三角地区作为我国最为发达的城市群，在经济高质量发展、环境高质量发展与社会高质量发展方面均领先于全国其他省市。三大城市群的高质量发展水平也具有明显优势，2018 年，京津冀地区、长三角地区与珠三角地区高质量发展指数与 2005 年相比分别增长了 67.4%、59.6% 与 59.4%，远超全国平均水平。本报告还分析了三大城市群高质量发展及其三个子维度指数在 5 个年份的走势，京津冀地区、长三角地区与珠三角地区高质量发展指数持续增长，均具有较高的高质量发展水平，三大城市群间的差距较小。就各维度而言，环境高质量发展和经济高质量发展是三大城市群高质量发展的主要推动力，三大城市群社会高质量发展维度的指数差异较小，且增长幅度均较小，反映了当前阶段需要提升社会高质量发展水平，这也是未来中国高质量发展进程中亟待解决的问题。

三　北京新经济发展评价

北京大力发展新经济是落实高质量发展的重要体现，也是新发展理念

"创新、协调、绿色、开放、共享"的具体要求。2016年，我国首次将"新经济"一词写入《政府工作报告》，此后关于新经济的研究备受关注。2020年6月，北京市制定了《关于加快培育壮大新业态新模式促进北京经济高质量发展的若干意见》，推动北京新经济发展更上一层楼。本报告对北京新经济发展现状进行分析，从6个维度构建了新经济评价指标体系，对北京新经济发展水平进行定量测度，提出新经济包含五大发展要义、六大内涵，通过定量测度显示北京新经济发展具有六个特征，为北京高质量发展献计献策奠定基础。

（一）北京新经济发展要义与内涵

1. 北京新经济发展要义

"新经济"一词，最早出现于美国《商业周刊》1996年12月30日的文章，是指一种"持续、快速、健康"发展的经济，其兴起的主要动力是第三次科技革命，也就是信息技术和经济全球化的产物。它应看作一个经济整体而不是经济中的板块。除高科技产业外，其他传统产业经高技术改造后也会成为新经济的组成部分。2017年国家统计局修订的《中国国民经济核算体系（2016）》将新经济定义为：以新产业、新业态、新商业模式为主体，由互联网和新技术革命推动的，以信息化和产业化深度融合、商业模式和体制机制创新、人力资本的高效投入和减少对物质要素的依赖为标志的一种经济形态，表现为传统经济活动的转型升级和新兴经济活动的兴起。

本报告提出新经济包含以下五大发展要义：一是在新经济的推动下，步入以知识为主导的社会；二是新经济提高了全社会生产效率；三是在新经济的推动下，城市更加智慧，生活更为智能；四是新经济催生了新的经济力量——独角兽企业；五是新经济促使制度与技术协同，促进了公共服务建设。

2. 新经济的内涵及评价指标

美国作为首先提出新经济的国家，对于新经济发展状况的研究有一定基础。美国信息技术与创新基金会从经济活力、知识型工作、创新能力、全球化、数字化等5个方面，分析了美国各州新经济发展状况。其研制的2017年美国新经济指标体系包括了5个方面的25个指标。参考美国新经济指数，本报告对新经济内涵有更深入的解析，指出新经济具有六大内涵：经济活力是新经济发展的基石；知识型人力投入是新经济发展的支撑；创新能力是新经济发展的核心；国际化是新经济发展的载体；"数智化"是新经济发展的关键；转型升级是新经济发展的方向。基于在内涵理解的基础上，原创性地提出符合北京新经济发展特征的6个维度、51个指标的北京新经济指数。与美国的新经济指标相比，北京新经济指数的内容更为丰富，逻辑关系更强，尤其是在创新能力维度方面增加了自主查询的数据，增加了高质量发展背景下的转型升级指标。

（二）北京新经济发展的六个特征

通过定量测度分析，结果显示北京新经济发展具有以下六个特征。

1. 新经济产业加快发展，北京经济活力攀升

2014年，北京经济活力指数贡献度最大的是世界500强企业总部在京数量，其次是公共预算支出占GDP比重；2019年北京经济活力指数贡献度最大的是新经济增加值，其次是高新技术产业增加值。这反映出北京高度重视发展高新技术产业和战略性新兴产业，大力培育壮大新业态、新模式，产业整体水平得到提升，北京经济活力攀升。

反映这一特征的第一个核心指标：新经济增加值。2019年，北京新经济增加值为12765.8亿元，占地区生产总值的比重为38.9%；截至2019年4月，上海新经济增加值占地区生产总值的比重为31%。近年来，北京新经济产业发展质量和比重不断提升，经济发展新动能全面释放，新经济发展态势良好，成为北京区域经济活力的增长点、增长极。2019年北京高新技术产业增加值为8630亿元。反映这一特征的第二个核心指标：快递业务量。2019年北京快递业务量高达22.87亿件，比2014年高出12.67亿件，年均增速高达14.4%，充分显示出快递业对北京经济发展的带动和支撑作用，从侧面反映了网络销售、直播电商、在线服务等新动能、新业态的增长，线

上线下消费活跃，为助推经济高质量发展提供新动能。

2. 知识型人才投资成效显著，知识密集型服务业稳步增长

2014 年，北京知识型人才投资指数贡献度最大的是每万名就业人员 R&D 人员折合全时当量，其次是博士研究生招生人数；2019 年，北京知识型人才投资指数贡献度最大的是知识密集型服务业增加值，其次是高新技术从业人员比例。知识密集型服务业是服务业中创新活动活跃、劳动生产率较高的部门，反映和衡量了一个区域知识型人才投资的产出绩效。这深刻反映出北京科技与产业深入融合，生产效率提高，科技赋能产业高质量发展取得了实实在在的成效。

反映这一特征的第一个核心指标：知识密集型服务业增加值。北京知识密集型服务业规模稳步增长，对地区生产总值的贡献不断提升。2019 年，北京知识密集型服务业增加值 15931.70 亿元，占地区生产总值的比重为 48.55%，比 2014 年提高 6.53 个百分点。值得一提的是，上海市提出到 2025 年，知识密集型服务业增加值占全市生产总值的比重超过 40%。反映这一特征的第二个核心指标：IT 岗位比例与高新技术从业人员占比大幅攀升。其中，IT 岗位比例从 2014 年的 7.3% 增长至 2019 年的 9.96%，年均增长率为 5.31%；高新技术从业人员占比由 2014 年的 13.36% 增长至 2019 年的 20.87%，年均增长率为 7.72%。

3. 特征三：新经济创新能力不断提升，自主创新亟须加强

2014 年，北京新经济创新能力指数贡献度最大的是新技术新产品新服务研发研制核定数，其次是新经济企业主体数量占高新技术企业数量的比重；2019 年，北京新经济创新能力指数贡献度最大的是国家级新经济集群区新经济企业数，其次是每万人口发明专利拥有量。国家级新经济集群区新经济企业数达到历史最高，对北京新经济创新能力综合指数的贡献度提升显著。

反映这一特征的第一个核心指标：新经济集群区新经济企业数。新经济集群区新经济企业数由 2014 年的 8733 家，上升到 2019 年的 15529 家。北京新经济集群区新经济企业数稳步增长，实现了对创新资源的区域高效配置，牵引了论文、专利、创新型企业等多个领域创新绩效的优化升级，形成

了新经济创新能力综合系统。反映这一特征的第二个核心指标：新技术新产品新服务研发研制核定数。2019年新技术新产品新服务研发研制核定数为2997家。反映这一特征的第三个核心指标：新经济领域专利申请量。新经济领域专利申请量2014年为52647件，2018年上升至64317件，2019年为59168件。当前，美国对华贸易战已从加征中国出口商品关税为重点转向对关键技术转让和元器件的控制与断供，并鼓动其他工业先进的西方国家对华进行技术封锁，我国高技术产业发展的国际合作环境与引进技术的条件显著恶化。外部环境的大变局，迫使我们亟须突出创新在我国现代化建设中的核心地位，把科技自立自强作为国家发展的战略支撑，把"卡脖子"的清单，作为攻坚克难的重点，下决心改变关键技术受制于人的局面。

4. 特征四：新经济国际化成效突出，北京成为全球"独角兽之都"

2014年，北京新经济国际化指数贡献度最大的是全球独角兽上榜数量，其次是高新技术产品出口；2019年，北京新经济国际化指数贡献度最大的是高新技术产品出口，其次是高新技术产品进口。

反映这一特征的第一个核心指标：新经济企业研发境外支出。北京地区新经济企业科技创新"走出去"成效显著。新经济企业研发境外支出持续保持在6万亿元以上。2014~2019年，北京新经济企业研发境外支出呈现先增后降的倒"U"形趋势，2017年达到最大值10.4万亿元，比2014年增加4.3万亿元。2014~2017年均增速高达14.27%。2017年后逐步向国内大循环战略转型，在保持高新技术产品稳步提升的同时收紧境外研发支出。反映这一特征的第二个核心指标：外商对北京新经济产业投资额。外商对新经济产业投资较为活跃。2014~2019年，外商对北京新经济产业投资额波动幅度较大，并于2017年达到投资额峰值1357195万元，遥遥领先于其他年份。与该指标相似，外商直接投资（实际利用情况）指标也呈现较大的波幅，并于2017年达到峰值2432909万美元。反映这一特征的第三个核心指标：高新技术产品出口总额。北京高新技术产品进口总额远超出口总额，但二者差距整体呈缩小趋势。2014~2019年，进出口总额的变化趋势基本一致，均呈现先平稳下降而后平稳增加的态势。2019年，北京高新技术产品出口总额最大值205.36亿元，比2014年增长9.53%。反映这一特征的第四个核心指标：全球独角兽企业数量。北京全球独角兽企业数量排名全国第一。根据美国*CB Insights*每年发布的全球独角兽企业排行榜，北京拥有独角兽企业数量已经从2014年的4家增加到2019年的44家，并且2019年全国占比达到47.83%。北京成为全球"独角兽之都"。

5. 特征五：从"数字化"到"数智化"跨越，数字经济成为主引擎

2014年北京新经济"数智化"指数贡献度最大的是移动电话普及率，其次是互联网接入用户数；到2019年北京新经济"数智化"指数贡献度最大的是移动互联网接入流量，其次是信息化水平。这标志着北京逐步实现从"数字化"到"数智化"的跨越。"数字化"阶段主要是利用互联网、物联网的技术和入口构建人、物、内容和服务的连接能力，是新经济转型的起点；而"数智化"阶段主要是利用大数据、云计算、人工智能等新一代信息技术构建数据智能的运用能力，依托数据的实时共享，利用人工智能算法提供决策支持和精准化的新经济活动运营，是新经济转型的基础和关键。

反映这一特征的第一个核心指标：信息化水平。2014～2019年北京信息化水平稳步提升，即在信息化基础设施建设、信息化应用等方面的综合发展水平稳步提升。信息化水平由0.77增长到0.9。反映这一特征的第二个核心指标：移动互联网接入流量。移动互联网接入流量整体处于快速增长阶段。2014年移动互联网接入流量仅为7793.9万GB，随着4G网络的普及以及5G网络的出现，移动互联网飞速增长，2019年移动互联网接入流量达306000万GB，是2014年的39倍多。反映这一特征的第三个核心指标：新建4G、5G基站数。新建4G、5G基站数呈现阶段性增长，2014年4G网络开始普及，2015年新建4G基站数较2014年增长了40%，随后新建4G基站数开始下降；2018年5G网络开始普及，2019年新建4G、5G基站数较2018年增长了将近3倍。北京市5G产业发展行动方案正在稳步推进，到2022年，北京将实现重要功能区、重要场所等区域的5G全覆盖。

6. 特征六：绿色发展势头较好，新经济成为转型升级主角

2014年转型升级指数贡献度最大的指标是公共交通客运量占总人口的

比重，其次是空气质量状况；2019 年转型升级指数贡献度最大的是高技术产业增加值占地区生产总值的比重，其次是人均公园绿地面积。这表明，空气质量状况贡献率降低，空气质量改善明显，对环境影响也在变小；高技术产业增加值占地区生产总值的比重贡献率增长变化最大，已成为推动北京产业结构转型升级、经济高质量发展的重要动力源。

反映这一特征的第一个核心指标：高技术产业增加值占地区生产总值的比重。高技术产业增加值占地区生产总值的比重逐年增长，2014 年高技术产业增加值占地区生产总值的比重为 21.59%，2019 年已经增长到 24.4%；反映这一特征的第二个核心指标：空气质量状况。过去 20 年来，北京的经济总量增长了 10 倍，机动车数量增长 3.5 倍，能耗增长近 90%，人口增长近 80%，快速的发展对空气质量造成了沉重的压力。但是，北京空气质量状况在逐渐变好，空气中的 SO_2、NO_2、可吸入颗粒物、PM2.5 比例越来越小，2014 年每立方米空气中含 280.4 微克 SO_2、NO_2、可吸入颗粒物、PM2.5，随着环境保护意识的增强，2019 年每立方米的空气中仅含 151 微克 SO_2、NO_2、可吸入颗粒物、PM2.5，较 2014 年减少了 129.4 微克，减少了将近 50%。北京在新经济迅速发展的同时，实现了空气质量的改善。

四　主要研究结论及政策建议

（一）主要研究结论

1. 北京高质量发展评价主要结论

从对北京高质量发展指数评价和 3 个维度（经济维度、环境维度和社会维度）的测度与综合评价结果可知：

（1）2005～2018 年，北京高质量发展指数在大部分年份（2009～2018 年）处于全国领先，呈现持续增长态势。环境高质量发展已成为拉动北京高质量发展的主要推动力，经济高质量作用逐渐凸显，社会高质量发展潜力有待进一步激发。

（2）北京经济高质量发展指数 2005～2018 年由平缓增长转为快速增长，且呈持续上升趋势。北京创新优势显著，创新驱动已是最主要动力源，北京在结构优化维度方面比多数省市具有优势，但对北京经济高质量发展的贡献率需要提高，在效率提升维度方面亦有提升的空间。其中，北京经济增长指数保持平稳增长，相对于广东，其增长速度较慢，保持经济稳定增长仍是北京经济转型升级阶段的重点；高端制造业销售与上海有一定差距，亟须加速推进"高精尖"产业发展；效率提升对北京经济高质量发展的贡献度下降，提升产业劳动生产率是重点，加速提高人均产出效率是关键，需进一步激发效率提升潜力；创新驱动已成为推动北京经济高质量发展的最主要动力源，其贡献率不断提升，技术市场成交额贡献凸显，但是科研与教育投入缺口仍旧较大。

（3）北京环境高质量发展指数 2005～2018 年由平缓增长转为在波动中增长态势，但波动幅度相对较小。资源利用对北京环境高质量发展贡献率最高，环境质量指数远低于全国平均水平，污染减排指数呈现在波动中不平稳增长的态势且增长幅度相对较大，环境管理指数呈现增—减交替的不平稳增长态势。其中大气污染状况仍然堪忧，加强对淡水资源、大气环境等生态环境的保护仍是北京环境高质量发展的重点；相对于广东，北京污染减排指数在 2014 年之后被广东赶超，且差距凸显，虽然绿色出行对北京污染减排贡献凸显，但是污染排放亟待改善；资源利用指数保持持续增长态势。相对于天津、海南，北京的煤炭消费占比下降空间有限，建设用地产出率潜力相对较大。与此同时，水资源产出率贡献大，能源产出率贡献度逐渐增加；北京环境高质量发展偏向于污染防治与资源利用等当下大众较为关注的问题，与此同时，环境保护投资缺口依旧较大。

（4）北京社会高质量发展指数 2005～2018 年呈现"Z"形增长态势，波动幅度相对较大。民生优化维度指数是拉动北京社会高质量发展的主要动力，而城乡统筹与风险防控维度的贡献需要提升。其中，民生优化指数贡献率凸显，已成为主要推动力。但商品房价格与收入差距大，就业和消费活力有待激发。与浙江相比，民生优化指数年均增速偏低，即将被浙江赶超；城乡统筹指数总体呈"凸"形发展态势，与上海、江苏相比，北京市的城乡差距依旧较大，城乡区域协调发展仍然任重道远；风险防控指数总体在曲折波动中保持不平稳增长。相对于云南，北京与之差距较大。努力缩小城乡发展差距、加强风险防控将是未来北京社会高质量发展的主要动力。

（5）三大城市群社会高质量发展维度方面的差异较小，且增长幅度均较小，当前阶段需要提升社会高质量发展水平，这也是未来高质量发展过程中亟待解决的问题。

2. 北京新经济发展指数主要研究结论

从对北京新经济发展指数评价和6个维度（区域经济活力、知识型人力投资、新经济创新能力、新经济国际化、"数智化"、可持续与转型升级）的测度和综合评价结果可知：

（1）北京新经济发展具有六个特征：第一，新经济产业加快发展，北京经济活力攀升；第二，知识型人才投资成效显著，北京知识密集型服务业规模稳步增长；第三，新经济创新能力不断提升，自主创新还需加强；第四，新经济国际化成效突出，北京成为全球"独角兽之都"；第五，从"数字化"到"数智化"跨越，数字经济成为新经济主引擎；第六，绿色发展势头较好，新经济成为转型升级主角。

（2）"数智化"对北京新经济发展的引领作用凸显。2015～2019年，北京新经济指数由157.4快速增长到351.1（见图3），年均复合增长率22.2%。2019年北京新经济"数智化"指数为462.7，增长幅度最大，是2015年的4.5倍，年均复合增长率45.5%，增速在6个维度中位居第一，这充分显示出"数智化"对北京新经济发展的引领作用。从贡献度分析，新经济"数智化"指数贡献度达到28%（见图4），已成为北京新经济发展的第一引擎。

（3）科技创新是北京新经济发展的支撑力。新经济创新能力指数和知识型人力投资指数对北京新经济发展贡献率均为21%（见图4），表明科技创新是北京新经济发展的支撑力。北京知识型人才投资指数2014～2019年呈平稳增长趋势，2019年北京知识型人力投资指数822.8，相比2015年增

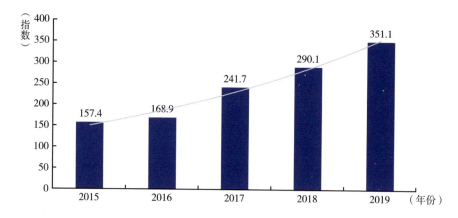

图3 北京新经济指数（2015～2019年）

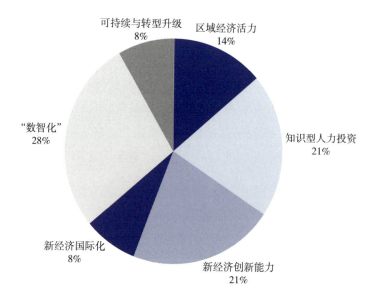

图4 2019年北京新经济指数六维度贡献率

长3.4倍，表明北京对知识型人力的重视程度逐渐提升。北京的人才集聚成效显著，常住人口受高等教育比例不断提升，北京市信息化水平稳步提升，产业结构持续优化，知识密集型服务业规模稳步增长；新经济创新能力指数2014～2019年呈现快速增长趋势，2019年北京新经济创新能力指数为414.6，体现了北京在全国科技创新中心建设的推动下，原始创新和科技成果领域的影响力不断增强。今后仍需充分利用和发挥北京科教优势打造世界级知识型人才高地，加大对新技术产品（服务）等研发研制力度提高新经济创新能力。

（4）科技创新"引进来""走出去"成效显著。新产业、新业态、新模式对北京新经济贡献率显著增加，对外商投资的依赖程度显著降低。2019年北京新经济区域活力指数272.9，2015年以来年均复合增速达18.3%，体现出北京营商环境不断优化，新技术、新产业、新业态、新模式日益活跃；2019年北京新经济国际化指数112.8，年均复合增速接近10%，表明北京在全国对外交往中心建设的推动下，积极构建双循环发展新格局，不仅很好融入国内大循环，而且使得北京新经济在全球的影响力不断增强。但是国际化指数对北京新经济贡献率下降，到2019年仅为8%。说明自主开发新技术新产品新服务和壮大新业态新模式是今后新经济发展重点。

（5）转型升级是北京新经济发展的难点。2019年北京转型升级指数109.0，比2015年的125.8略微下降，这体现了转型升级是北京新经济发展的难点与重点。转型升级指数对北京新经济的贡献率也仅为8%。在这一重要历史转型期间，也应该看到北京新经济在转型升级上大有可为。

（二）提升北京高质量发展水平的战略对策

高质量发展是以五大发展理念为引领，有别于单一追求经济增长数量，更加注重发展效率、要素高效配置、结构持续优化、创新为动力、生态环境有机协调、成果共享，集数量与质量为一体的发展。经济高质量发展、社会高质量发展、环境高质量发展是助力北京高质量发展的"三驾马车"。现阶段，经济高质量发展与环境高质量发展对于北京高质量发展的作用显著，而社会高质量发展的作用有待进一步发挥。如何继续发挥经济与环境高质量的优势地位，弥补社会高质量的不足，实现"三驾马车"齐助力，仍是探索北京高质量发展的题中应有之意。

1. 集聚优势，继续推进经济高质量发展

继续提升经济发展质量，要"固优势、夯基础、补短板"。

（1）"夯基础"：有效协调供给与需求、投资与消费之间的关系。经济发展的动力是有效供给与有效需求的结合，解决供给与需求失衡问题可促使经济高质量发展。深入推进供给侧改革，需要提高供给体系和需求体系的高质量发展。一是优化提升供给体系高质量。以提高制造业的供给质量为核心，借助非首都功能疏解政策推进，加速淘汰落后产能，加快建设绿色制造业体系，引导绿色环保产品的开发。优化市场条件，充分利用市场机制的作用，提高要素的重置、利用效率，注重产业政策的实施与落地。进一步扩大对基础创新的投入，加快构建以企业和科研院所、高校等为核心的产学研协同创新体系，完善技术市场和知识产权制度，尤其是激励创新主体自主创新和协同创新，形成对外开放的集聚平台，加大知识外溢影响，发挥双边或多边的网络效应，形成集聚效应提升。二是优化提升需求体系高质量。实行积极稳健的财政和货币政策，适度扩大总需求，营造良好的环境。将投资刺激和投资方式转变、需求刺激和需求结构优化相结合，进一步提高消费对需求的拉动作用，扩大居民在产品市场中的最终消费需求，扩大生产资料和公共生活消费资料等需求，如发展夜经济等消费新热点，增强消费对北京经济发展的拉动作用。

（2）"补短板"：关注效率提升。党的十九大报告指出高质量发展阶段转换亟待推进质量变革、效率变革、动力变革。三个变革中，动力变革是需要培育的可持续发展新动力，目前北京的创新驱动已成为主要拉动力。效率变革是主线，从上文的分析可知，北京的效率提升不足，是北京高质量发展的短板。效率提升是实现北京高质量发展的支撑，在发展中需破除各种制约效率提升的体制机制障碍，需要从资源配置、市场竞争、投入产出、可持续发展能力等方面进行短板补齐，从而加速推进效率变革。可从以下三个方面加速补齐。一是提高全要素生产率。改善生产要素配置是提高全要素生产率的关键。而优化要素配置需要通过要素价格体系的转变来实现。包括建立劳动力、土地、物质资本、资源等要素价格市场化机制，并消除影响要素流动的制度性障碍。充分发挥服务业对北京经济的引擎作用，优化服务业整体布局，推进现代化经济体系建设。二是改善营商环境。改善营商环境是促进微观经济效率提升的核心因素。需深入推进"放管服"改革，不断提高办事效率，减少制度审批流程和政策壁垒，在提高营商环境的过程中，还需不断完善社会公共服务和优美生态环境的配套。三是构建三次产业协同合作的新体系，搭建产业体系协同发展平台促进产融深入合作、产业与要素的联动发展。充分发挥北京第三次产业的引领优势，加强产业之间的强强联合，发挥各产业增长与发展的优势，提高三次产业之间的溢出效应。

（3）"固优势"：大力发展"高精尖"产业。"十四五"时期会更加突出创新发展，以创新驱动加快提高经济质量效益和核心竞争力[1]，尤其是需要大力发展"高精尖"产业。一是加快推进战略性新兴产业。发挥区域资源优势，大力发展新经济，重点发展以医药健康产业和新一代信息技术产业等为代表的战略性新兴产业，充分发挥科技创新在全面创新中的引领作用。推动科技服务业的提升，促进北京科技与"高精尖"产业发展的紧密融合，形成北京"高精尖"经济结构和产业集群。目前"缺芯少魂"问题亟须解决，软件"强基"工程迫在眉睫，亟须推动先进制造创新中心的建设，吸引顶尖研发机构和企业在北京设立总部。面向重大关键技术等问题，创建高精尖设计中心等创新载体和平台。二是加快推进"三城一区"建设。目前"三城一区"建设中存在诸如缺少联动发展的顶层设计、协调联动机制少、央地协同难等问题。要加强联动"三城一区"的顶层设计，确定十大高精尖产业的跨区布局方案，建立各种形式的联动发展纽带，统筹产业链、创新链等，建立联动发展工作机制。发挥重点项目对"三城一区"建设的联动牵引作用，制定重大科技基础设施的共建共享制度。积极探索"三轮"驱动的市场化联动发展模式。组建平台型园区开发企业等创新创业载体。鼓励科研院所、高校到新校区设立"科学工业综合体"，在异地搬迁中探索创新发展和科技成果就近转化的新模式，与北京经济技术开发区、未来科学城、怀柔科学城等承接区域共同建立科学工业综合体，带动科技成果就近实现转

---

[1] 北京市委全会：《市委全会描绘首都"十四五"发展蓝图，展望2035年远景目标，要求坚持以首都发展为统领，做到"六个更加突出"》，《北京日报》2020年12月29日。

化。三是依托区域资源与产业优势，推进京津冀产业协同发展。建设全国科技创新中心，除了"三城一区"主平台，还应依托区域优势，在京津冀范围寻求合理的功能布局，并进行创新产业集群的发展与统筹布局。

2. 坚持绿色发展，加强环境污染防治攻坚

（1）继续加强环境污染防治攻坚。"十四五"时期会更加突出绿色发展。目前北京大气污染状况亟须改善，需加强对生态环境的保护，特别是对大气环境、土地环境、水环境的保护，扩大生态保护用地，筑造城市生态保护屏障，为人民生产生活营造一个"绿水青山"的环境，让青山绿水蓝天成为首都底色。一是继续增加环保投入，提高环境管理能力，学习借鉴全国其他省份和发达国家经验，逐步提高环保投资占 GDP 的比例（不低于3.5%），切实落实"绿色发展"理念，实现人与自然和谐、经济与环境共荣。二是继续深入打好污染防治攻坚战，进一步调整产业、交通、能源结构，做好京津冀区域联防联控联治，消除重污染天气。制定并实施二氧化碳控制专项行动、PM2.5 与臭氧协同治理等措施。加强对土壤的污染监控和生态修复，充分利用土壤的环境质量监测网络，加强对农田土壤的环境保护和污染治理。加大对水环境的治理力度，完善湿地保护、耕地河湖休养生息、生态补偿、生态环境损害赔偿等制度，全面落实"河长制"和"湖长制"，启动水资源税的改革试点工作，采用控源截污、生态修复、沟通水系等一系列措施，加大中小河道整治工作和城市面源治理力度，加快大数据、无人机、云计算、移动互联网等新一代智能技术在水环境监测预警、水质水文监测、生态环境舆情中的运用，基本消除劣 V 类水体。提升生态环境空间容量，实现生态空间只增不减。积极支持生态涵养区生态保护与绿色发展，加快完善生态保护补偿和结对协作机制。完善绿色交通体系，加强对尾气等污染物排放的控制，大力推进绿色工地建设，深化扬尘等污染控制。

（2）优化并调控能源总量结构。目前北京市的煤炭消费占比下降空间有限，当北京市环境高质量发展达到一定水平时，煤炭能源产出将难以继续提供动力。因此，寻求新动力将成为环境高质量发展首先要解决的问题。一是要大力优化能源结构。削减煤炭消费总量和占比，需采用清洁能源进行替

代，目前应尽快完成全面的集中供热，加大对光热、风力发电以及生物质和非化石能源的开发利用率。二是加大产业结构优化调整力度，整治淘汰一大批低生产效能的企业，使存量资源得到充分有效的释放，为创新提供更为广阔的发展空间。严格控制重化工业发展规模。加快对高耗能、低附加值且高排放企业的淘汰进程，全面取缔不符合国家相关产业政策的"十小"工业企业。

（3）加快推进垃圾减量化和资源化。污染减排指数之所以被广东赶超，主要在于广东省在生活垃圾填埋及无害化处理效率方面要明显优于北京。目前垃圾分类在全市有序展开，居民的参与度仍有待提高，需提高居民参与积极性，完善绿色账户制度，并制定生活垃圾分类减量等差别化生活垃圾收费制度，对垃圾减量达到季度、年度目标的，给予减免生活垃圾处置等奖励。与此同时，做好生活垃圾分类责任和落实机制，完善生活垃圾分类处理和管理的法律体系，强化生活垃圾的源头指导和监督，充分利用现代高科技手段给予技术支持，加强对垃圾分类志愿者队伍的培训。针对社区菜市场、农贸市场、超市等交易场所，通过合理的补贴、有效监管等手段，按品类和区域稳步推进"净菜"政策，从而减少蔬菜垃圾产生量。

（4）进一步提高土地利用效率和产出率。北京应积极转变以往摊大饼式等低效益的土地利用模式，积极投身于城市建设用地优化与城市空间管理过程中，实现土地利用高质量发展，使城市建设的质量和效益节节攀升。未来发展中北京市应采取内涵挖潜的方式，在少增或不增加建设用地面积的情况下提高建设用地产出率，助推北京市环境高质量发展。需走集约型城市建设之路，通过推进空间换地和低效用地再开发提高城市建设用地产出率。2018年北京市建设用地产出率为20.60亿元/公里^2，全国排名第四，仍具有较大的提升潜力，需进一步提高土地利用效率和产出率，以产业转型促进效率的提升。研究表明，决定土地利用效率的根本因素就是产业能级，通过产业向集聚化、高新化、高端化方向发展带动用地效率的提升。创新土地开发利用机制。加快城市建设向紧凑型城市建设、向立体化开发的转变，对开发强度分层分区管控，适当提高容积率高低的限差，放宽对产业用地容积率上限的管控,用好容积率激励杠杆促进产业空间资源的有序流动。优化土地利用结构,持续推进工业用地减量化和生态用地比例不断上升,开展科学的绿色基础设施建设,促进既定土地用量内的产出最优化。

3. 提高新经济创新能力

(1)实施共享导向创新。目前北京有待开发、具有潜力的消费市场,很大一部分是中低收入群体消费市场。而通过实施共享导向创新,则有望发掘出这些有潜力的消费市场。在实施共享导向创新中有以下几点需要注意:第一,由于共享导向创新门槛相对较低,可通过税收和融资优惠,引导"双创"人员走共享导向创新发展之路;鼓励受疫情影响较大的企业转向共享导向创新。第二,将部分政府支持的创新基金定向用于共享导向创新,引导企业实施共享导向创新。第三,将共享导向创新的研发投入、产品、服务开发纳入企业年度社会责任报告,对表现突出者给予适当荣誉和奖励。第四,坚持"发展依靠人民"价值观,发展共享导向创新辅导培训公益事业,构建共享导向创新网络服务平台。大力引导、支持共享导向创新受益者积极参与面向农业发展和农村生活的创新,争取让其成为地域特色鲜明、面向本地发展的创新者,服务于与自身条件和资源条件相似的消费者,这既能拉动创新,又能更好满足广大乡村群众对美好生活的需求。第五,研究制定共享导向创新标准,为朴素型产品和服务提供质量保证。

(2)重视风险驱动型创新。习近平总书记强调要以科技创新催生新发展动能,在这个过程中更要关注那些进入新发展阶段而出现的风险驱动型创新。比如针对突发的新冠肺炎疫情,通过风险驱动型创新而实现的网络平台与信息技术升级,实现了非接触经济的快速发展,极大促进了经济活力;检测试剂与疫苗研发等风险驱动型创新,不但近期社会效益显著,而且远期经济效益潜力巨大,已显露出新业态的发展趋势。目前,人们对风险驱动型创新还重视不够,更多看到的是"危",很少关注"危中有机"及如何实现"转危为机"。研究实施风险驱动型创新要有新理念、新举措:在资源配置上,要更好发挥政府作用,政府需在资源配置和方向选择上发挥主导作用;在创新激励机制上,由于很多风险驱动型创新难以依据短期商业利益激发创新动力，应研究重奖、声誉、荣誉和远期利益等激励模式；在政策引导上，鼓励联合共同参与，而不是单纯强调竞争，应强化协同应对风险挑战的能力；在国家重点研发计划（项目）中，设立立项需求和方向是面向应对风险挑战的紧迫需求的重点创新项目，为应对风险挑战提供持续性的支撑和引领，关注具有市场潜力的应对风险挑战的新产品和新行业；在政策支持对象上，实施揭榜挂帅，打破体制内外界限，使有能力、有意愿、有信誉者成为揭榜者，并根据挑战的类型与风险的大小，为揭榜者提供政策优惠，激励风险驱动型创新者；在创新突破点上，努力掌握关键技术，抢占风险驱动型创新制高点。

（3）深入推进北京新经济产业集群发展工程。"十四五"时期应充分发挥新经济产业重要引擎作用，加快构建内生新经济产业体系，尤其是需要深入推进北京新经济产业集群发展工程。一是聚焦"数智五化"产业、数字创意产业以及相关服务产业等培育新的投资增长点，推动重点产业领域加快形成规模效应。二是综合运用财政、土地、金融、科技、人才、知识产权等政策，协同支持新经济产业集群建设、领军企业培育、关键技术研发和人才培养等项目。三是增强新经济产业集群创新引领力，依托新经济集群内优势产学研单位联合建设一批产业创新中心、产业计量测试中心、工程研究中心、质检中心、企业技术中心、标准创新基地、技术创新中心、制造业创新中心、产业知识产权运营中心等创新平台和重点地区承接新经济产业转移平台。聚焦新经济产业集群应用场景营造，鼓励集群内企业发展面向定制化应用场景的"产品＋服务"模式，创新自主知识产权产品推广应用方式和可再生能源综合应用，扩大北京市内生新经济产业循环。四是创新政府资金支持方式。统筹用好各级各类政府资金、创业投资和政府出资产业投资基金，增强北京新经济产业集群发展工程资金保障能力。

（4）培育北京新经济发展新动力源。北京推动区域内新经济发展，关键在于培育北京新经济发展新动力源。一是合理规划北京的城市发展格局与营商环境。基于京津冀协同发展、"一核一主一副、两轴多点一区"的城市空间结构等，构建适合北京新经济发展的城市发展格局。持续改善北京新经济发展的营商环境，提升对外开放的广度、深度和高度，进一步扩大和开放新经济服务业，制定以"数智五化"产业为引领的经贸规则。二是进一步加强智力投入和知识型人才的创新开发。企业家是产业发展的核心灵魂，在招商安商亲商全链条上建立有效机制，还要健全高层次科技人才创新创业的体制机制，充分调动科研机构、研发人员、科技企业三方积极性。三是积极构建垂直整合的新经济产业链集群促进新经济可持续和转型发展。首先北京是"高精尖"制造业和"数智化"上游、中游、下游的集群。其次是促使同类产品、同类企业聚合连接形成集群。最后要集合传统经济促进广泛的新经济服务业和新经济制造业形成集群。四是加强促进创新特别是原始创新的体制机制建设，加强知识产权保护机制的建设，构建有利于新经济发展的考评、约束机制和政策保障机制。

4. 找痛点补短板，织好"十四五"民生保障网

就业、城乡统筹、人口老龄化、公共服务和兜底保障等是"十四五"时期民生保障关注的重点。

（1）保障就业稳定。人工智能等新技术的影响可能会在"十四五"期间进一步凸显，人工智能在一些领域已开始取代人的劳动力。在以国内大循环为主体、国内国际双循环相互促进的新发展格局下，应全面制定和推进符合新发展格局的稳就业政策。随着新经济业态的丰富，也需要及时跟上相关配套措施，比如解决灵活就业的社保、技能培训、监管、待遇调整计算等问题，有针对性地做出政策调整。一是加大对促进就业的引导，可将创新创业与发展新产业、新业态和新模式结合起来，从而形成经济良性发展与扩大就业的联动效应。二是建立城乡居民全覆盖的就业创业服务机制，完善城乡公共就业服务体系，尤其是加强对乡镇就业服务机构的建设，加大对农民再就业培训工作，借助大数据等信息技术提高农村劳动力就业服务质量。全面落实好户籍制度改革等政策，放宽城市落户等相关限制，让进城农民工享受到与城镇职工相同的基本公共服务，从而实现农村劳动力稳定转移就业。三是加大对现代农业人才和县域就业人员的关注力度。城乡统筹是"十四五"期间关注的重点，凸显城乡统筹反映到就业市场，则是需要现代农业人才和

县域就业人员。需要在"十四五"规划中做好顶层设计，出台针对性措施，做好前瞻性预判。

（2）提高社会保障服务水平。社会保障直接关系到老百姓切身利益和民生稳定。自改革开放以来，我国社会保障制度也在持续改革和完善，但是目前的高质量发展阶段，北京市的社会保障仍然存在一些问题。一方面，政府要加大对社会保障的财政投入，扩大保障覆盖率，加强对社保基金的监管，积极引导参保人员缴纳社保，扩大多元化社保基金的筹集渠道。另一方面，加快完善农村养老保险制度和农村社会保障制度，减轻居民的养老负担，尤其是农村居民的养老问题。健全农村社会保障体系，打造完善的医疗保障系统，提高农村居民的医疗、养老、低保等社会保障待遇水平。2018年，以农民为主体的城乡居民基础养老金最低标准每人每月仅为88元，全国农村低保标准为每人每年平均4833元，远远低于城镇水平。与此同时，也要避免农村人口因病积贫、因病返贫，注重构建和谐稳定的乡村环境，缩小区域城乡发展差距、城乡居民收入差距。

"十四五"时期老年人口的需求格局也将发生明显变化，一方面是因为疫情防控常态化对经济社会发展的格局变动会影响到老年人口对传统养老服务理念、模式等的选择。另一方面是因为人口老龄化结构和需求特征带来变化，当前步入老年阶段的人群更加注重对安全健康、精神文化、宜居环境等的需求。从变局中开新局，积极应对人口老龄化，一是树立积极老龄观并建立政策体系，全面推进健康老龄化，深入推进医养结合，提高老龄社会的治理能力。二是优化居民基本养老保险政策，提升农村老年人生活水平。优化基础养老金调整机制与缴费激励机制，完善养老金差异化补贴方式。

（3）改善公共服务供给。"十四五"时期推进公共服务进一步向纵深发展。更加强调均等，针对不同群体和公共服务进一步细分。需要凸显社会政策对相对贫困人群的兜底保障作用，实施动态监控，针对失独老人等弱势群体、低收入群体和遭遇家庭突发变故等导致的贫困风险，要落实社会保障的兜底扶持政策。从公共服务和兜底保障领域来切实提高老百姓的获得感、幸福感。尤其是对于遭受新冠肺炎疫情、洪涝灾害等影响，以及脱贫不稳定户等群体，要因地制宜、因时制宜、因人制宜，整合优化现有的就业补助政策体系，通过兜底保障等有效措施，提高人民群众的幸福感。

（4）加快推进农村民生建设。近年来，在强农惠农的政策扶持下，农村居民人均收入有了较大幅度的提升，但是城乡不平衡的现状仍然没有得到改变，长期受到城乡二元结构体制机制的制约，农村的民生改善仍然明显落后于城镇。尽管城乡居民人均收入之比在逐年缩小，但2018年仍然为2.6，尤其是受到宏观经济形势的影响，农民增收后劲不足，务工经商的工资性收入大幅下降。在实施乡村振兴战略中必须加快推进农业农村现代化建设，着力解决农业发展和民生福祉问题。一是实施积极的就业创业政策，大力发展新产业、新业态来促进乡村劳动力的充分就业，调动"三农"组织管理者、农业生产经营者、服务和科技工作者等农业农村发展主体的积极性，创造更多的第一、第二和第三产业就业岗位，吸引更多的人才投身"三农"事业。二是大力发展农村基础教育，提高农村人口文化素质和知识水平，加强再就业培训工作，培育一批新型职业农民队伍，提高农村劳动力的就业创业活力。世界银行相关研究结果显示：劳动者收入与平均受教育年限成正比，平均受教育年限为6年、6～9年、9～12年、大于12年对应的平均收入指数分别为100元、130元、208元和356元。因此加大对基础教育的投入是提高农村人口收入的重要途径，应完善农村基础设施，并提高乡村教师待遇。三是在推进实施乡村振兴战略中加快民生建设。习近平总书记指出要加快补齐农村民生短板，将农村民生优先发展放在治国理政的重要位置并加快推进落实。持续加大公共财政资金对民生投入力度，构建多元化持续投入格局，引导社会资金的积极参与，各项社会事业经费向农村倾斜，优先保障农村民生发展需要。完善城乡融合发展的体制机制和政策体系。四是建立绿色生态发展机制，促进农业绿色发展，完善生态效益补偿机制，加强农业农村污染治理和生态环境保护。大力推行农业清洁生产方式，加大对农业废弃物资源化的利用率，逐步减少化肥、农药使用量，全面推进厕所、垃圾、污水"三大革命"等农村人家环境综合整治。五是转变农村经济发展方式，大力发展现代农业和观光农业，发挥城市居民强大的消费能力，助力农业兴旺、农村发展、农民增收。

（5）提高风险防控应急能力。在风险防控上，一方面，借助大数据技术提高风险防控"计算"能力和"预测"能力，推进风险防控科学化、精细化管理，让大数据在智慧交通建设、各种安全风险事件或危机上发挥更重要的作用。另一方面，织好安全防护网，形成全社会有序参与的社会安全治理新格局。

5. 在区域协调发展的同时提升区域发展质量

"十四五"时期需更加突出区域协调发展，着力提升京津冀区域整体发展水平，注重城市群、区域之间协同发展。京津冀、长三角、珠三角各自具有独特优势，在高质量发展的实践中应探索城市群的城市间协同融合发展，把区域优势做大。北京作为京津冀地区的核心城市，将引领京津冀地区的高质量协同发展。未来，高水平开放和城市群协同将共同推动中国高质量的发展。北京应顺应国家三大发展战略之一的京津冀协同发展战略，积极推进"一体两翼"联动发展，缓解北京大城市病，优化区域产业等布局，积极促进京津冀城市治理平衡的多中心网络化空间格局的形成。

五　高质量发展十大战略趋向

改革开放40多年来，我国通过改革红利和要素红利刺激经济高速增长，大力发展生产力，以填补"数量缺口"，成为世界第二大经济体。人民的基本物质需求得到了极大满足和保障，经济获得空前发展。当前，我国社会主要矛盾以及面临的国内外形势已经发生重大转变，经济高速增长的要素条件、开放条件、制度条件等也都发生了深刻变化。在高质量发展背景下，发展的格局与内涵也更为丰富，它以总量为基准，但又不仅仅关注经济总量，还包含对经济效率、经济结构、可持续、社会保障等多个角度的多维衡量。

本报告认为，"十四五"时期需要把握高质量发展的十大战略趋向——"内循环"体系助力高质量发展、经济结构升级推动高质量发展、自主创新引领高质量发展、新经济驱动高质量发展、"数智化"和数字经济驱动高质量发展、消费拉动高质量发展、服务型制造促进高质量发展、区域协调发展推进高质量发展、绿色发展助力高质量发展、共享发展聚力高质量发展。

（一）战略趋向之一："内循环"体系助力高质量发展

"加快形成以国内大循环为主体、国内国际双循环相互促进的新发展格局"，这是以习近平同志为核心的党中央基于国际国内形势发展变化做出的重大战略部署。从北京新经济国际化指数得分表现可见，北京新经济受中国经济变革的内在规律性要求，2017年后的北京新经济指数的各项数据表现，特别是国际化指数的得分表现支撑了中国经济从国际大循环向国内大循环的战略大转型需求。近5年，北京高新技术产品进出口表现为贸易逆差即进口大于出口，其逆差稳步缩小，说明此逆差能够驱动和倒逼北京创造更多本市的高新技术就业机会，增加高新技术产品出口使其走向贸易平衡或略有逆差。但是，也应该认识到国内大循环在现阶段很难实现完整闭环，自主创新是关键。北京在向国内大循环的战略转型时，需要新经济产业的创新主体共同努力发挥主观能动性，发挥自立自强的精神，坚持自主研发，坚持自主创新。

因此，在高质量发展中，需要深刻把握"内循环"体系的战略趋向。从四个方面着力：第一，着力提高人民收入，拉动消费需求。增加居民的财产性收入。由于从小康到富裕存在着较大的增加收入空间，由此能够产生巨大的消费需求。第二，中西部发展是下一步的重点。第三，缩小南北差距。着力缩小东中西、南北差距，避免出现明显的不均衡问题，形成多层次的内需市场。第四，着力推进城乡一体化发展，拉动消费需求，产生较大规模的内需。虽然中国城市化率已经过半，但是就中国整体而言，城市化率还存在较大的提升空间。

这样看来，所有这些扩大内需所产生的经济效益，对发展的引擎动力绝不会比外向型经济小。当然，转向内循环并不意味着回到封闭经济，我们应转向更高层次更高效益的外循环。如果说，外循环体系是以出口及国际市场为导向来安排国内的发展的话，那么，内循环体系则是以扩大国内需求以及依其结构为导向安排的开放战略。

（二）战略趋向之二：经济结构升级推动高质量发展

高质量发展具有十分丰富且广泛的内涵和意义，但核心在于如何实现经济结构的转型升级。经济结构升级不仅是我国高质量发展的重要内涵之一，而且是未来区域发展的重要战略趋向。从产业经济学来说，高质量发展需要不断打破经济结构低端的锁定，加速经济结构优化调整，促进经济结构转型升级，进而实现结构协调下的高质量发展。

因此，在高质量发展中，我们应顺应产业结构升级规律，把握经济结构升级的战略趋向，从三个方面着力：一要着力发展现代服务业，尤其是重点发展生产性服务业。生产性服务业的核心是知识密集型服务业，围绕知识密集型服务业发展研发服务和营销服务，为高质量发展建立专业服务体系。二要着力建立内源性技术体系，通过技术创新、制度创新、组织创新、市场创新和知识创新，建立属于自己的技术体系，推动三次产业的发展向中高端迈进。三要着力转变经济发展方式，由资源浪费和环境破坏型向资源节约型和环境友好型转变，践行"绿水青山就是金山银山"理念，大力推行绿色发展，促进传统产业结构转型升级。

在调整产业结构的进程中，北京应摒弃传统的粗放型工业体系，构建新一代信息技术、节能环保、人工智能、软件和信息服务以及科技服务业等高精尖经济结构，着重发展主导产业，积极推进战略性新兴产业发展进程，培育与孵化新的经济增长点，不断补充与完善现代化服务业体系，在资源得以充分配置的基础上，形成优质供给和有效供给，进而加快实现城市经济高质量发展进程。

（三）战略趋向之三：自主创新引领高质量发展

科技创新是经济高质量发展的根本动力，实现质量变革、效率变革和动力变革最重要的是依靠科技进步。过去几十年间，中国经济的高速增长主要依赖于包括劳动力、资源、土地等在内的要素红利，随着全球化进程的持续推进以及中国经济的不断发展，生产过程中的各种要素成本不断上升，导致大量外部投资转向生产要素成本更为低廉的东南亚或者印度等海外市场，部分内部投资也基于此原因产生了外流现象，这些刺激中国经济高速增长的要素红利正在逐渐消失，为高质量发展带来影响。综合考察当前经济高质量发展的基本现实，创新能力和创新人才的不足是制约中国经济发展的关键问题，如何通过人才的吸引和创新驱动来突破固有的顽疾，革除高质量发展路途中的绊脚石，成为我们必须深入思考的话题。习近平同志强调，"加快科技创新是推动高质量发展的需要，是实现人民高品质生活的需要，是构建新发展格局的需要，是顺利开启全面建设社会主义现代化国家新征程的需要。"

因此，在高质量发展中，我们需要把握自主创新引领的战略趋向。关键是三个方面。第一，加大基础研究在科技投入中的比重。2019年，我国基础研究经费1209亿元，比2018年增长了10.9%，基础研究在科技投入中的比重需要持续提高。第二，积极推进产学研协同创新，有效衔接知识创新和技术创新，将科研成果迅速转化为现实的生产力。自主创新依靠无形要素，实现要素的新的组合，扩大生产的可能性边界。第三，大力培育具有核心竞争力的实体企业。实体经济的繁荣需要具有核心竞争力的实体企业来引领和支撑。应积极在互联网和电商、金融科技，人工智能和数据分析、生物健康等领域布局。第四，秉持创新发展理念，加大对创新型人才引进和培养力度。

北京应由依赖资源消耗为核心的单一发展模式转向以创新驱动为主的增长模式，为教育、人才和科技优势全面释放搭建空间，通过政策、资金工具的科学及合理利用，积极搭建服务平台，在创新驱动中提升新旧动能转换率，以促进创新驱动发展方式为城市发展提供动力，进而实现城市经济的高质量发展。

（四）战略趋向之四：新经济驱动高质量发展

近年来，我国保持较快经济增长的北京、上海、广州、深圳、杭州等发达城市，都是适应了新科技革命的发展，在大数据、信息化、数字经济等方面取得了突破性进展。当前，新科技革命和工业革命方兴未艾，以互联网和大数据为基础的新工业革命正在形成新的增长点，实现高质量发展必须实现向新经济驱动转变，培育新技术革命的力量。

在高质量发展中，需要深刻把握新经济驱动的战略趋向。从三个方面着力：一要着力关键核心技术，北京新经济应聚焦"数智五化"等战略性新兴产业以及相关服务产业培育新的投资增长点，推动重点产业领域加快形成规模效应。深入推进北京新经济产业集群发展工程，综合运用财政、土地、金融、科技、人才、知识产权等政策，协同支持新经济产业集群建设、领军企业培育、关键技术研发和人才培养等项目。二要着力新基建发展，从基础设施和关键环节入手，促进新经济发展，实现经济社会系统的可靠传输、智能管理、智慧决策、精准服务，提高社会治理能力，提升经济运行效率。聚焦新经济产业集群应用场景营造，鼓励集群内企业发展面向定制化应用场景的"产品＋服务"模式，创新自主知识产权产品推广应用方式和可再生能源综合应用，扩大北京市内生新经济产业循环。三要着力营造创新环境，让整个社会充满创新、创业、创造的热情。增强新经济产业集群创新引领力，依托新经济集群内优势产学研单位联合建设一批产业创新中心、工程研究中心、产业计量测试中心、质检中心、企业技术中心、标准创新基地、技术创新中心、制造业创新中心、产业知识产权运营中心等创新平台和重点地区承接新经济产业转移平台。

（五）战略趋向之四："数智化"和数字经济驱动高质量发展

2019 年我国数字经济增加值达到 35.8 万亿元，占 GDP 的比重达到36.2%。北京新经济产业经过 5 年发展，逐步实现从"数字化"到"数智化"的跨越，2019 年北京数字经济增加值占 GDP 的比重超过 50%，在全国居首位。"数智化"阶段主要是利用大数据、云计算、人工智能等新一代信息技术构建数据智能的运用能力，依托数据的实时共享和利用人工智能算法提供决策支持及精准化的新经济活动运营，是新经济转型的基础和关键。数字经济已成为推动产业结构转型升级、促进经济高质量发展的新引擎。

在高质量发展中，需要深刻把握"数智化"和数字经济驱动的战略趋向。从三个方面着力：一是要加快推进数据产业等战略性新兴产业发展。二是要抢抓新一轮科技和产业革命新机遇，加快推动数字技术产业化、传统产业数字化。通过数字技术，加快形成新的产业协作、资源配置和价值创造体系。三是把握数字经济发展逻辑，以数字经济赋能双循环。从数字经济产业逻辑来看。数字时代变革了我们的产业逻辑，数字经济正在重构全世界的经济格局。面向数字时代要形成新的产业发展逻辑，指导产业发展。数字文明将推动经济社会全新变革，并且从更深层次上影响经济社会发展进度，数字经济发展将推动我国进入高质量发展阶段，从"竞争优势"到"协同创造"。在数字形态下，公司战略不是追求所谓"竞争优势"，而是通过"创造协同"让企业能够"持续创造价值"。从规模经济到范围经济，在网络联通条件下，公司规模无须同步增长即可实现业绩扩张。从组织化管理到平台化管理，在数字时代，管理的核心是平台化管理，是覆盖面更广、更具科学性的管理。从做项目到做生态，不再以引进项目、集聚企业为取向，而是让企业通过网络联通，推动形成跨界融合的产业生态圈。从产能合作向产业链合作延伸，形成产业链互补链接、上下游融合发展的产业共同体，以共创、相互赋能、共享的合作模式实现产业形态升级。

（六）战略趋向之六：消费拉动高质量发展

2019 年，最终消费支出对国内生产总值增长的贡献率为 57.8%，高于资本形成总额 26.6 个百分点。这就表明消费对经济增长的贡献率越大，经济增长的效益和质量也就越高。

在高质量发展中，需要把握消费拉动高质量发展的战略趋向。实现的路径有四个。一是增加居民收入，增强消费信心。通过相关改革举措促进收入分配更合理、更有序，推动形成与居民消费升级相匹配的收入可持续增长机制，不断扩大中等收入群体，为扩大居民消费夯实基础。二是把稳就业摆在"六稳"之首，稳定高的就业率。三是贯彻社会保障的公平性原则，实现社会保障全覆盖。四是扩大中等收入者比重并使中等收入者达到大多数，从而在提高消费水平的基础上拉动经济增长。现阶段，消费业态的创新对消费的拉动效果非常明显。借助"互联网＋"平台，将网络消费和共享经济更深入扩展消费领域，通过信息消费、绿色消费、旅游休闲消费、教育文化体育消费、养老健康、家政消费等创新消费业态模式，带动生产模式优化。

（七）战略趋向之七：服务型制造促进高质量发展

以互联网为代表的新技术的进步，加速了制造业服务业的融合。服务型制造发展是现代经济发展的重要形态，也是制造业转型发展的高级形态，是制造业现代化的体现。制造与服务的深度融合，意味着制成品附加值的提升，也意味着服务的深化，发展服务型制造不仅要求制造业企业做强高附加值服务环节，还将引导制造业企业增加对外服务供给，推动其向服务型企业转变。这些对提升制造业的质量和竞争力具有战略意义。服务型制造发展是未来产业发展的趋势，近年来，服务型制造有力支撑了制造业高质量发展，成为我国制造业转型升级的"点睛之笔"。

因此，在高质量发展中，我们需要深刻把握服务型制造发展的战略趋向。应从三个方面着力。第一，利用现代信息技术对企业进行改造，提升工业设计、物流管理、用户需求跟踪、供应链管理、流水线管理能力。第二，促进生产性服务业的发展。发达国家生产性服务业占整个服务业的比重一般在25%以上，而我国目前这一比重是15%。生产性服务业的发展空间大。其中生产性服务业的核心是知识密集型服务业，围绕知识密集型服务业发展研发服务和营销服务，为高质量发展建立专业服务体系。第三，积极探索敏捷制造、智能制造、虚拟制造等先进模式，提升服务型制造发展质量。

（八）战略趋向之八：区域协调发展推进高质量发展

"十四五"规划中指出要更加突出区域协调发展，着力提升京津冀区域整体发展水平。区域政策和空间布局的进一步完善，各区域的比较优势将进一步得到发挥，从而构建起全国高质量发展的新动力源。习近平同志指出，要"打破行政壁垒、提高政策协同，让要素在更大范围畅通流动"。

从区域经济学来说，区域协调发展有利于解决区域均衡发展与非均衡发展问题，应从四个方面推动高质量发展。第一，区域协调发展降低了过去的恶性竞争所带来的种种损失，是一种巨大的节约；第二，区域协调发展降低了各个地区之间的交易成本，使得要素和产品的流动更自由，消费者的福利得以提升；第三，区域协调发展具有学习效应，使得那些相对落后的地区能够更快地学习先进经验，实现知识溢出；第四，区域协调发展带来了产业集聚效应和分工效应，使得市场分工不断细化、产业不断集聚，市场交易规模不断扩展，最终推动了区域高质量发展。

因此，在高质量发展中，我们需要深刻把握区域协调发展的战略趋向。从三个方面着力：一是构建良好的协调机制，从"产业协调机制—区域协调机制—分工合作机制—交流学习机制"四个方面构建区域高质量发展的互动协调机制，增强合作动力，更好地发挥区域协调发展的规模效应、集聚效应、同群效应、分工效应和学习效应。这方面应注意借鉴"长三角"的协调发展经验。二是积极推进区域协同发展战略。强化中心城市的核心优势，继续保持和提升中心城市的竞争力，不断提高城市以单中心空间结构为特征向多中心空间结构为特征的转变速度，积极促进城市治理平衡的多中心网络化空间格局的形成。三是贯彻新发展理念，缩小区域的差距，在体制变革上下大力气，避免区域发展中可能出现的明显的不均衡问题。

（九）战略趋向之九：绿色发展助力高质量发展

纵观世界各国的工业化发展历程，工业化进程往往伴随着对生态环境的严重污染和破坏，对高质量发展带来诸多不利影响，反观中国的工业化进程也有着类似的经历。在工业化发展前期，受制于经济、社会、文化等基础条件的限制，为了推动经济的快速发展，扩大经济规模总量，中国主要采取粗放型的发展模式，产业结构相对滞后，对资源依赖较大，而且发展过程中往往投入大量的资源要素，未能充分考虑资源利用效率，多投入并未获得有效产出，导致生态环境遭到一定程度的破坏，人与自然矛盾日益凸显，由此滋生了各种环境问题。高质量发展和五大发展理念紧密相连，具有深层一致性，作为五大发展理念之一，绿色发展在经济高质量发展中具有优先性。"十四五"规划中指出要更加突出绿色发展，让青山绿水蓝天成为首都底色，尤其是重视对生态环境的保护。

资源与环境经济学告诉我们，环境对经济存在重要的促进作用。促进作用表现为两个方面：第一，自然生态系统是社会经济系统的承载本体，其发展质量的高低在很大程度上也决定了社会经济系统的高质量与否；第二，生态环境因素可以通过适当的政策渠道内化到社会经济系统中，典型的例子包括环境税、排污许可、生态补偿等，环境管治的不同模式与手段会影响到经济高质量发展的方向和速度。因此，高质量发展将有别于过往以量为先的经济发展，它不仅仅关注经济增长，同时关注资源、环境、生态、社会等，将环境发展等充分纳入了内涵。而在目标层面，高质量发展提出"努力实现更有效率、更可持续的发展"，即要求以更少的资源投入创造更多的价值，并考虑发展在代际间的公平性，这与环境保护、生态文明建设具有内在统一性。总体而言，生态环境保护与经济高质量发展之间存在着良性互动关系。

在高质量发展中，需要深刻把握生态环境保护的战略趋向，贯彻绿色发展理念。从两个方面着力：一要不断提升生态环境质量，特别是大气环境、土地环境、水环境，扩大生态保护用地（特别是加强对城市绿心的建设和保护），筑造城市生态保护屏障，为人民生产生活营造一个"绿水青山"的环境。二要加快资源消耗和环境污染较严重产业的转型和升级，促进新兴绿色产业的发展。通过绿色改造等方式，完成高消耗高污染企业生产工艺技术的更新改造，逐步实现绿色生产、清洁生产，把握"绿色工业革命"的契机，挖掘新兴绿色产业对于提高社会效益、经济效益、环保效益的作用，最终建立起绿色与效率并存、经济与环境协调的产业体系，进而提高绿色经济发展水平和经济发展质量。

（十）战略趋向之十：共享发展聚力高质量发展

共享发展目标不仅仅反映的是中等收入国家发展阶段特征，更是高质量发展的一个根本要求。中等收入阶段不光是提高人民的收入，而且涉及增加居民的财产性收入，另外，能够享有更多的公共财富，扩大社会保障覆盖面，城乡基本公共服务实现均等化。这就需要共享发展。

因此，在高质量发展中，我们需要深刻把握共享发展的战略趋向。从四个方面着力：一要提高社会保障水平，健全农村社会保障体系，打造完善的医疗保障系统，避免农村人口因病积贫、因病返贫，注重构建和谐稳定的乡村环境，缩小区域城乡发展差距、城乡居民收入差距。二要完善公共交通系统，并结合重要交通节点，实现公共交通无缝对接，最大限度地提高公共交通运输能力和服务水平。三要加强兜底保障，在"后2020"时代需要凸显社会政策对相对贫困人群的兜底保障作用，实施动态监控。四要以人为本，切实处理好与人民群众切身利益相关的问题，加快构建运行良好的社会治理机制。

参考文献

［1］刘世锦：《推动经济发展质量变革、效率变革、动力变革》，《中国发展观察》2018 年第 22 期。

［2］北京科学学研究中心：《北京经济增长及结构特点分析》，（2015 - 06 - 22）［2019 - 03 - 25］. http：//kw. beijing. gov. cn/art/2015/6/22/art＿ 982＿ 43501. html。

［3］钱雪亚、缪仁余：《人力资本、要素价格与配置效率》，《统计研究》2014 年第 31（8）期。

［4］北京市政协提案委课题组：《充分发挥服务业对北京经济增长的引擎作用》，《前线》2020 年第 5 期。

［5］黄群慧、崔志新、叶振宇：《北京"三城一区"科技创新要素流动和联动发展路径研究》，《北京工业大学学报》（社会科学版）2020 年第 5 期。

［6］贾品荣：《推动环境高质量发展的四个维度》，《中国经济报告》2020 年第 5 期。

［7］上海市人民政府发展研究中心：《上海高质量发展战略路径研究》，上海人民出版社，2019。

［8］方力、贾品荣：《培育北京社会高质量发展发力点》，《前线》2020 年第 3 期。

［9］熊小林：《聚焦乡村振兴战略探究农业农村现代化方略》，《中国农村经济》2018 年第 1 期。

分 报 告
Topical Reports

B.2

北京经济高质量发展报告（2021）[*]

摘　要：　党的十九大报告提出高质量发展，经济高质量发展对促进北
　　　　　京高质量发展具有重要意义。本文通过构建经济高质量指标
　　　　　体系，基于数据分析，对2005～2018年北京经济高质量发展
　　　　　水平进行定量测度，并与各维度指标得分较优的省市进行对
　　　　　比分析。结果显示：北京经济高质量发展指数呈现由平缓增
　　　　　长转为快速增长态势，北京经济高质量发展主要依靠创新驱
　　　　　动与经济增长。其中，结构优化趋于合理，效率提升对经济
　　　　　高质量发展的贡献率下降，且呈"U"形发展态势。创新驱

---

[*] 作者：北京市科学技术研究院高质量发展研究课题组。执笔人：方力、贾品荣、胡曾曾、李
科。方力，北京市科学技术研究院党组书记，北京市习近平新时代中国特色社会主义思想研
究中心特邀研究员，北科院研究基地主任，主要研究方向：可持续发展；贾品荣，北京市科
学技术研究院"北科学者"，北科院高精尖产业研究学术带头人，北科智库研究员，主要研
究方向：技术经济及管理；胡曾曾，北科智库助理研究员，经济学博士，主要研究方向：高
质量发展，可持续发展；李科，课题组成员、湖南师范大学经济学教授，主要研究方向：低
碳经济、能源经济学。

动已成为推动北京经济高质量发展的最主要动力源，对经济高质量发展贡献率不断提升。尤其是技术市场成交额贡献凸显，但是科研与教育投入缺口仍旧较大。今后仍需保持经济稳定增长，提升产业劳动生产率是重点，加速提高人均产出效率是关键，进一步激发效率提升潜力，"固优势、夯基础、补短板"将是北京经济高质量发展的战略重点。

关键词： 经济高质量发展　经济增长　结构优化　效率提升　创新驱动

习近平总书记在党的十九大报告中首次提出我国经济已由高速增长阶段转向高质量发展阶段。蔡奇强调，要将高质量发展贯穿到北京各项工作中，解决各种不平衡不充分问题，充分利用北京科技人才优势，扩大服务业开放试点，促进产业、消费的双升级，以"三城一区"等平台优化"高精尖"产业结构，持续推进供给侧改革、改革开放和创新驱动，加强"四个中心"功能建设和提高"四个服务"水平①。陈吉宁强调，要发挥高新科技公司等创新主体的作用，研发更多技术先进、性能可靠的科技产品，推动北京高质量发展②。亟须培养一批懂创新、爱科技的高科技机构和人才，到基层一线服务并优化科技领域营商环境③。

那么，北京经济高质量发展状况如何？今后北京经济高质量发展的着力点在哪里？本报告从经济增长、结构优化、效率提升、创新驱动四个维度构建了包含 25 个三级指标的经济高质量发展评价指标体系，对北京经济高质量发展进行了定量测度并提出有针对性的政策建议。

---

① 蔡奇：《全面贯彻新发展理念　扎实推动北京高质量发展》，《北京日报》2020 年 1 月 15 日。
② 陈吉宁：《发挥技术创新主体作用　推动首都高质量发展》，《北京日报》2020 年 9 月 7 日。
③ 陈吉宁：《全力推进全国科技创新中心建设　助力首都高质量发展》，《北京日报》2019 年 2 月 13 日。

一 经济高质量发展的内涵

从经济维度上看，高质量发展的首要目的是经济发展，其核心是在保持一定经济增长的前提下，通过结构优化、效率提升及创新驱动，实现全要素生产率的提高，加快实现经济发展质量变革、效率变革和动力变革。

经济高质量发展，不仅表现为经济总量上的持续稳健增长，而且表现为质量的持续提高，使经济从总量扩张向质量第一、结构优化、效率提升、创新驱动转变。通过结构优化使产业结构由劳动、资源密集型向知识技术密集型转变，通过效率提升使发展方式由粗放式向集约式转变，通过创新驱动使增长动力由要素驱动为主向创新驱动为主转变。

二 北京经济高质量发展现状

2018年，北京非首都功能疏解进一步加快，疏解整治促提升行动快速推进，一般性产业快速退出。通州行政副中心建设稳步推进，高精尖产业发展态势良好，"三城一区"建设初显成效，营商环境显著改善。经济总体运行平稳，基本实现增长速度平稳的同时高质量大幅提升的预期目标，但是经济下行的压力很大。具体内容如下。

——经济增长方面，北京市经济运行整体稳中有变，存在较大的下行压力。2018年，北京市GDP比2017年增长了6.6%，一般公共预算收入增长了6.5%。第二产业和第三产业增加值持续上升，第三产业增加值达到15291.1亿元。从拉动经济增长的"三驾马车"来看，消费和投资贡献较大，其中最终消费支出对国内生产总值的贡献率最大，达到61%。资本形成总额对国内生产总值增长的贡献率达到37%。

——结构优化方面，供给侧结构性改革仍需持续推进，服务业质量有待提升，消费升级潜力需进一步激发。伴随着非首都功能疏解政策的持续推进，产业结构不断优化。2018年，北京退出656家一般制造业企业，疏解和提升市场、物流中心 204 个，以金融、科技、信息等为主的服务业占 GDP 比重达到了 81%，淘汰 1.1 万家"散乱污"的企业；房地产业占 GDP 比重持续下降，比 2017 年下降了 6.68%。近几年民间资本过多集中在房地产领域，2018 年房地产新开工面积和施工面积相对于 2017 年有所增长；第三产业占比超过 70%，且与第二产业之比持续上升；以投资拉动为主导逐渐转向以消费拉动为主导，消费增长势头强劲，尤其是服务业消费增长快于商品性消费增长。线上和线下消费进一步融合，体验性消费实现跨越式发展，"京东便利店"、大数据、无人零售、商超 O2O、黑科技等新型消费点快速涌现。

——效率提升方面，全员劳动生产率持续提升，营商环境显著改善，对外开放全方位扩大。金融风险防范取得成效，债务杠杆率有所下降。2018 年，北京市在减量城乡建设用地 34 平方公里的同时，全员劳动生产率仍然达到 24 万元/人左右。在优化营商环境方面，先后出台了"9＋N"等一系列措施，例如开展的小微企业电力专项服务为企业节省费用 12 亿元。深化"放管服"、建设项目审批制度等改革，搭建"多规合一"等协同平台，在城市营商环境评价中综合排名全国第一。重视民营企业发展，制定了 5 方面 69 项政策措施，有针对性地解决用地、人才引进等问题。

——创新驱动方面，创新驱动显著增强了经济发展的内生动力与核心竞争力，"高精尖"产业发展态势较好，但是总体上对北京经济的支撑引用作用不够。通过多年的产业结构优化调整，高精尖产业占比已达到 1/4，战略性新兴产业的比重超过 1/5，对北京工业的增长贡献率也达到 50%；2018 年，实施了 20 条中关村国际人才新政，为 2300 多名科技人才办理引进落户手续，中关村示范区总收入超过 5.8 万亿元，独角兽企业达到了 80 家；2018 年，"三城一区"建设持续推进，中关村科学城自主创新进一步提升，研发出了新型超低功耗晶体管等重大标志性原创成果。怀柔科学城研究平台的建设也取得了阶段性进展。未来科学城引进了开放性科研和双创平台。北京经济技术开发区创新产业集群增势显现。基础研究和关键核心技术领域取得突破，比如 2018 年"量子反常霍尔效应的实验发现"获国家自然科学奖一等奖；2018 年，北京每日新增约 200 家创新型企业，在人工智能等重要的创新领域，创新人才集中在北京，全国人工智能人才有 60% 在北京；2018 年，研发投入强度为 6.17%，超过创新型国家和地区平均 2.5% 的水平，技术合同成交额达到 4957.8 亿元，相比 2017 年增长了 10.5%，占全国约 1/3 的份额。金融、信息、科技等优势服务业对经济增长的贡献率达到 60% 以上；"高精尖"产业对北京经济的拉动作用持续增强。2018 年，北京市新经济产业增加值占全市 GDP 的 1/3，且增速高于 GDP 的增速。相比于 2017 年，规模以上互联网信息业增长了 32.8%，互联网数据服务业增长了 83.6%，软件开发服务业企业收入增长了 22.4%，智能电视增长了 300%，集成电路增长了 26.5%。但是，在 2020 年 9 月，世界产权组织发布的《2020 年全球创新指数报告》，全球排名第一的是东京—横滨创新集群，北京排名第四，低于排名第二的粤港澳大湾区。

综上所述，尽管北京的经济运行整体保持平稳，产业结构在不断优化，效率提升也较为显著，但是依然存在诸多问题，比如企业的资产负债率较高，营商环境仍需持续改善，尤其是北京的原始创新能力不足，且存在科技与产业创新脱节等问题，科技创新对北京经济高质量发展的支撑引领作用仍然不够。

三　指标体系构建与测度结果

（一）指标体系构建

根据上文对北京高质量发展内涵和各指标层的内涵界定，本报告构建了北京经济高质量发展指标体系（见表 1），一级指标包括经济增长、结构优化、效率提升和创新驱动四个方面，具体指标有 25 个。

（二）评价方法

本报告对各指标权重的赋予采用的是熵值法，即客观赋权法。熵值法可根据各指标数据集合所提供的某种信息量的大小，客观地为指标体系中各个指标

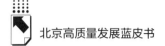

赋权，能有效弥补主观赋权法随意性较大的缺陷，使分析评价结果更加科学。

具体步骤简述如下。

（1）建立决策矩阵 X

设有 m 个评价对象，n 个评价指标，评价对象 i 中指标 j 的样本值记为 x_{ij}，其中 $i = 1，2\cdots m，j = 1，2\cdots n$；则初始决策矩阵可以表示为：

$$X = \begin{bmatrix} x_{11} & \cdots & x_{1n} \\ \vdots & \vdots & \vdots \\ x_{m1} & \cdots & x_{mn} \end{bmatrix} \equiv [x_{ij}]_{m \times n} \qquad (2.1)$$

（2）决策矩阵标准化 $X^{'}$

采用极差标准化方法对初始决策矩阵中的数据进行标准化处理。一般而言，将与总体指标体系指向相同的指标（越大越好）定义为正向指标或效益型指标，并遵照（2.2）式将其进行标准化处理；将与总体指标体系指向相反的指标（越小越好）定义为负向指标或成本型指标，并遵照（2.3）式将其进行标准化处理：

$$x^{'}_{ij} = \frac{x_{ij} - \min(x_j)}{\max(x_j) - \min(x_j)} \qquad (2.2)$$

$$x^{'}_{ij} = \frac{\max(x_j) - x_{ij}}{\max(x_j) - \min(x_j)} \qquad (2.3)$$

对指标进行标准化处理后，就可将（2.1）式转化为标准化矩阵，记为：

$$X^{'} = [x^{'}_{ij}]_{m \times n} \qquad (2.4)$$

（3）确定指标权重 W

本报告以熵值法确定各指标权重。计算过程如下。

① $x^{'}_{ij}$ 为原数据标准化后结果，计算第 j 个指标下的第 i 个评价对象的特征比重 P_{ij}：

$$p_{ij} = \frac{x^{'}_{ij}}{\sum\limits_{i-1}^{m} x^{'}_{ij}} \quad (0 \leq p_{ij} \leq 1) \qquad (2.5)$$

②同时，进一步通过斯梯林公式得到第 j 个指标的信息熵值，即：

$$e_j = \frac{1}{\ln(m)} \sum_{i=1}^{m} p_{ij}\ln(p_{ij}) \quad [\text{当} \ p_{ij} = 0 \ \text{或者} \ 1 \ \text{时定义} \ p_{ij}\ln(p_{ij}) = 0] \qquad (2.6)$$

一般而言，信息熵值越小，意味着 x'_{ij} 值之间的差异越大，能够提供给被评价对象的信息也就越多。

③计算第 j 项指标的权重 W_j

得到熵值后，将差异系数定义为 $d_j = 1 - e_j$。因此，d_j 越大，其在指标体系中的重要性也就越高，熵权也就越大。用 w 表示熵权，则第 j 项指标的权重可以由下式得到：

$$w_j = \frac{d_j}{\sum_{k=1}^{n} d_k} \quad (J = 1,2\cdots n) \qquad (2.7)$$

利用指标权重 W_i 和各指标的标准化数据 x'_{ij}，得到各对象指标的标准化数据加权值，即：

$$g_{ij} = w_j \times x'_{ij} \quad (1 \leq i \leq m, 1 \leq j \leq n) \qquad (2.8)$$

再将各层级各对象所对应的相应指标 g_{ij} 逐层加总，即可得到评价指标体系的综合指数 G_{ij}：

$$G_{ij} = \sum_{j=n}^{n} g_{ij} \qquad (2.9)$$

表 1　北京经济高质量发展指标体系

维度	指标名称	权重	备注
经济增长	第一产业增加值（亿元），2005 年价	0.045	正向
	第二产业增加值（亿元），2005 年价	0.059	正向
	第三产业增加值（亿元），2005 年价	0.055	正向
	人均 GDP（元），2005 年价	0.037	正向
	最终消费支出对 GDP 增长贡献率（%）	0.004	正向
	资本形成总额对 GDP 增长贡献率（%）	0.001	正向
	货物和服务净出口对 GDP 增长贡献率（%）	0.002	正向

维度	指标名称	权重	备注
结构优化	高端制造业销售产值占工业销售产值比重(%)	0.023	正向
	房地产业占 GDP 比重(%)	0.006	负向
	第三产业占 GDP 比重(%)	0.024	正向
	第三产业与第二产业之比	0.054	正向
	投资与消费之比	0.020	正向
效率提升	第一产业劳动生产率(元/人),2005 年价	0.024	正向
	第二产业劳动生产率(元/人),2005 年价	0.027	正向
	第三产业劳动生产率(元/人),2005 年价	0.023	正向
	全员劳动生产率(元/人),2005 年价	0.021	正向
	固定资产投资占 GDP 比重(%)	0.012	正向
	利润—税费比率	0.013	正向
	企业资金利润率(%)	0.007	正向
	资产负债率(%)	0.098	负向
创新驱动	地方财政科学事业费支出(万元)	0.041	正向
	R&D 投入占 GDP 的比重(%)	0.050	正向
	基础研究占 R&D 投入比重(%)	0.180	正向
	技术市场成交额(亿元)	0.149	正向
	每 10 万人发明专利授予数量(件)	0.082	正向

资料来源:《中国统计年鉴》、各省级行政区统计年鉴、《中国国土资源统计年鉴》等。

(三)北京经济高质量发展情况

1. 北京经济高质量发展指数呈现由平缓增长转为快速增长态势

2005～2018 年,北京经济高质量发展指数整体呈上升趋势,整体水平较高。由图 1 可知,北京经济高质量发展指数由 2005 年的 0.33 增至 2018 年的 0.599。存在阶段性特征:一是 2005～2015 年经济质量增长趋势由缓慢增长转为平稳增长。2005～2009 年年均增长率仅为 0.77%,增长缓慢;2009 年,北京又进入了一轮经济上升周期的起点,2009～2015 年的经济高质量发展指数以年均 4.85% 的增长速度上升,明显高于前期增长速度。经济增长呈现由缓慢增长转为平稳增长的趋势。二是 2015～2018 年经济增长呈现由平稳增长转为快速增长的趋势。2015～2018 年年均增长率达到

9.71%，远高于 2005～2015 年的年均增长率 3.2%。2015 年北京经济进入新常态发展后，北京经济保持稳中提质的态势。

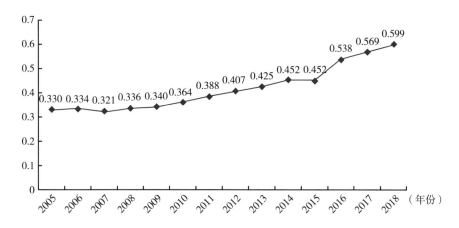

图 1　2005～2018 年北京经济高质量发展指数

2. 北京创新优势显著，创新驱动已是最主要动力源

从四个维度对北京经济高质量发展的贡献率占比变化进行分析（见图 2），创新驱动指数值排在第一位，且呈显著上升趋势。2005～2018 年创新驱动指数增长了 188.7%，创新驱动对北京经济高质量发展的贡献率从 2005年的 36% 增长到 2018 年的 57.5%。说明北京在创新能力建设方面取得了突出成绩，"三城一区"主平台建设稳步推进，"两区三平台"影响力在逐步攀升。

3. 经济增长指数对北京经济高质量发展的拉动作用保持平稳

从图 2 可知，经济增长指数对北京经济高质量发展的贡献率历年均保持在 10% 左右的稳定状态。实际上，自进入新常态经济发展以来，北京经济增长率保持稳定对北京经济高质量发展是有益的，同时也说明北京高质量发展早已摒弃了单纯依靠经济增长拉动。

4. 结构优化趋于合理，效率提升贡献率亟待提升

从图 2 可知，结构优化与效率提升对北京经济高质量发展的贡献率需要提高。结构优化对北京经济高质量发展的贡献率从 2005 年的 22% 降到 2018

年的 13.8%，效率提升对北京经济高质量发展的贡献率从 2005 年的 33% 降到 2018 年的 17.4%。与此同时，结构优化和效率提升指数虽然缓慢上升但总体变化较小。2005～2018 年结构优化指数年均增长率仅为 0.91%，效率提升指数年均增长率为 -0.43%。故未来一段时期内，促进效率提升是北京进一步提升经济高质量发展水平的着力点。目前北京实施《中国制造 2025》北京行动纲要，启动实施优化营商环境 26 条措施，文化创意产业活力不断增强，生产性服务业加速发展，北京应抓住机遇不断推进结构优化、促进效率提升。

图 2　2005～2018 年北京经济高质量发展各维度贡献率占比

5. 效率提升增长潜力尚待进一步发挥

图 3 显示了北京经济高质量发展中四个维度主要年份的变化，分析可知：创新驱动指数 2005～2018 年变化幅度最大，整体呈现直线发展态势，尤其是在 2010 年之后，创新驱动指数增长幅度较大；效率提升指数位列第二，但整体呈现"U"形增长态势，2005～2010 年其增幅呈现下降态势，2010～2015 年保持稳定增长，2015～2018 年其增幅逐渐上升，且增幅高于结构优化指数和经济增长指数；2005～2018 年结构优化指数增幅处于稳定状态；经济增长指数虽然一直位列最后，但一直保持平稳增长态势。

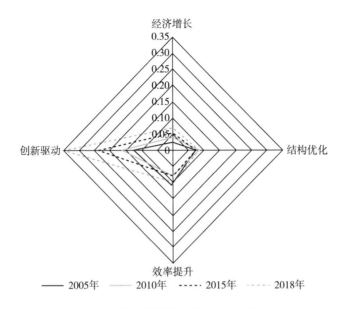

图3 北京经济高质量发展各维度指数对比

—— 2005年 ———— 2010年 -·-·- 2015年 ------ 2018年

（四）北京经济高质量发展各维度分析

1. 经济增长分析

（1）经济增长仅处于全国平均水平，保持稳定增长仍是重点

北京经济增长指数2005~2018年呈现波动中平稳增长态势。2018年经济增长指数比2017年增长了6.25%。由图4可知，2005~2011年略高于全国平均水平，但是2011年之后均略低于全国平均水平，2015年出现波动略微下降，此后2015~2018年年均增速6.08%，与全国平均水平差距逐渐缩小。

在经济增长指数比较中，广东是历年得分最高的省份，紧随其后的是山东和江苏，选取广东与北京进行对比分析。由图5可知，相对于广东，北京经济增长指数增长速度较慢，2005~2018年年均增长率为6.43%（广东为7.38%）。这说明在经济增长"换挡期"，保持经济稳定增长仍是北京经济转型升级阶段的重点。北京应激发经济增长新动力，发挥消费作为经济增长"重要引擎"作用，促进北京经济高质量发展。

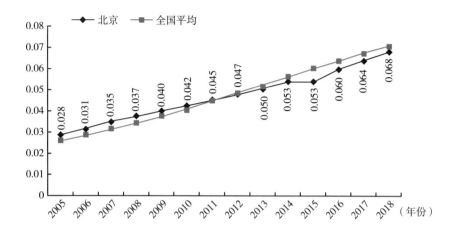

图4 北京经济增长指数的比较：北京 VS 全国平均水平

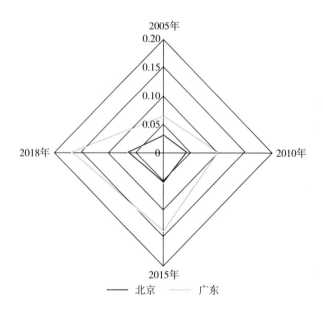

图5 北京经济增长指数的比较：北京 VS 广东

（2）第三产业增加值对北京经济稳定增长贡献凸显

由图6可知，"人均GDP"和"第三产业增加值"对北京经济增长指数贡献率达到50%以上。2005～2018年，经济增长各指标中"第三产业增加值"年均增幅最大，年均增长率达到 8.78%。第二产业增加值年均增长率也达到 7.44%。人均 GOP 贡献率最高，但年均增长率为 5.9%。2018 年，北京市规模以上高技术制造业增加值实现两位数增长，金融、科技、信息等优势服务业对经济增长贡献率达到 60% 以上，对北京经济稳定增长贡献凸显。

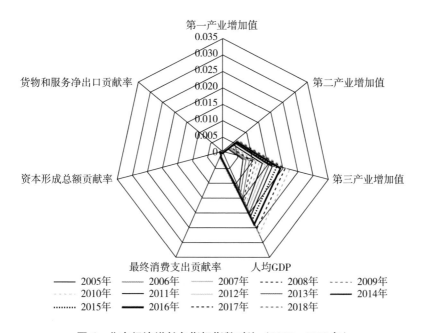

图 6   北京经济增长各指标指数对比（2005~2018 年）

2. 结构优化分析

（1）结构优化水平在波动中缓慢上升，亟须加速推进产业结构优化

2005~2018 年，北京结构优化水平远超全国平均水平，但出现高—低交替变换的现象，总体呈现在曲折波动中缓慢增长的态势，波动幅度较低。由图 7 可知，北京的结构优化指数水平远高于全国平均水平，与全国平均水平的波动趋势一致，且 2018 年结构优化指数比 2017 年增长了 2.4%。与其他省份相比，北京的结构优化指数水平位列第一，这说明北京经济发展中形成了较为合理的产业结构。但是 2005~2018 年，北京结构优化指数水平年

均增幅较低。加快推进产业结构优化是下一阶段北京向"高精尖"产业迈进的关键。

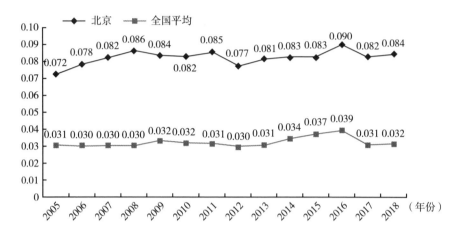

图 7　北京结构优化指数的比较：北京 VS 全国平均水平

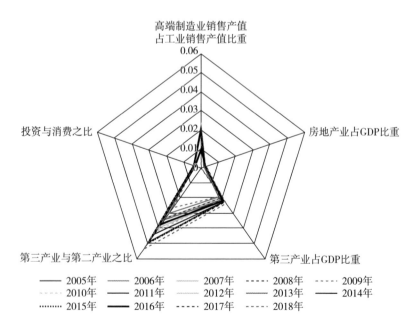

图 8　结构优化各指标（2005～2018 年）

（2）产业结构相对优势明显，高端制造业销售后劲不足

由图 8 可知，"第三产业与第二产业之比"对北京结构优化指数贡献度最大，且其贡献度逐年增加，2005～2018 年年均增长率达到 5.18%，也远高于其他省份。"第三产业占 GDP 比重"和"高端制造业销售产值占工业销售产值比重"对北京结构优化贡献度也占比较大。与上海相比，尽管北京在"第三产业与第二产业之比"指数上优势明显，但是在"高端制造业销售产值占工业销售产值比重"指数上的表现不及上海（见图 9）。

3. 效率提升分析

（1）效率提升指数增长呈"U"形发展态势，提升产业劳动生产率是重点

2005～2018 年，北京效率提升指数水平略微高于全国平均水平，呈现"U"形增长态势，2015 年之后逐渐缓慢增长，最近几年涨幅较小。2018 年效率提升指数与 2017 年持平。由图 10 和图 11 可知，北京的效率提升指数虽然高于全国平均水平，但是低于山东等省份。2005 年北京效率提升指数位列领先水平，后续被山东等省份赶超，在 2005～2018 年年均增长率为 -0.43%（山东为 4.32%）。由图 12 可知，与山东相比，北京三大产业的劳动生产率、全员劳动生产率指标均低于山东。上述情况说明提升三大产业，尤其是第三产业的劳动生产率和全员劳动生产率是推动北京效率提升的关键。

（2）资产负债率贡献度凸显，加速提高人均产出效率是关键

由图 13 可知，资产负债率指数对北京效率提升水平贡献度最大，人均产出效率偏低。资产负债率指数占比偏高[①]，一方面是采用熵值法赋予其权重较高导致占比大；另一方面是因为其他指数，例如劳动生产率、利润—税费比率等指标得分较低，故在未来一段时间内，加快提高北京经济的人均产出效率是推动经济实现更高质量更大规模的关键。

---

① 资产负债率是负向指标，经过标准化处理后计算的结果，说明北京规模以上企业资产负债率情况较好。

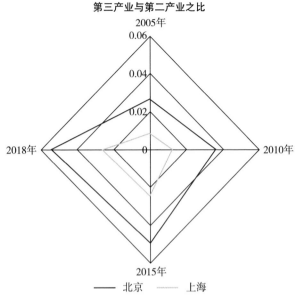

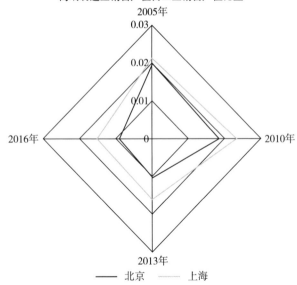

图9 结构优化部分指数比较：北京 VS 上海

4. 创新驱动分析

（1）"北京创造"优势凸显，创新已成为核心驱动力

2005~2018年，北京创新驱动指数水平远超全国平均水平和其他省份，

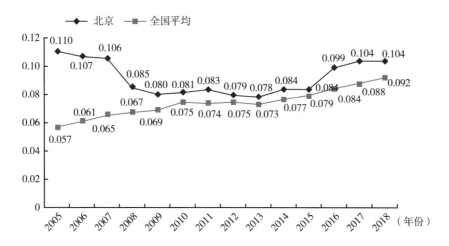

图 10　北京效率提升指数的比较：北京 VS 全国平均水平

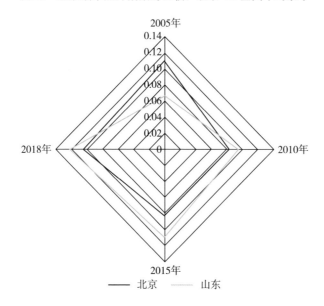

图 11　北京效率提升指数的比较：北京 VS 山东

而且指数由 2005 年的 0.119 扩大到 2018 年的 0.343，年均增速为 7.86%，远高于全国平均年均增速的 1.34%。2018 年创新驱动指数比 2017 年增长了 7.5%。这说明北京在创新驱动高质量发展方面排名全国第一，创新驱动已经成为推动北京经济高质量发展的核心驱动力。北京在进一步推进经济高质量

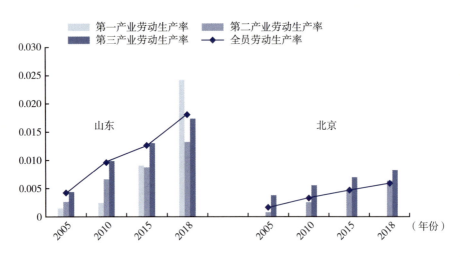

图12 产业劳动生产率指数的比较：北京 VS 山东

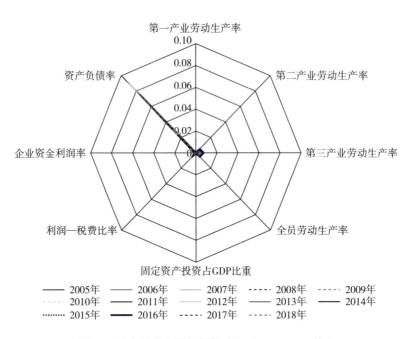

图13 效率提升各指标指数对比（2005～2018年）

发展的过程中，应比照世界先进水平，注重研发关键性核心技术，培育独角兽企业，加大技术转移力度，继续以创新成果为北京经济高质量发展助力。

图 14　北京创新驱动指数的比较：北京 VS 全国平均水平

（2）技术市场成交额贡献凸显，科研与教育投入缺口仍旧较大

从创新驱动的各分项指标来看，由图 15 可知，"技术市场成交额"对创新驱动指数贡献度最大，且其增幅在逐年增加。相比 2005 年，技术市场成交额在 2018 年增长了 913%，年均增长率 17.99%。另外，每 10 万人发明专利授权量贡献度也在逐年增大。但是"R&D 投入占 GDP 比重"和"基础研究占 R&D 投入比重"贡献不凸显。就增长率而言，地方财政科学事业费支出增长率最高，相比 2005 年，地方财政科学事业费 2018 年增长了2605%，年均增长率 26.83%。但是总体来说缺口仍然很大，应注重加大对企业研发的投入。

四　研究结论及政策建议

（一）主要研究结论

从对北京经济高质量发展指数评价和与各维度得分最高省份的对比分析结果可知：

（1）北京经济质量增长由平缓增长转为快速增长，且呈持续上升趋势。

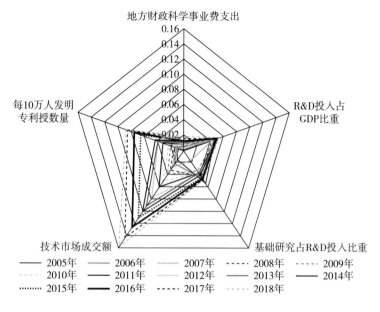

图15 北京创新驱动各指标指数对比（2005～2018年）

（2）北京经济增长指数保持平稳增长，经济增长指数仅处于全国平均水平，对北京经济高质量发展的拉动作用保持平稳。北京经济增长正处于"换挡期"，今后保持经济稳定增长仍是北京经济转型升级阶段的重点。

（3）北京结构优化指数水平历年虽位列全国第一，但呈现在曲折波动中缓慢增长的态势。说明结构优化趋于合理。下一阶段是北京向"高精尖"产业迈进的关键，尤其是今后应更加注重创新向前端延伸（基础研究）和后端（民生领域）拓展。

（4）效率提升对北京经济高质量发展的贡献度下降，且呈"U"形发展态势。提升产业劳动生产率是重点，加速提高人均产出效率是关键，需进一步激发效率提升潜力。

（5）创新驱动已成为推动北京经济高质量发展的最主要动力源，对北京经济高质量发展贡献率比重不断提升。尤其是技术市场成交额贡献凸显，但是科研与教育投入缺口仍旧较大，今后应注重加大对企业研发的投入。

总体来说，北京经济高质量发展水平在创新驱动下领先于其他省份，目前北京经济高质量发展主要依靠创新驱动指数与经济增长指数，结构优化趋于合理，但是在效率提升方面亟须改善。

（二）政策建议

根据上文的研究结果，提出以下建议：一要"固优势"，大力发展新经济，充分发挥科技创新在全面创新中的引领作用；二要"夯基础"，增强消费对北京经济高质量发展的基础性作用，同时也要有效地协调投资与消费之间的关系；三要"补短板"，补齐经济发展短板，重点关注经济效率提升。

1. "夯基础"：有效协调供给与需求、投资与消费之间的关系

经济发展的动力是有效供给与有效需求的结合，解决供给与需求失衡问题可促使经济高质量发展。深入推进供给侧改革，需要提高供给体系和需求体系的高质量发展。

（1）优化提升供给体系高质量

一是以提高制造业的供给质量为核心，深入推进供给侧改革。解决制造业的供需不平衡问题是提高实体经济的关键。一方面，借助非首都功能疏解政策，加速淘汰落后产能，在积极处理类似"僵尸企业"的同时降低退出成本、政府补贴负担和信贷风险等；另一方面，加快建设绿色制造业体系。目前电子信息、医药制造业和装备制造业在制造业中的竞争优势较强，但仍亟须推进制造业的转型升级，加快推进战略性新兴产业发展，加快建设绿色制造业体系。具体改造过程中需坚持绿色发展理念，全面推进高耗能、低附加值制造业的改造或淘汰，从节约能源使用、有害原料替代，减少碳排放、污染物排放、资源利用、水污染和土壤污染等多角度对传统制造业进行升级改造，引导绿色环保产品的开发。

二是优化市场条件，充分利用市场机制的作用，提高要素的重置、利用效率。这就需要政府在完善市场准入政策、提高中小企业活力等方面不断完善相关政策，比如采取竞争政策，实施反垄断法，优化国有资产的管理政策，注重产业政策的实施与落地。

三是进一步扩大对基础创新的投入，推动北京高水平开放。加大对基础

教育的财政支出，加大对企业 R&D 研发投入，着力解决创新人才与资本结构的失衡问题，加快构建以企业和科研院所、高校等为核心的产学研协同创新体系，完善技术市场和知识产权制度，尤其是激励创新主体自主创新和协同创新，形成对外开放的集聚平台，加大知识外溢影响，发挥双边或多边的网络效应，形成集聚效应提升，为北京高水平对外开放注入可持续发展的强劲新动力。

（2）优化提升需求体系高质量

一是适度扩大总需求。一方面深入推进供给侧改革，在将经济调整的幅度控制在市场可接受范围内的同时，为实体经济的调整预留空间和时间。另一方面，实行积极稳健的财政和货币政策，扩大总需求，营造良好的环境。

二是将投资刺激和投资方式转变、需求刺激和需求结构优化相结合。一方面加大对中小企业的投资力度，通过带动中小企业的发展造就大量的中产阶级，促进社会收入分配结构的优化，激励民间投资，形成经济持续增长的新动力。另一方面，进一步提高消费对需求的拉动作用，扩大居民在产品市场中的最终消费需求，扩大生产资料和公共生活消费资料等需求。比如大力打造北京夜经济，发展消费新热点，增强消费对北京经济发展的基础性作用。

2. "补短板"：关注效率提升

党的十九大报告指出高质量发展阶段转换亟待推进质量变革、效率变革、动力变革。目前北京的创新驱动已成为主要拉动力，效率变革是主线。从上文的分析可知，北京的效率提升不足，是北京高质量发展的短板。效率提升是实现北京高质量发展的关键，在发展中需破除各种制约效率提升的体制机制障碍，需要从资源配置、市场竞争、投入产出、可持续发展能力等方面进行短板补齐，从而加速推进效率变革。

（1）提高全要素生产率

过去二十年，北京经济增长最大的推动力已从资本转向全要素生产率，全要素生产率的贡献率已经超过 50%，改善生产要素配置是提高全要素生产率的关键。优化要素配置需要通过要素价格体系的转变来实现。一方面需要建立要素价格市场化机制，包括劳动力、土地、物质资本、资源等要素的价格机制，并消除影响要素流动的制度性障碍，避免出现"逆库兹涅茨"的现象。另一方面，发挥实体经济作用，深化企业改革，提高技术效率以及规模效率。引导生产要素向电子通信、装备制造等企业流动，激活民营企业的活力。全面提高资源配置效率，充分发挥服务业对北京经济的引擎作用，优化服务业整体布局，推进现代化经济体系建设。

（2）改善营商环境

营商环境就是生产力，改善营商环境是促进微观经济效率提升的核心因素[①]。透明高效的办事程序和市场环境以及软环境都是营商环境的重要组成部分。一方面，需要深入推进"放管服"改革，不断提高管理效率，减少制度审批流程和政策壁垒，为企业营造更为公平竞争的市场环境，激发企业活力。另一方面，重视对软环境的配套。目前生态环境、高水平的教育卫生配套设施和住房质量，以及与子女教育等配套的软环境对高层次人才的吸引越来越大，因此在提高营商环境的过程中，完善的社会公共服务配套和美好的生态环境也是应该加以重视的。

（3）构建三次产业协同合作的新体系

加强三次产业之间的协作是增强产业发展的有效途径，应走新型工业化、农业现代化和发展现代服务业、高新技术产业的三次产业协调发展的道路。一方面，要推动三次产业的融合发展。发挥北京第三产业的引领优势，延伸产业链、培育创新集群，形成产业链、资金链、人才链和创新链。另一方面要加强产业之间的强强联合发挥各产业增长与发展的优势，形成三次产业之间的溢出效应。可通过搭建产业体系协同发展平台促进产融深入合作、产业与要素的联动发展。

3. "固优势"：大力发展"高精尖"产业

（1）加快推进战略性新兴产业

发挥区域资源优势，大力发展新经济，重点发展医药健康产业和新

---

① 《做好今年放管服改革，总理要求做到这五个"为"》，中国政府网（2017 - 06 - 13），http：//www. gov. cn/xinwen/2017 - 06/13/content_ 5202205. htm。

一代信息技术产业等为代表的战略性新兴产业，充分发挥科技创新在全面创新中的引领作用。推动科技服务业的提升，促进北京科技与"高精尖"产业发展的紧密融合，形成北京"高精尖"经济结构和产业集群。目前"缺芯少魂"问题亟须解决，软件"强基"工程迫在眉睫，亟须推动先进制造创新中心的建设，吸引顶尖研发机构和企业在北京设立总部。面向重大关键技术等问题，创建高精尖设计中心等创新载体和平台。

（2）加快推进"三城一区"建设

目前"三城一区"建设中存在诸如缺少联动发展的顶层设计、协调联动机制少、央地协同难等问题。一是要加强联动"三城一区"的顶层设计，确定十大高精尖产业的跨区布局方案，建立各种形式的联动发展纽带，统筹产业链、创新链等，建立联动发展工作机制。二是发挥重点项目对"三城一区"建设的联动牵引作用，制定重大科技基础设施的共建共享制度，提高科技基础设施的利用效率。三是积极探索"三轮"驱动的市场化联动发展模式。组建平台型园区开发企业，其中资金来源于市区两级财政，中关村发展集团具体负责运作，依托市科技创新基金成立联动发展的子基金，形成以行业共性技术攻坚为导向的新型研发组织。将平台型园区开发企业打造为无障碍、无边界、无后顾之忧的创新创业载体。四是鼓励科研院所、高校到新校区设立"科学工业综合体"，在异地搬迁中探索创新发展和科技成果就近转化的新模式，与北京经济技术开发区、未来科学城、怀柔科学城等承接区域共同建立科学工业综合体，带动科技成果就近实现转化。

（3）依托区域资源与产业优势，推进京津冀产业协同发展

依托区域科技资源与产业优势，建设全国科技创新中心，除了"三城一区"主平台，还应依托区域优势，在京津冀区域范围内进行创新产业集群的发展与统筹布局，推进京津冀产业协同发展。北京"高精尖"产业快速发展离不开周边天津与河北地区的强有力支撑，需在京津冀地区寻求合理的功能布局。

参考文献

［1］刘世锦：《推动经济发展质量变革、效率变革、动力变革》，《中国发展观察》2018 年第 22 期。

［2］北京科学学研究中心：《北京经济增长及结构特点分析》，（2015 - 06 - 22）［2019 - 03 - 25］，http：//kw. beijing. gov. cn/art/2015/6/22/art_ 982_ 43501. html。

［3］钱雪亚、缪仁余：《人力资本、要素价格与配置效率》，《统计研究》2014 年第 31 （8）期。

［4］北京市政协提案委课题组：《充分发挥服务业对北京经济增长的引擎作用》，《前线》2020 年第 5 期。

［5］黄群慧、崔志新、叶振宇：《北京"三城一区"科技创新要素流动和联动发展路径研究》，《北京工业大学学报》（社会科学版）2020 年第 5 期。

B.3
北京社会高质量发展报告（2021）[*]

摘　要：　社会保障高质量发展是高质量发展的重要部分。本报告通过构建社会高质量指标体系，基于数据分析，对2005～2018年北京社会高质量发展水平进行测度，并与各维度指标较优的省市进行对比分析。结果显示：北京社会高质量发展指数呈现"Z"形增长态势，民生优化维度是北京社会高质量发展的主要动力，而城乡统筹与风险防控维度的贡献需要提升。其中，民生优化指数呈现在波动中不平稳增长态势，商品房价格与收入差距大是影响北京民生优化的主要制约因素，就业和消费活力有待激发；城乡统筹指数呈"凸"形发展态势，城乡区域协调发展仍然任重道远；风险防控水平保持稳定增长。因此，努力缩小城乡发展差距、加强风险防控将是未来北京社会高质量发展的关键。在此基础上提出相关对策建议。

关键词：　社会高质量发展　民生优化　城乡统筹　风险防控

习近平总书记指出发展必须是遵循社会规律的包容性发展，这为中国特

---

* 作者：北京市科学技术研究院高质量发展研究课题组。执笔人：方力、贾品荣、胡曾曾。方力，北京市科学技术研究院党组书记，北京市习近平新时代中国特色社会主义思想研究中心特邀研究员，北科院研究基地主任，主要研究方向：可持续发展；贾品荣，北京市科学技术研究院"北科学者"，北科院高精尖产业研究学术带头人，北科智库研究员，主要研究方向：技术经济及管理；胡曾曾，北科智库助理研究员，经济学博士，主要研究方向：高质量发展、可持续发展。

色社会主义在新时代背景下推动高质量发展提供了理论指导，同时也表明社会保障高质量是高质量发展的重要部分。

蔡奇强调，改善民生要用好"七有"和"五性"监测指标，做到幼有所育、学有所教、劳有所得、病有所医、住有所居、老有所养、弱有所扶等"七有"，将便利性、宜居性、多样性、公正性、安全性等"五性"监测指标用好，补足短板、强化弱项，做好接诉即办、未诉先办等工作，切实增强老百姓的幸福指数[①]。陈吉宁强调，以人民为中心的发展是根本落脚点，要持续深化供给侧改革，提供丰富的公共产品和服务供给，满足人民群众对美好生活的需要[②]。

社会高质量发展是北京高质量发展的重要组成部分。那么，社会高质量发展包括哪些内涵？目前北京社会高质量发展状况如何？今后发展的着力点在哪里？本报告旨在探讨并回答以上问题。从民生优化、城乡统筹、风险防控三个方面构建了社会高质量发展指标体系，明确北京社会高质量发展的内涵和标准，并对北京社会高质量发展进行了分析。

一　社会高质量发展的内涵及评价体系

从社会维度，高质量发展强调以社会主要矛盾为基本出发点，能够很好地满足人民日益增长的美好生活需要。

社会高质量发展有着丰富的内涵。第一，民生优化。民生优化是高质量发展的重要基点。高质量发展成果惠及民生，必然要求扩大基本公共服务覆盖面，提高基本公共服务保障水平，推进基本公共服务，实现教育、医疗、养老等的均等化。第二，城乡统筹。城乡统筹是社会高质量发展的内在要求。应积极推进乡村振兴战略，缩小城乡差距并构建新型城乡关系，实现城乡更加充分、更加平衡的发展。第三，风险防控。"十四五"时期要更加突

---

① 蔡奇：《全面贯彻新发展理念　扎实推动北京高质量发展》，《北京日报》2020 年 1 月15 日。
② 陈吉宁：《北京推动高质量发展：迈向国际一流和谐宜居之都》，《北京日报》2019 年 9 月19 日。

出安全发展，牢固树立总体国家安全观，强化底线思维，系统构筑安全防线，妥善防范化解现代化进程中的各种风险，坚决维护首都安全稳定。提高风险防控水平是城市高质量发展的基础。对社会高质量从民生优化、城乡统筹、风险防控三个维度进行评价。

——民生优化。选择与民众的生活密切相关的城乡居民可支配收入增长率、城镇登记失业率、居民消费价格指数、城镇商品房价格与居民收入水平的比例、教育支出、每百名学生拥有专任教师数、每万人拥有卫生技术人员数、参加城乡居民基本医疗保险人数增长率、每千人口医院床位数、养老金增长率、参加城乡居民养老保障人数增长率等指标来衡量。

——城乡统筹。社会高质量发展中应注重加速推进城乡融合、缩小城乡差距。选择城镇化率、公共交通运输能力和服务水平反映城乡一体化发展水平。特别增加反映城乡社会发展水平差异程度的指标——城乡居民可支配收入之比、城乡居民恩格尔系数之比、城乡居民人均住房建筑面积之比、城乡燃气普及率之比、城乡互联网普及率之比、城乡居民平均受教育年限之比等衡量城乡社会发展水平的差异。

——风险防控。选择城市应急管理水平来反映预防和处置突发事件的能力；交通事故发生数增长率直观地表征"和谐交通"建设情况；"12345"市民热线诉求办结率、信访总量增长率则反映社情民意、解决民众诉求及风险防控等情况。

二　北京社会高质量发展现状

2018 年，北京民生福祉不断得到改善，城乡统筹持续优化，社会和谐稳定，也存在诸多问题，比如公共服务供给还不能满足老百姓对"七有"和"五性"需求，发展不平衡不充分等突出问题依旧存在，城乡和区域协调发展水平偏低，具体如下。

——民生优化方面，民生福祉不断得到改善，但是公共服务供给还不能满足老百姓对"七有"和"五性"需求。收入与消费方面，居民人均可支配收入相比上年增长 6.3%，而居民消费价格相比 2017 年上涨了 2.5%，整体保持平稳；就业方面，城镇调查失业率保持在 4.5% 左右，城镇新增就业 42.3 万人，农村劳动力转移就业达到 6.4 万人；教育方面，持续深入推进教育体制机制改革。2018 年在重点区域启动新建了一批优质学校，新增 3 万个学前教育学位，教育资源布局持续优化，完成 95% 以上的中小学校、托幼和养老机构食堂的"阳光餐饮"工程建设；医疗方面，医药分开综合改革成效初显，分级诊疗效果显现，建成了 34 个紧密型医联体，就业分流到一级医院及基层医疗卫生机构诊疗量增长近 30%，三级医院门急诊量减少了 8%；住房方面，商品房价格保持稳定，2018 年，北京市分配了 3.23 万套（户）公租房、网申 2.9 万套共有产权住房，新开工 5.45 万套保障房，完成 3.43 万户棚户区改造，实现首批 6019 人积分落户；公共基础方面，2018 年，疏解整治促专项行动取得重要阶段性成效。整治 8622 处"开墙打洞"，29 个中心城区老旧小区综合整治试点工作进展顺利，完成 1141 条背街小巷的环境整治，80 公里核心区道路电力架空线入地。完善 1529 个基本便民网点建设，"一刻钟社区服务圈"覆盖率达到 92%；社会保障方面，新建 182 家养老服务驿站。扩展老年人社会优待年龄范围，从 65 岁以上扩展到 60 岁以上。持续完善全市区、街乡镇社会救助政策和服务体系建设。

——城乡统筹方面，城乡统筹在持续优化，但发展不平衡不充分等突出问题依旧存在，城乡和区域协调发展水平有待进一步提升。2018 年，实现市区内国家高速公路"断头路"清零，优化调整 93 条公交线路，新增 89 条多样化线路，地面公交客运量止跌趋稳；2018 年，持续推进乡村振兴战略，实施美丽乡村建设计划。实施了 71 个试点村村庄规划编制，升级改造 510 座农村公厕，完成了 1081 个村庄人居环境整治任务；2018 年城镇化率达到 86.5%，城乡居民可支配收入差距在逐步缩小但差距仍凸显，2018 年该指标值为 2.6，城乡人均住房面积之比差距越来越大，2018 年该指标值为 0.26。2018 年北京市组织结对帮扶，其中平原区对接山区、市属国企高校对接低收入村，促使平原区低收入农户收入增速持续快于全市居民。

——风险防控方面，社会保持和谐稳定，但是应急能力仍然有待提升，在城市精细化治理方面仍需持续深入推进。2018年对100个城乡接合部市级挂账重点地区进行综合整治，累计对2.6万余项"三合一"场所和高风险群租房安全隐患进行治理，下架9500余辆违规电动车，各类生产安全死亡事故起数相比2017年下降了18.5%；依托"12345"政府服务热线有序推进各类政务服务热线整合，并及时回应群众"12345"诉求，比如加装174条路的路灯、对2700余处交通信号灯配时优化等；在16个区169个街乡深入推进"街乡吹哨、部门报到"改革工作试点；深入推进建设平安北京，加强社会治安管理，保持社会和谐稳定。

三 指标体系构建与测度结果

（一）指标体系构建

根据上文对北京社会高质量发展内涵和各指标层的内涵界定，本报告构建了北京社会高质量发展指标体系（见表1），一级指标包括民生优化、城乡统筹、风险防控三个方面23个具体指标。具体评价方法和计算方法与经济高质量发展的评价方法保持一致。

表1　社会高质量发展指标体系

维度	指标名称	权重	备注
民生优化	城乡居民可支配收入增长率(%)	0.034	正向
	城镇登记失业率(%)	0.006	负向
	居民消费价格指数	0.005	负向
	城镇商品房价格与居民收入水平的比例	0.003	负向
	教育支出(%)	0.026	正向
	每百名学生拥有专任教师数(人)	0.030	正向
	每万人拥有卫生技术人员数(人)	0.021	正向
	每千人口医院床位数(个)	0.007	正向
	参加城乡居民基本医疗保险人数增长率(%)	0.017	正向
	养老金增长率(%)	0.004	正向
	参加城乡居民养老保险人数增长率(%)	0.030	正向

续表

维度	指标名称	权重	备注
城乡统筹	公共交通运输能力和服务水平（万人次）	0.032	正向
	城镇化率（%）	0.704	正向
	城乡居民可支配收入之比（%）	0.008	负向
	城乡居民恩格尔系数之比（%）	0.006	负向
	城乡居民人均住房建筑面积之比（%）	0.001	负向
	城乡燃气普及率之比（%）	0.006	负向
	城乡互联网普及率之比（%）	0.003	负向
	城乡居民平均受教育年限之比（%）	0.004	负向
风险防控	城市应急管理水平（个）	0.038	正向
	交通事故发生数增长率（%）	0.000	负向
	"12345"市民热线诉求办结率（%）	0.006	正向
	信访总量增长率（%）	0.009	负向

资料来源：《中国统计年鉴》、各省级行政区统计年鉴、《中国社会统计年鉴》等。

（二）北京社会高质量发展情况

1. 北京社会高质量发展指数呈现"Z"形增长态势

2005～2018年，北京社会高质量发展整体水平较高，社会高质量发展指数整体呈上升趋势，但具体呈现Z"形增长态势。由图1可知，北京社会高质量发展指数由2005年的0.089增至2018年的0.142。但也存在阶段性特征：一是在2005～2011年间北京社会高质量发展指数呈现在波动中较快速增长态势。年均增长率为8.79%，相对2005年，2011年总增长率为79.78%，增长相对较快。二是2011～2014年北京社会高质量发展指数呈现逐渐下降态势，年均增长率为－4.91%，相比2011年，下降了18.13%。三是2014～2018年北京社会高质量发展指数呈现缓慢增长态势，年均增长率为1.67%，相比2014年，增长了8.40%。总体来说，社会高质量指数呈现"Z"形增长态势。

2. 民生优化贡献凸显，已成为主要推动力

从三个维度对北京社会高质量发展贡献率占比变化进行分析（见图2），

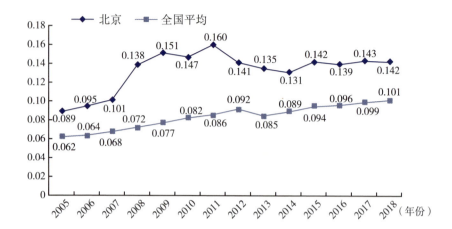

图1 2005～2018年北京社会高质量发展指数：北京 VS 全国平均水平

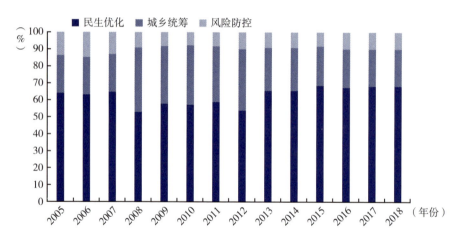

图2 2005～2018年北京社会高质量发展各维度贡献率占比综合指数

民生优化指数值排在第一位，且呈显著上升趋势。2005～2018年民生优化指数年均增速3.92%。民生优化指数对北京社会高质量发展贡献率保持稳定状态，从2005年的63%增长到2018年的68%。民生优化指数的稳定增长为北京社会高质量发展注入了强大动力。在2018年，北京市新建养老服务驿站182家，并将老年人社会优待服务范围从65岁以上扩展到60岁以上，建立健全市区和街乡镇社会救助服务体系，城镇新增就业42.3万人，农村劳动力转移就业6.4万人，等等。相关政策和措施的实施使民生福祉得到不断改善，民生得到持续优化。

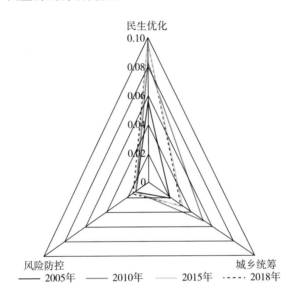

图3 北京社会高质量发展各维度贡献率对比

3. 城乡统筹短板显现，城乡差距依旧较大

从图2和图3可知，城乡统筹指数对社会高质量发展贡献率占比相对较小，且波动幅度相对较大。2005～2018年总增长率仅为50.9%，年均增速为2.98%。尤其是在2012年之后，对北京经济高质量发展的贡献率呈逐渐缩小趋势。在2012年，其贡献占比达到36.63%，此后以年均－7.22%速度下降，到2018年其贡献率占比仅为21.54%。下一阶段，北京市在社会高质量发展方面更应注重城乡区域协调发展，着力推动乡村全面振兴。实施"百村示范、千村整治"工程，下大气力抓好农村垃圾污水处理、"厕所革命"、村容村貌整治、"四好农村路"等方面工作，不断改善农村人居环境，进一步提高农村教育、医疗、住房"三保障"水平。

4. 风险防控保持稳定，维护社会和谐稳定依旧是关键

从图2和图3可知，风险防控对北京社会高质量发展的贡献率需要提

高。风险防控对北京社会高质量发展的贡献率从 2005 年的 13.34% 降到 2018 年的 10.3% 。近几年风险防控指数虽有所缓慢上升但总体变化较小。 2005～2018 年风险防控指数年均增长率仅为 1.54% 。故未来一段时期内，保持风险防控水平稳定增长依旧是北京进一步提高社会高质量发展水平的关键。

（三）北京社会高质量发展各维度分析

1. 民生优化分析

（1）民生优化指数呈在波动中不平稳增长态势

2005～2018 年民生优化指数总体呈现在波动中不平稳增长态势，在 2009 年之后由平稳增长转为不平稳增长。由图 4 可知，虽然北京的民生优化指数水平远超全国平均水平，历年位居第一，但是年均增速仅为 3.92% 。浙江的年均增长率为 8.68% ，是北京的两倍多。尤其是在 2016 年之后，浙江的年均增长率达到 11.22% ，而北京仅为 1.35% 。这说明北京尽管在民生优化驱动社会高质量发展方面排在全国第一位，但是相比浙江，后劲显得有些不足，即将被浙江赶超。此外，上海在城乡居民可支配收入增长率上也高于北京。这说明北京应完善就业系统，以精准帮扶稳定就业，并鼓励民众自主创业，推动自由职业快速发展，以多样化就业促进居民收入稳步增加。目前民生优化已成为推动北京社会高质量发展的主要推动力，北京在进一步推进社会高质量发展的过程中，应着力推进民生保障精准化精细化。

（2）商品房价格与收入差距大是影响北京民生优化的主要制约因素

从图 5 可知，浙江在"居民消费价格指数""城镇商品房价格与居民收入水平的比例""养老金增长率"三个指标上均高于北京，尤其是"城镇商品房与居民收入水平的比例"指标得分，在 2018 年是北京的 2.78 倍。从图 6 可知，城镇商品房价格与居民收入水平的比例对北京民生优化指数的贡献率较低，是影响民生优化水平提升的短板和主要制约因素。

（3）居民可支配收入贡献凸显，就业和消费活力有待激发

图4　2005～2018年民生优化指数：北京 VS 全国平均水平

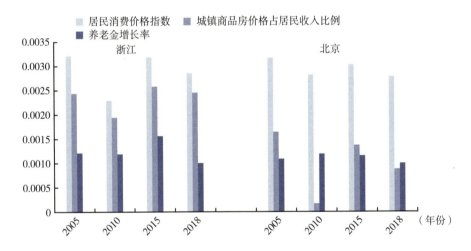

图5　民生优化相关指标对比：北京 VS 浙江

　　2018年民生优化指数比2017年略微下降了0.29%，消费和社会保障相关指数呈负增长是主要原因。从民生优化的各分项指标来看，"城乡居民可支配收入增长率"指标对民生优化指数贡献度最大，且其增幅在逐年增加，增长率也是最高的。相比2005年，城乡居民可支配收入2018年增长了426.68%，年均增长率13.13%；另外，"每千人口医院床位数"指标的贡献率也在逐年增大;"每百名学生拥有专任教师数"指标对民生优化指数的贡献率虽然呈波动增长状态,但是近几年贡献率均保持在16%左右;"教育支出"对民生优化指数的贡献率为6.9%左右,2005~2018年总增长率达到170%,年均增长率为7.35%,增长率相对较高,但是总体来说缺口依然很大,导致贡献不凸显。与此同时,"居民消费价格指数""城镇商品房价格与居民收入水平的比例""养老金增长率""城乡居民养老保障人数增长率"等指标呈现负增长状态。说明北京市就业和消费活力有待激发,社会保障工作有待进一步完善。

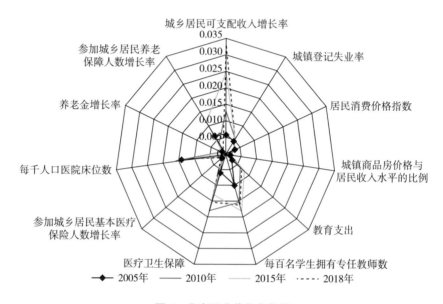

图6　北京民生优化各指标

2. 城乡统筹分析

(1) 总体呈"凸"形发展态势

2005~2018年城乡统筹指数总体呈现"凸"形发展态势,总体在波动中增长,但存在明显的阶段性特征:一是2007~2008年快速上升,2012~2013年快速下降;二是2005~2007年、2008~2012年、2013~2018年基本保持平稳状态。从图7可知,北京城乡统筹指数虽然高于全国平均水平,2008~2018年位居全国第一,但是其发展态势不平稳,波动幅度大,不利于城乡统筹整体协调发展。

（2）城乡差距依旧较大，城乡区域协调发展仍然任重道远

从图8可知，北京城乡统筹指数在部分指标上的表现不及部分省份。选取了上海、江苏的部分城乡统筹指数并与其进行对比分析。结果发现：与上海相比，北京的"城乡居民恩格尔系数之比"指标得分偏低；与江苏相比，北京的"城乡居民可支配收入之比"指标的得分偏低。未来发展中，北京应注重加大力度促进城乡之间资源要素的流动，加快农村社会保障体系建设，同时坚持实施乡村振兴战略，提高农村生产力水平，促进农村经济发展，使农业增产、农民增收，从而缩小城乡发展差距。

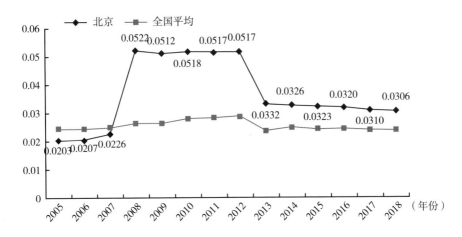

图7　2005～2018年城乡统筹指数：北京 VS 全国平均水平

（3）公共客运量能力显著提升，城乡差距未得到明显改善

从城乡统筹的各分项指标来看，如图9所示，"公共交通运输能力和服务水平"对城乡统筹指数贡献度最大，且其增幅在逐年增加，增长率也是最高的。相比2005年，公共客运量在2018年增长了1768.4%，年均增长率23.25%，这得益于城镇的轨道交通和公交系统，以及农村道路设施的完善，使得北京市的公共交通运输能力和服务水平得到极大的提升。另外，"城乡居民可支配收入之比"指标对其贡献率保持在12%左右。但除此之外，受教育年限、互联网普及率、人均住房建筑面积等

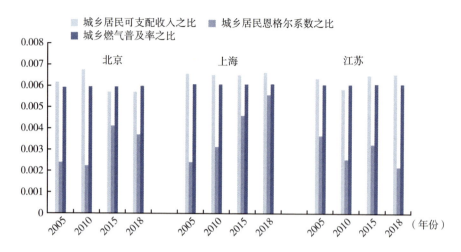

图8 城乡统筹部分指数对比：北京 VS 上海 VS 江苏

指标的城乡之比基本没有变化，说明北京市城乡整体差距并未得到明显改善，对城乡统筹指数的贡献也不凸显。未来发展中，北京应重在缩小城乡发展差距。

3. 风险防控分析

（1）略高于全国平均水平，总体在曲折波动中不平稳增长

北京风险防控指数 2005～2018 年呈现波动中不平稳增长态势。由图 10 可知，2005～2014 年略高于全国平均水平，但是在 2015 年出现波动略微下降，此后 2015～2018 年年均增速为 3.08%，与全国平均水平差距逐渐减小。

在风险防控指数比较中，云南省是历年得分最高的省份，选取云南与北京进行对比分析。由图 11 可知，相对于云南，北京风险防控水平与之差距较大，到 2018 年，云南是北京的 2 倍。北京在交通事故发生数增长率方面的表现不及广东。

（2）城市应急管理水平贡献凸显，提升空间较大

由图 12 可知，"城市应急管理水平"对北京风险防控指数贡献率达到 50% 以上。2005～2018 年，风险防控各指标中"信访总量增长率"年均

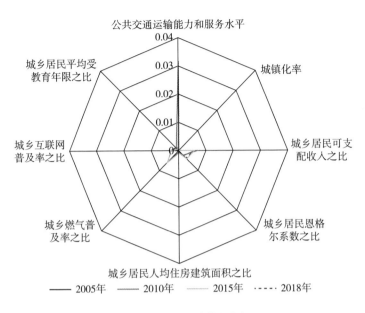

图9 北京城乡统筹各指标

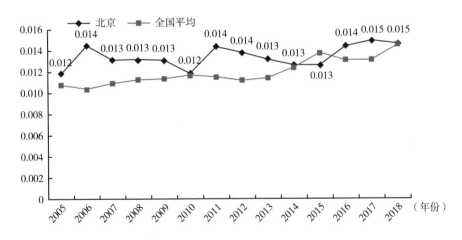

图10 2005～2018年风险防控指数：北京 VS 全国平均水平

增幅最大，年均增长率达到4.32%。"12345"市民热心诉求办结率年均增长率也达到3.57%。近几年北京依托"12345"政府服务热线，有序推进各类政务服务热线整合。搭建"向前一步"等公共政策对话节目平台。在

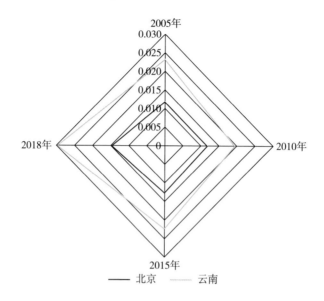

图 11 风险防控指数：北京 VS 云南

未来发展中，北京要进一步改善道路交通安全环境，从政策制定、行政执法、宣传教育出发，减少道路交通事故，创造安全、畅通、文明的道路交通环境；同时，进一步拓宽社情民意反映渠道，以社区街道、基层党组织为第一线，从身边入手，切实解决市民反映的困难与矛盾，从而营造良好的社会氛围。

四 研究结论及政策建议

（一）主要研究结论

从对北京社会高质量发展指数评价和与 3 个维度（民生优化、城乡统筹和风险防控）中得分最高的省份的对比分析结果可知：

（1）北京社会高质量发展指数呈现"Z"形增长态势，波动幅度相对较大。

（2）北京民生优化指数历年位居全国第一，呈现在波动中不平稳增长

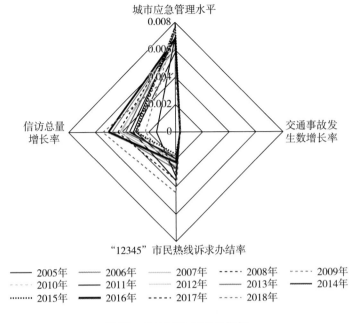

图12　北京风险防控各指标

态势。对北京社会高质量发展指数贡献率凸显，已成为主要推动力。但商品房价格与收入差距大是影响北京民生优化的主要制约因素，就业和消费活力有待激发。

（3）北京城乡统筹指数总体呈"凸"形发展态势，波动幅度大，不利于城乡统筹整体协调发展。与上海、江苏相比，北京的城乡差距依旧较大，城乡区域协调发展仍任重道远。

（4）风险防控水平保持稳定增长，略高于全国平均水平，总体在曲折波动中不平稳增长。对比云南，北京总体风险防控水平与之差距较大。

总的来说，民生优化指数是拉动北京社会高质量发展的主要动力，而城乡统筹与风险防控维度的贡献需要提升。因此，努力缩小城乡发展差距、加强风险防控将是未来北京社会高质量发展的主要动力。

（二）政策建议

根据上文的研究结果，在民生方面，需持续优化，在"七有"和"五性"上着力，改善公共服务供给，提高社会保障服务水平，完善就业创业服务等体系。重点在于采取相关政策措施努力缩小城乡发展差距，进一步加大对农村基础设施投入力度，建立健全农村社会保障体系。

1. 保障就业稳定

在稳经济增长、优化调整结构中努力创造更多的就业机会。一是制定促进就业的宏观政策。充分发挥中央投资计划的杠杆效应，加大重大规划对促进就业的引导和对重点民生工程、重大项目的支持力度，千方百计增加就业岗位。二是拓展就业空间。充分发挥创业担保贷款，关注重点工程的金融支持和民营企业、小微企业的发展，创造更多的就业岗位。此外，还可以通过创新创业扶持政策，将创新创业与发展新产业、新业态和新模式结合起来，从而形成经济良性发展与扩大就业的联动效应，以创新创业拓展就业空间。三是建立城乡居民全覆盖的就业创业服务机制，完善城乡公共就业服务体系，尤其是加强对乡镇就业服务机构的建设，借助互联网、大数据、云计算等信息技术提高农村劳动力就业服务质量。全面落实好户籍制度改革等政策，放宽城市落户等相关限制，让进城农民工享受到与城镇职工相同的基本公共服务，从而实现农村劳动力稳定转移就业。

2. 健全完善社会和谐体系

社会保障直接关系到民众切身利益和民生稳定，完善社会保障制度是构建社会主义和谐社会的重要部分。自改革开放以来，我国社会保障制度也在持续改革和完善，但是目前高质量发展阶段，北京社会保障仍然存在一些问题。一方面，政府要加大对社会保障的财政投入，调整支出结构，扩大保障覆盖率。加强对社保基金的监管，鼓励社会捐赠，拓展多元化社保基金的筹集渠道。另一方面健全农村社会保障体系，打造完善的医疗保障系统，提高农村居民的医疗、养老、低保等社会保障待遇水平。2018 年，以农民为主体的城乡居民基础养老金最低标准每人每月仅为 88 元，全国农村低保标准为每人每年平均 4833 元，远远低于城镇水平。与此同时，也要避免农村人口因病积贫、因病返贫，从而构建和谐稳定的乡村环境，缩小区域城乡发展差距、城乡居民收入差距。

3. 加快推进农村民生建设

近年来，在强农惠农政策扶持下，农村居民人均收入有了较大幅度的提升，但是城乡不平衡的现状仍然没有得到改变，长期受到城乡二元结构体制机制的制约，农村的民生改善仍然明显落后于城镇。尽管城乡居民人均收入之比在逐年缩小，但 2018 年仍然为 2.6，尤其是受到宏观经济形势的影响，农民增收后劲不足，务工经商的工资性收入大幅下降。在实施乡村振兴战略中必须加快推进农业农村现代化建设，着力解决农业发展和民生福祉问题。一是实施积极的就业创业等政策，大力发展新产业、新业态来促进乡村劳动力的充分就业，调动"三农"组织管理者、农业生产经营者、服务和科技工作者等农业农村发展主体的积极性，创造更多的第一、第二和第三产业就业岗位，吸引更多的人才投身"三农"事业。二是大力发展农村基础教育，提高农村人口文化素质和知识水平，加大再就业培训工作，孕育一批新型职业农民队伍，提高农村劳动力就业创业创新的能力。世界银行相关研究结果显示：劳动者收入与平均受教育年限成正比，6～9 年、9～12 年、平均受教育年限大于 12 年的是平均受教育 6 年的 3.56 倍。因此加大对基础教育的投入是提高农村人口收入的重要途径，要完善农村基础设施，并提高乡村教师待遇。三是在推进实施乡村振兴战略中加快民生建设。习近平总书记指出要加快补齐农村民生短板，将农村民生优先发展放在治国理政的重要位置并加快推进落实。持续加大公共财政资金对民生的投入力度，构建多元化持续投入格局，引导社会资金的积极参与，各项社会事业经费向农村倾斜，优先保障农村民生发展需要。四是建立绿色生态发展机制，促进农业绿色发展，完善生态效益补偿机制，加强农业农村污染治理和生态环境保护。大力推行农业清洁生产方式，加大对农业废弃物资源化的利用率，逐步减少化肥、农药使用量，全面推进厕所、垃圾、污水"三大革命"等农村人家环境综合整治。五是转变农村经济发展方式，大力发展现代农业和观光农业，发挥城市居民强大的消费能力，助力农业兴旺、农村发展、农民增收。

4. 提高风险防控应急能力

在风险防控上，一方面，提高各种风险源的动态监测和实时预警能力，

推进风险防控科学化、精细化管理，实现智慧化转型。在大数据时代，借助互联网、大数据、云计算等信息技术和大数据技术提高风险防控"计算"能力和"预测"能力。让大数据在智慧交通建设、各种安全风险事件或危机上发挥更重要的作用。另一方面，织好安全防护网，形成全社会有序参与的社会安全治理新格局。

参考文献

［1］方力、贾品荣：《培育北京社会高质量发展发力点》，《前线》2020 年第 3 期。

［2］熊小林：《聚焦乡村振兴战略探究农业农村现代化方略》，《中国农村经济》2018 年第 1 期。

B.4
北京环境高质量发展报告（2021）*

摘　要：　环境高质量发展作为高质量发展的重要组成部分，对促进北京高质量发展具有重要意义。本报告通过构建环境高质量发展指标体系，基于数据分析，对2005～2018年北京环境高质量发展水平进行测度，并与各维度指标得分较优的省份进行对比分析。结果显示：北京环境高质量发展指数呈现由平缓增长转为在波动中增长态势，波动幅度相对较小。绿化覆盖率成效显著，但环境质量需要改善；污染减排指数虽处于全国领先水平，但呈现在波动中增长的态势，增长幅度相对较大，绿色出行对北京污染减排指数贡献凸显，但是污染排放水平亟待提高；资源利用对北京环境高质量发展贡献度最高，增长率也最快，已成为主要动力源；环境管理指数呈现增—减交替的不平稳增长态势，环境保护投资缺口依旧较大。今后改善环境质量仍是北京环境高质量发展的重点，煤炭消费占比下降空间有限，寻求新动力将成为环境高质量发展首先要解决的问题。

* 作者：北京市科学技术研究院高质量发展研究课题组。执笔人：方力、贾品荣、胡曾曾、石磊。方力，北京市科学技术研究院党组书记，北京市习近平新时代中国特色社会主义思想研究中心特邀研究员，北科院研究基地主任，主要研究方向：可持续发展；贾品荣，北京市科学技术研究院"北科学者"，北科院高精尖产业研究学术带头人，北科智库研究员，主要研究方向：技术经济及管理；胡曾曾，北科智库助理研究员，经济学博士，主要研究方向：高质量发展；石磊，课题组成员，清华大学环境学院副研究员，清华大学国家环境保护生态工业重点实验室主任，主要研究方向：可持续发展、产业生态。

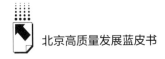

关键词： 环境高质量发展　环境质量　污染减排　资源利用　环境
　　　　管理

一　环境高质量发展的内涵界定

从环境维度上看，高质量发展强调在经济增长的基础上和生态承载能力范围内，通过合理高效配置资源，形成经济、社会、环境和谐共处的绿色、低碳、循环发展过程，最终实现可持续发展的要求。

在内涵层面，环境高质量发展更关注今天的使用不应减少未来的实际收入，体现经济的可持续性；在目标层面，环境高质量发展要求以更少的资源投入创造更多的价值，这与高质量发展理念一致；在效果层面，环境高质量发展不仅要求保护环境，而且要求通过带动环保投资，发展绿色产业，创造"绿水青山就是金山银山"，从而对高质量发展起到有力的促进作用。

环境高质量发展指标内涵

——环境质量是环境高质量发展的有效供给。环境质量是指以人类为中心的、环绕人们周围的各种自然因素的状态。环境高质量发展要求改善大气质量、加强土地保护、缓解水资源压力等，提升民众幸福感与获得感。基于此，本报告采用的环境质量指标由环境状态和生态状态表征，选用全年优良天数比例评价环境状态，能够综合、直观地表征省市的整体空气质量状况和变化趋势；生态状态评价指标选用建成区绿化覆盖率、受保护地占国土面积比例、土地利用率及淡水压力，来反映环境整体的状态及稳定性。

——污染减排是环境高质量发展的有效手段。污染减排是指减轻人类社会经济活动对生态环境造成的压力，减少废弃物和环境有害物排放，产生正的外部性。基于此，污染减排指标主要由排放强度、环境建设和绿色生活三大类构成，排放强度表征人类社会经济活动对生态环境造成的压力，包括CO_2排放强度、SO_2排放强度、COD排放强度、氨氮排放强度、工业废水排放量及城镇生活垃圾填埋处理量；环境建设体现省市控制污染防治所进行的努力，包括城市生活污水集中处理达标率和生活垃圾无害化处理率；绿色生活反映省市控制污染排放所取得的成效，采用农村卫生厕所普及率和城镇每万人口公共交通客运量来衡量。

——资源利用是环境高质量发展的有效路径。资源利用是指提高资源利用效率，以较少的资源能源消耗和环境破坏实现经济发展。基于此，资源利用指标由结构优化指标和资源产出指标构成。结构优化指标主要表征社会经济系统能源结构的合理性，通过结构调整降低社会经济活动对环境的影响，采用能源产出率、水资源产出率、建设用地产出率评价；资源产出指标表征社会经济活动利用资源的效率提升情况，采用煤炭消费占能耗总量的比重评价。

——环境管理是环境高质量发展的有效保障。环境高质量发展通过加大环境管理投入、加强环境治理，提供更多的优质生态产品，满足民众日益增长的对优美生态环境的需要。基于此，环境管理指标由环保投资指标构成。从机理上看，环保投资指标能够体现省市对于环境管理的投入，满足民众日益增长的对优美生态环境的需要。

二　北京环境高质量发展现状

2005～2018 年，北京环境高质量发展指数呈明显上升趋势。在 2019 年 3 月，北京大气污染治理成效得到联合国环境规划署的高度评价和肯定，并指出北京用短短 20 年时间走完伦敦花费 30 年和洛杉矶花费 60 年走完的历程，也为全球其他城市提供了大气治理的"北京经验"。具体内容如下。

——环境质量方面，北京市全市空气质量持续改善，主要污染物年平均浓度全面下降，空气质量达标天数增加，总污染减少。到 2018 年，北京的 PM2.5 年均浓度下降到 51 微克/米^3，尤其是 2018 年 8 月仅为 23 微克/米^3，首次进入"2 时代"。地表水水质持续改善，地表水水质监测断面的高锰酸盐指数比 2017 年下降了 17.8%，氨氮年平均浓度值也比 2017 年下降了 62.6%。劣 V 类水质比例也在持续下降，近三年来平原区地下水埋深回升了

2.72 米。集中式地表水饮用水源地水质符合国家饮用水源水质标准，上游水质明显好于下游，空间差异较为明显。2018 年完成了对耕地、园地、人工牧草地等农用地的详查，结果表明农用地土壤环境质量总体良好，且土壤生态风险得到管控，基本建成了对土壤环境的监测网络。声环境质量与上年相比基本稳定，城六区的功能区声环境仍然远高于郊区。辐射环境质量保持正常。2018 年，北京市拆违腾退土地 6828 公顷，其中还绿 1683 公顷，建成城市休闲公园 28 处和小微绿地 121 处，森林覆盖率提高到 43.5%。并实施了新一轮的百万亩造林绿化工程，新增造林 26.9 万亩，完成城市绿心绿化 1000 亩，且公园绿地 500 米服务半径覆盖率达到 80%，生态环境状况指数比 2017 年提高了 0.9%。

——污染防治举措方面，2008 年以来，北京市狠抓大气污染防治，采取综合治理措施，坚持工程减排和管理减排并重举措，污染防治得到很好控制。在强化二氧化硫、二氧化氮、可吸入颗粒物等主要污染物的排放控制方面，2018 年发布实施《打赢蓝天保卫战三年行动计划》，强化区域联防联控，有效削减了地区大气污染物与温室气体的排放。2018 年，二氧化硫排放量比 2017 年下降 68.7%，为 0.83 万吨；氮氧化物排放量比 2017 年下降 9.9%，为 8.57 万吨。在水污染排放方面，2010 年通过《北京市水污染防治条例》以统筹水污染防治措施，2015 年印发《北京市水污染防治工作方案》、设立水体污染防治分阶段目标，实施排污许可证管理制度等系列举措，全市的 COD、氨氮等水体主要污染物排放持续下降，污水处理率提升，河湖水环境明显改善。在环境建设方面，2018 年开展了"清河行动"等水源地环境保护专项行动，完成对非建成区的 84 条段黑臭水的治理，城市污水处理率高达 93.4%，污水管网实现城市全覆盖。建成了鲁家山餐厨等 6 处垃圾处理厂，垃圾分类示范片区的覆盖率达到了 30%，生活垃圾资源化率达到 58%。在绿色生活方面，农村卫生厕所普及率达到 98.1%。轨道交通运营总里程为 636.8 公里，开通 6 号线西延等 3 条轨道，城镇每万人口公共交通客运量达到 377.38 万人次，中心城区绿色出行比例达到 73%。

——资源利用改善方面，能源结构持续优化，可再生能源的使用得到持续推广，再生水利用量持续提升。在能源结构优化方面，2018 年，完成 450 个平原村和燃煤锅炉房的全部改造，平原地区无煤化基本实现，清洁优质能源占比超过 96%。淘汰 656 家一般制造业和污染企业，清理整顿 521 家"散乱污"企业。严格控制车辆的尾气排放，淘汰 216.7 万辆老旧机动车，2018 年小客车中新增 60% 的新能源汽车。经济产出率持续提升；可再生能源的使用得到持续推广。在能源产出方面，煤炭消费占能耗比重持续下降，"蓝天保卫战"下"煤改气"行动推进区域能源结构清洁化改革，万元地区生产总值能耗比 2017 年下降 3.5%，万元地区生产总值水耗比 2017 年下降 3%，再生水利用量持续提升。

——环境管理状况方面，多年来北京市加大对生态系统的保护力度，坚决打好污染防治攻坚战，实施有利于生态环境保护的经济政策，加大对生态环境保护与治理的投入力度。2018 年环境保护投资额占 GDP 比重相对于 2005 年增长了 147.07%。建立生态补偿机制，完善政策绿色采购制度，建立绿色金融债券担保机制。联合津冀推进永定河等流域综合治理和生态修复，通过"周排名、月通报、季报告"等方式压实各级各部门环保责任，压缩环境工程建设项目审批时限等，实施排污许可制管理制度。2018 年，北京市对"蓝天保卫战"项目投入 196.7 亿元，核发 140 家污水处理排污许可制，启动环境污染责任保险的试点工作，推动公众参与污染防治，形成了良好的社会共治氛围。

综上所述，北京的生态环境保护在持续加强，北京环境在不断得到改善，大气污染治理取得明显成效，蓝天保卫战基本取得成功，空气质量、污染减排、资源利用、环境保护等方面水平得到明显提升，但是人口资源环境矛盾等长期性、结构性问题依然存在。

三 指标体系构建与测度结果

（一）指标体系构建

根据上文对北京环境高质量发展内涵和各指标层的内涵界定，本报告构建北京环境高质量发展指标体系（见表1），包括环境质量、污染减排、资源利用和环境管理4个一级指标、8个二级指标以及20个三级指标。具体评价方法和计算方法与经济、社会维度的评价方法保持一致。

表1　环境高质量发展指标体系

一级指标	二级指标	三级指标	权重	备注
环境质量	环境状态	全年优良天数比例（%）	0.012	正向
	生态状态	建成区绿化覆盖率（%）	0.094	正向
		受保护地占国土面积比例（%）	0.183	正向
		土地利用率（%）	0.052	正向
		淡水压力（%）	0.007	负向
污染减排	排放强度	CO_2排放强度（吨/亿元）	0.014	负向
		SO_2排放强度（吨/亿元）	0.007	负向
		COD排放强度（吨/亿元）	0.005	负向
		氨氮排放强度（吨/亿元）	0.004	负向
		工业废水排放量（亿吨）	0.004	负向
		城镇生活垃圾填埋处理量（亿吨）	0.098	正向
	环境建设	城市生活污水集中处理达标率（%）	0.019	正向
		生活垃圾无害化处理率（%）	0.023	正向
	绿色生活	农村卫生厕所普及率（%）	0.021	正向
		城镇每万人口公共交通客运量（万人次）	0.093	正向
资源利用	结构优化	能源产出率（万元/吨标准煤）	0.066	正向
		水资源产出率（元/吨）	0.145	正向
		建设用地产出率（亿元/平方公里）	0.043	正向
	资源产出	煤炭消费占能耗总量的比重（%）	0.049	负向
环境管理	环保投资	环境保护投资额占GDP的比重（%）	0.062	正向

　　资料来源：《中国统计年鉴》、各省级行政区统计年鉴、《中国环境年鉴》、《中国国土资源统计年鉴》及《中国能源统计年鉴》等。

（二）北京环境高质量发展情况

1. 北京环境高质量发展指数呈现由平稳增长转为在波动中增长态势

2005~2018年，北京环境高质量发展指数总体呈现持续增长态势，且在2013~2018年一直位居全国第一，远高于全国平均水平，在2013年整体环境质量水平超过海南。由图 1 可知，北京环境高质量发展指数由 2005 年的 0.326 增至 2018 年的 0.538，整体增长率达到了 65%，2005～2018 年年均增长率为 3.65%，高于全国平均年均增长率的 3.25%，且 2018 年环境高质量发展指数比 2017 年增长了 5%。说明北京市在环境高质量发展水平方面是领先于全国平均水平的，且在水平提高的速度上远快于全国平均水平。存在阶段性特征：一是 2005～2014 年北京环境质量呈现持续平稳增长态势，年均增长率为 4.11%；二是 2014～2018 年北京环境质量呈现由平稳增长转为波动中增长的态势，波动幅度较小。这是 2013 年以来陆续出台了一系列针对大气污染治理的措施和行动方案，2015 年出台了《环境保护法》，尤其加大了对污染的监管和处罚力度，使得近几年环境质量持续增长。

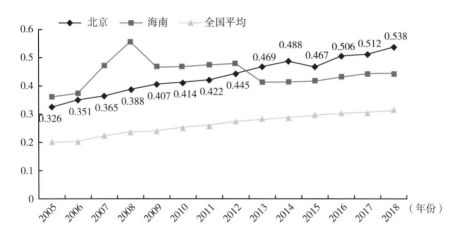

图 1　2005～2018 年北京环境高质量发展指数

2. 资源利用贡献度最高，已成为主要动力源

从四个维度对北京环境高质量发展贡献率占比变化进行分析（见图 2），资源利用指数值对北京环境高质量发展水平贡献度最高，增长率也最快。2005～2018 年资源利用指数增长了 167.7%，2005 年的资源利用指数对环境高质量的贡献率为 31.7%，到 2018 年则达到了 51.33% 左右，且贡献率占比呈现持续平稳显著上升趋势；污染减排指数贡献程度位列第二，但增长幅度相对较小，2005～2018 年仅增长了 8.75%；环境管理和环境质量指数

排名靠后且变化极小，其中环境管理指数历年来均处于较低水平。说明北京市环境高质量发展过程中偏向于污染防治与资源利用等当下大众较为关注的问题。现阶段资源利用是推动北京环境高质量发展的主要动力源，持续保持资源利用水平仍是关键。

3. 环境质量和环境管理贡献度占比小，但潜力尚待激发

由图 2 和图 3 可知，环境质量指数对北京环境高质量发展贡献率保持在10% 左右，年均增长率为 0.55%；环境管理指数对北京环境高质量发展贡献率保持在 6% 左右，年均增长率为 6.67%。相对于资源利用与污染减排指数而言，其贡献率与增长率均处于较低水平。

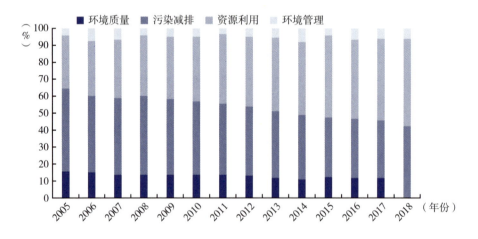

图 2　2005～2018 年北京环境高质量发展各维度贡献率占比

（三）北京环境高质量发展各维度分析

1. 北京环境质量分析

（1）环境质量指数低于全国平均水平，环境治理仍任重道远

环境质量指数在 2005～2018 年呈现波动中平缓增长态势，在 2012～2014 年出现波动下降，2014 年以后以年均 1.1% 的增速保持平缓增长。由图 4 可知，北京环境质量指数低于全国平均水平。2018 年环境质量指数比 2017 年下降了 1.79%，虽然差距在逐渐缓慢缩小，但环境治理仍然

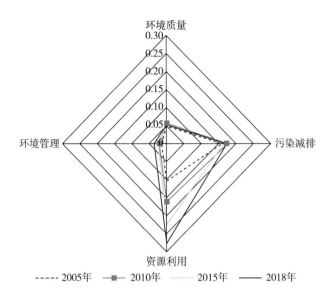

图3 北京环境高质量发展各维度指数贡献率对比

任重道远。

从排名上看，北京的环境质量指数历年位居全国第 25 名，与历年排名第一的海南差距大。选取上海与北京进行对比分析。由图 5 可知，环境质量维度选取的比较对象为上海，主要年份指数对比情况如图 5 和图 6 所示。由图 5 可知，4 个主要年份中北京的环境质量指数均低于上海，年均差为 0.059，且 2015 年的差距最大，为 0.081。同时选取得分第一的海南省，比较各具体指标发现：北京市在全年优良天数比例、受保护地占国土面积比例、淡水压力方面的得分低于海南省，尤其是在受保护地占国土面积比例的得分上差距最大，二者相差 0.16。说明北京市生态环境治理仍然任重道远，应加强对淡水资源和大气环境的保护。

（2）绿化覆盖率成效显著，大气污染状况亟须改善

由图 7 可知，"建成区绿化覆盖率"和"受保护地占国土面积比例"对环境质量指数的贡献较大。"建成区绿化覆盖率"指标 2005 ~ 2018 年的增长率为 58.84%，年均增速为 3.36%，是生态环境维度下各指标间的最高数

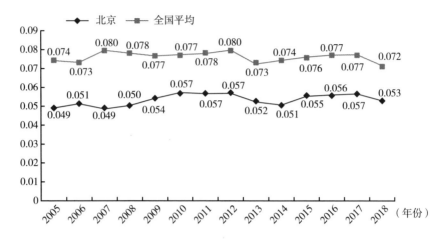

图4 北京环境质量指数的比较：北京 VS 全国平均水平

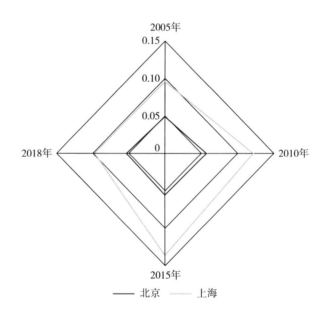

图5 环境质量指数的比较：北京 VS 上海

值；"土地利用率"对环境质量指数的支撑作用保持平稳，14 年间几乎未变，对环境质量指数的贡献率保持在25%左右；"淡水压力""全年优良天数比例"贡献较小。"全年优良天数比例" 2005～2018 年的总增长率为

−8.48%，年均增速为−0.63%，是生态环境维度下各指标间的最低数值。2018 年，海南的该指标是北京的 1.76 倍。虽然在 2013 年之后，北京市政府采取了一系列大气污染防治的措施防治北京空气污染，但从全年优良天数比例指标方面来观察，仍任重道远。"淡水压力"在 2005～2018 年的总增长率为 4.94%，年均增速为 0.35%，增幅不明显；"受保护地占国土面积比例"指标 2005～2018 年的增长率为 4.19%，年均增速为 0.29%，增幅相对较小，远远低于海南省。海南省该指标对生态环境的贡献率是北京市的 2 倍。总指标得分较低，存在较大的改善空间。以上分析说明北京市目前在土地利用、保护及绿化等方面高质量建设成效显著，而在水资源利用、大气污染控制方面仍然任重道远。北京市可通过大力推进"山区绿屏、平原绿网、城市绿景"三大生态体系建设、拓展全市绿色空间等举措，改善环境质量。

图 6　北京环境质量指数的比较：北京 VS 海南

2. 北京污染减排分析

（1）污染减排指数在波动中不平稳增长，与广东差距明显

北京污染减排指数在 2005～2018 年呈现在波动中不平稳增长的态势，总增长率为 8.8%，年均增速为 0.6%，增长幅度相对较大，2018 年污染减

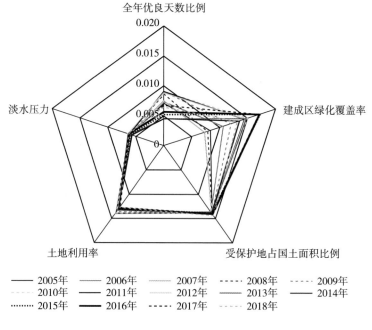

全年优良天数比例

建成区绿化覆盖率

淡水压力

土地利用率

受保护地占国土面积比例

—— 2005年 —— 2006年 —— 2007年 ---- 2008年 ----- 2009年
----- 2010年 —— 2011年 —— 2012年 —— 2013年 —— 2014年
······ 2015年 —— 2016年 ---- 2017年 ----- 2018年

图7 北京环境质量各指标指数对比（2005～2018年）

排指数比 2017 年下降了 1.14%。北京污染减排指数在 2015 年较大幅度地下降是因为"城镇生活垃圾填埋处理量"指标比 2014 年下降了 33.32%，2015 年北京的城镇生活垃圾处理量为 325.8 万吨，2014 年为 488.6 万吨。

由图 8 可知，北京 2005～2014 年均高于广东，位居全国第一，说明北京市在污染减排方面处于全国领先地位，侧面反映出北京市对污染源控制、污染物处理的重视。但同时，可以发现 2014 年后二者差距显著缩小，这主要得益于广东省在生活垃圾填埋及无害化处理、农村卫生厕所普及方面所获得的成就。而且北京的增速低于广东，在 2015 年出现波动下降，被广东赶超，2015～2018 年与广东的差距逐渐拉大。由于污染物具有空间溢散的特点，所以北京市在继续巩固污染防治成果的同时，还应积极推广污染防治的经验技术，推进全国其他地区的污染防治工作，这样才能真正实现北京环境高质量发展。

由图 9 可知，虽然广东的环境建设和绿色生活方面的指标得分不及北京，但是广东在"城镇生活垃圾填埋处理量"指标上的得分高于北京。由此可见，北京应加快推进垃圾分类，提高城镇生活垃圾填埋处理效率。

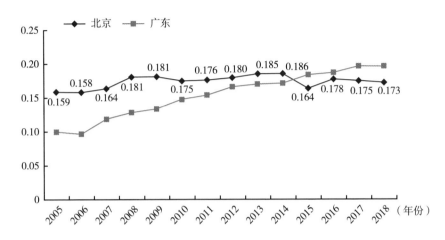

图 8　北京污染减排指数的比较：北京 VS 广东

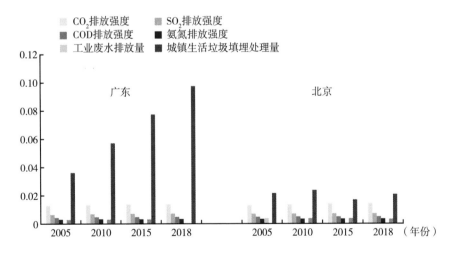

图 9　污染减排各指数的比较：北京 VS 广东

（2）绿色出行贡献凸显，污染排放亟待改善

如图 10 所示，表征绿色生活中绿色出行的"城镇每万人口公共交通客运量"对污染减排维度的贡献最大，其次，"城镇生活垃圾填埋处理量"和

"生活垃圾无害化处理率"指标对污染减排维度的贡献也较大。年均增速最大的是"农村卫生厕所普及率"。但是"SO_2 排放强度""CO_2 排放强度""氨氮排放强度""COD 排放强度"等污染排放强度相关指标对污染减排维度的贡献较小。具体来看污染减排各指标变化情况：

"排放强度"二级指标下的三级指标中，"SO_2 排放强度"的指标得分2005～2018年增长率仅为2.95%，年均增速为0.21%，体现出二氧化硫作为长期以来的首要控制大气污染物，在已有的成熟控排技术和相应政策出台配合情况下，已得到稳定的控制，成效显著。类似地，"氨氮排放强度"指标得分总增长率为6.7%，年均增速为0.47%；"COD 排放强度"指标得分总增长率为5.53%，年均增速为0.39%；"CO_2 排放强度"指标得分总增长率为10.47%，年均增速为0.71%；各污染物排放强度控制方面均成效喜人。"城镇生活垃圾填埋处理量"指标得分总增长率为－3.52%，年均增速为－0.26%，说明城镇生活垃圾填埋处理量基本保持平稳增长状态。随着北京市生活垃圾产生量逐年增长，且主要通过填埋进行处置，尚未大规模地开展垃圾焚烧等资源循环利用，提升生活垃圾填埋处理效率仍是关键。"工业废水排放量"指标得分下降了12.28%，年均增速为－0.93%，呈现负增长，揭示了北京市工业废水排放总量持续增长的态势。

"环境建设"二级指标下的三级指标中，"城市生活污水集中处理达标率"指标得分2005～2018年总增长率为55.19%，年均增速为3.18%；"生活垃圾无害化处理率"总增长率为4.82%，年均增速为0.34%。说明北京市对污水处理和生活垃圾无害化处理效率得到极大提高。

"绿色生活"二级指标下的三级指标中，2005～2018 年"农村卫生厕所普及率"增长了754.92%，年均增速为16.56%，增长较快，且仍存在较大增长空间；"城镇每万人口公共交通客运量"下降了7.66%，年均增速为－0.57%，但对污染减排维度的指标贡献维持在35%以上，揭示了北京市较好的公共交通基础设施建设程度与良好的绿色出行的推广成效。

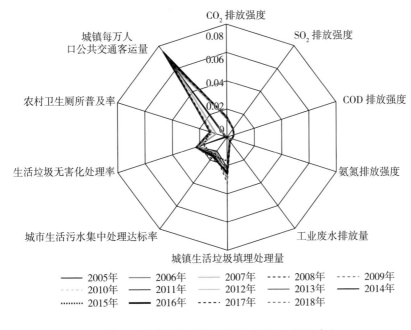

图 10　北京污染减排各指标（2005～2018 年）

3. 北京资源利用分析

（1）资源利用指数呈持续增长态势，超过天津位居第一

北京资源利用指数已成为拉动北京环境高质量发展的主要动力源，对其的贡献率也是最大的。2005～2018 年保持持续增长态势，总增长率为167.7%，年均增速为7.29%，增长幅度相对较大。由图 11 可知，在 2018 年北京资源利用指数超过天津，位居全国第一。说明北京市在资源利用方面处于全国领先地位，侧面反映出北京市对资源利用、资源结构优化和资源产出效率的重视。

（2）煤炭消费占比下降空间有限，建设用地产出率潜力较大

资源利用维度选取的比较对象为天津市和上海市，主要年份指数对比情况如图 12 所示。北京市的资源利用指数在 2018 年超过天津市，与上海相比，优势凸显。

结合相关指标可知，相比于天津市，北京市的"煤炭消费占能耗总量

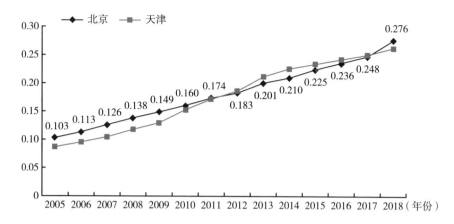

图11　北京资源利用指数的比较：北京 VS 天津

的比重"得分相对高，且自 2013 年以来该比重下降速度远快于天津；至 2018 年，天津市的煤炭消费占能耗总量的比重为 31.02%，而北京市仅为 3.48%。2018 年资源利用指数比 2017 年增长了 11.3%，并超过天津位居全国第一。如图 13 所示，与海南省相比，在 2012 年，北京在"煤炭消费占能耗总量的比重"指数得分上超过海南省，说明北京市在调整能源消费结构方面取得了显著进展，这也是助推北京市环境高质量发展的关键动力。但值得注意的是，未来北京市煤炭消费占比下降的潜力已十分有限，北京市环境高质量发展应该寻求新动力，如积极寻求清洁能源发展途径等；而相对而言建设用地产出率具有较大的提升潜力，2018 年北京市建设用地产出率为 20.60 亿元/公里²，全国排名第四，北京市仍具有较大的提升潜力。因此，未来发展中北京市应采取内涵挖潜的方式，在少增或不增加建设用地面积的情况下提高建设用地产出率，助推北京市环境高质量发展。

（3）水资源产出率贡献大，能源产出率贡献度逐渐增加

由图 14 可知，"水资源产出率"对资源利用维度的指数贡献最大，贡献比例在 50% 以上，但呈逐年缩减态势。与此相反，"能源产出率"呈逐年上升趋势，增幅平稳；"建设用地产出率"在 2018 年涨幅明显。"煤炭消费占能耗总量的比重"增长平稳，贡献相对较小。具体来看资源利用各指标变化情况。

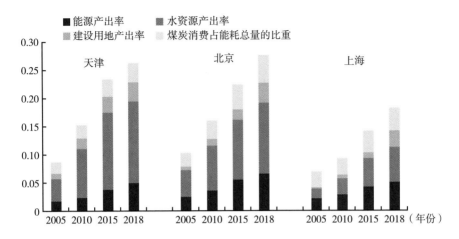

图 12 资源利用各指数的比较：天津 VS 北京 VS 上海

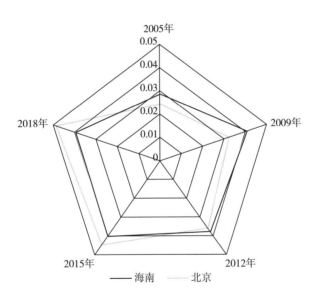

图 13 煤炭消费占能耗总量比重的比较：北京 VS 海南

"结构优化"二级指标下的各项三级指标得分均翻了至少一番。2018 年的"能源产出率"指标得分相较于 2005 年增长了 162.51%，年均增速为 7.14%；"水资源产出率"指标得分增长了 165.01%，年均增速为 7.21%；"建设用地产出率"增长了 475.14%，年均增速为 13.31%。由 2005 年的贡献度占比 6.46% 增长到 2018 年的 13.87%。反映出北京市通过调节生产结构、改进生产技术等方式大幅度地提升了资源产出的效率。

"资源产出"二级指标下仅"煤炭消费占能耗总量的比重"一项三级指标，2005~2018 年增长了 99.86%，年均增速为 5.07%，说明北京市能源结构向清洁化、低碳化快速成功转型。

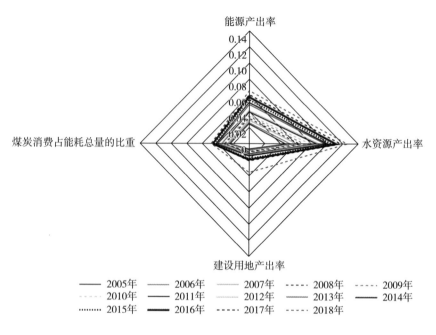

图 14 北京资源利用各指标（2005~2018 年）

4. 北京环境管理分析

（1）环境管理指数呈现波动中增长态势

北京环境管理指数 2005~2018 年虽然保持增长态势，但是波动幅度较大，尽管近几年高于全国平均水平，近两年保持增长趋势，但由于波动幅度较大，呈现增—减交替的不平稳增长态势。今后由不平稳增长转为稳定增长是重点。如图 15 所示，2005~2018 年，环境管理指数总增长率为 140%，年均增速为 6.67%。

具体来看，环境管理维度下仅"环境保护投资额占 GDP 的比重"一项指

标。2018 年北京的"环境保护投资额占 GDP 的比重"较 2005 年增长了
147.07%，整体呈持续增长趋势，揭示了长期以来北京市投资市场对环保领域
发展较为乐观的态度，也侧面反映了政策对环保行业持续稳定的支持态度。

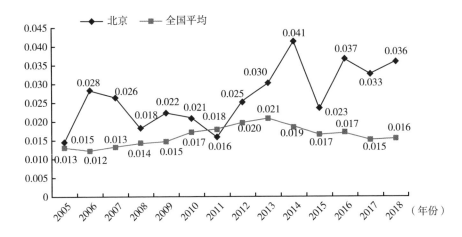

图 15　北京环境管理指数的比较：北京 VS 全国平均水平

（2）环境保护投资仍有较大提升空间

环境管理维度选取的对比对象为广东省和新疆维吾尔自治区两个省级行
政区。由于每年环境管理综合指数得分最高的省份有所不同，所以在选择对
比对象时从各年得分最高的省份中选取。2005～2009 年宁夏回族自治区排
名第一，2010 年为广东省，2011～2015 年为新疆维吾尔自治区，2016 年为
山西省，2017～2018 年为新疆维吾尔自治区。主要年份指数对比情况如图
16 所示，各年份中北京市的环境管理指数均低于全国最优水平，且与全国
最优水平的差距加大，说明在环境管理水平方面北京市还需要进一步提高。
结合具体指标可以发现，北京市的环境保护投资额占 GDP 的比重增长明显，
由 2005 年的 1.23% 增至 2017 年的 2.6%，但仍低于新疆维吾尔自治区的
4.05%。广东省在 2010 年为全国最优水平，是因为在 2010 年其环境保护投
入较大。根据《全国城市生态保护与建设规划（2015～2020 年)》，到 2020
年，我国环保投资额占 GDP 的比重不低于 3.5%，因此北京市在环境保护投
资方面仍有较大的提升空间。

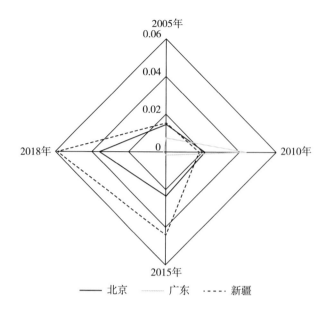

图16　北京环境管理指数的比较：北京 VS 广东 VS 新疆

四　研究结论及政策建议

（一）主要研究结论

从对北京环境高质量发展指数评价和与四个维度（环境质量、污染减排、资源利用和环境管理）中得分最高的省份的对比分析中可得出如下结果。

（1）北京环境高质量增长由平缓增长转为在波动中增长态势，但波动幅度相对较小。

（2）北京环境质量指数低于全国平均水平。尽管绿化覆盖率成效显著，但环境质量仍需持续改善。相对于上海，北京环境质量指数增长速度较慢，且差距较大。环境治理仍然任重道远，今后加强对淡水资源、大气环境等生态环境的保护仍是北京环境高质量发展的重点。

（3）北京污染减排指数水平虽处于全国领先水平，但呈现在波动中增长的态势，增长幅度相对较大。在 2014 年之后被广东赶超，且与广东的差距凸显。绿色出行对北京污染减排贡献凸显，但是污染排放亟待改善。

（4）资源利用对北京环境高质量发展贡献度最高，增长率也最快，已成为主要动力源。相对于天津、海南，北京的煤炭消费占比下降空间有限，建设用地产出率潜力相对较大。与此同时，水资源产出率贡献大，能源产出率贡献度逐渐增加。

（5）环境管理指数呈现增—减交替的不平稳增长态势。今后由不平稳增长转为稳定增长是重点。环境保护投资缺口依旧较大，仍需加大投入。

（二）政策建议

根据上文的研究结果，提出以下北京环境高质量发展建议。

1. 继续加强环境污染防治攻坚

加强对生态环境的保护，特别是对大气环境、土地环境、水环境的保护，扩大生态保护用地，筑造城市生态保护屏障，为人民生产生活营造一个"绿水青山"的环境。具体包括以下内容。

进一步加强大气环境污染防治，深入优化能源结构。对煤炭和能源总量实施双控，加大重点企业的升级改造和污染排放治理力度，深化对工业污染的防治，建立对移动源污染排放治理体系。完善绿色交通体系，提升机动车辆的污染排放标准，加强对尾气等污染物排放的控制，引导出行转向更加绿色、集约、低碳的出行方式，比如共享单车（汽车）、新能源汽车等。大力推进绿色工地建设，深化扬尘等污染控制。

持续加强对耕地生态环境的保护。加强对土壤的污染监控，充分利用土壤的环境质量监测网络，加强对农田土壤的环境保护和污染治理；持续推进乡村振兴战略，加强对农村生态环境保护，加快推进农业废弃物资源化利用和农业面源污染防治，大力推广和生产绿色农产品。

加大对水环境的治理力度。完善湿地保护、耕地河湖休养生息、生态补偿等制度，推行生态环境损害赔偿制度，全面落实"河长制"和"湖长制"，启动水资源税的改革试点工作，采用控源截污、生态修复、沟通水系等一系列措施，推进中小河道整治工作和城市面源治理。顺应智慧化、信息化、生态化等特征的城市发展趋势，加快大数据、无人机、云计算、移动互联网等新一代智能技术在水环境监测预警、水质水文监测、生态环境舆情中的运用。

加强对固体废弃物污染的监控。持续推进生活垃圾分类和减量，构建完善生活垃圾的末端处置体系，提高工业固体废弃物综合利用率和处置体系效率。严格相关产业的准入门槛，发展环保类产业，加快推进绿色制造和结构优化调整，持续推进清洁生产，完善园区的环境建设。

2. 优化并调控能源总量结构

大力优化能源结构。目前北京市的煤炭消费占比下降空间有限，当北京市环境高质量发展达到一定水平时，煤炭能源产出将难以继续提供动力。因此，寻求新动力将成为环境高质量发展首先要解决的问题。消减煤炭消费总量和占比，需采用清洁能源进行替代，目前应尽快完成全面的集中供热，加大对光热、风力发电以及生物质和非化石能源的开发利用率。

调整淘汰落后的产能，严格控制重化工业发展规模。加快对高耗能、低附加值且高排放企业的淘汰进程，全面取缔不符合国家相关产业政策的"十小"工业企业，截至目前淘汰"散乱污"企业1.1万家并实现动态清零。严格控制重化工业发展规模，限制石化化工和劳动密集型等高耗能高排放项目。

3. 加快推进垃圾减量化和资源化

污染减排指数之所以被广东赶超，主要在于广东省在生活垃圾填埋及无害化处理效率方面要明显优于北京。目前垃圾分类在全市有序展开，居民的参与度仍有待提高，提高公众参与积极性，完善绿色账户和制定生活垃圾分类减量等差别化生活垃圾收费制度，对垃圾减量达到季度、年度目标的，给予减免生活垃圾处置等奖励。

建立健全生活垃圾分类责任和落实机制。完善关于生活垃圾分类处理和管理的法律体系，强化生活垃圾的源头指导和监督，充分利用现代高科技手段给予技术支持，加强对垃圾分类志愿者队伍的培训。针对社区菜市场、农贸市场、超市等交易场所，通过合理的补贴、有效监管等手段，按品类和区域稳步推进"净菜"政策，从而减少蔬菜垃圾产生量。

4. 进一步提高土地利用效率和产出率

未来发展中北京市应采取内涵挖潜的方式，在少增或不增加建设用地面积的情况下提高建设用地产出率，助推北京市环境高质量发展。需走集约型城市建设之路，大力推进空间换地和低效用地再开发，促进土地节约集约利用，着力提高城市建设用地产出率。2018 年北京市建设用地产出率为 20.60 亿元/公里^2，全国排名第四，仍具有较大的提升潜力，但需进一步提高土地利用效率和产出率，具体如下。

以产业转型促进效率的提升。研究表明，决定土地利用效率的根本因素就是产业能级，通过产业向集聚化、高端化、高新化方向发展提升带动用地效率的提升；创新土地开发利用机制。加快城市建设向紧凑型城市建设、向立体化开发的转变，对开发强度分层分区管控，适当提高容积率高低的限差，放宽对产业用地容积率上限的管控，用好容积率激励杠杆促进产业空间资源的有序流动；优化土地利用结构，持续推进工业用地减量化和生态用地比例不断上升，开展科学的绿色基础设施建设，促进既定土地用量内的产出最优化。

5. 提高环境管理能力

学习借鉴全国其他省份和发达国家经验，提高环境管理能力，逐步提高环保投资额占 GDP 的比例（不低于 3.5%），切实落实"绿色发展"理念，实现人与自然和谐、经济与环境共荣。

参考文献

[1] 贾品荣：《推动环境高质量发展的四个维度》，《中国经济报告》2020 年第5 期。
[2] 上海市人民政府发展研究中心：《上海高质量发展战略路径研究》，上海人民出版社，2019。

B.5
从北京与上海比较中看高质量发展[*]

摘　要：　高质量发展是未来一段时期的主要转型方向和重要目标。本
报告通过构建数理模型、运用指数对北京高质量发展进行定
量测度，并与上海进行了对比分析。研究发现：北京高质量
发展呈现五大特征。基于研究结论从"底线思考、补齐短
板、发挥优势"三个角度探讨对提升北京高质量发展的
启示。

关键词：　北京高质量发展　上海高质量发展　比较研究

一　北京高质量发展的五大特征

（一）特征之一：高质量发展指数全国领先，呈持续增长态势

北京高质量发展指数由经济维度、环境维度以及社会维度指数构成，对
3 个维度指数进行合成，得到北京高质量发展指数。相关研究结果可支撑特

---

* 作者：北京市科学技术研究院高质量发展研究课题组。本报告在"第二届首都高质量发展研
讨会"上发布。执笔人：方力、贾品荣、胡曾曾、魏永莲。方力，北京市科学技术研究院党
组书记，北京市习近平新时代中国特色社会主义思想研究中心特邀研究员，北科院研究基地
主任，主要研究方向：可持续发展；贾品荣，北京市科学技术研究院"北科学者"，北科院
高精尖产业研究学术带头人，北科智库研究员，主要研究方向：技术经济及管理；胡曾曾，
北科智库助理研究员，经济学博士，主要研究方向：高质量发展、可持续发展。魏永莲，北
科智库助理研究员，主要研究方向：科技政策与科技战略。

征一、特征二论断。

北京高质量发展指数水平优势明显，上海紧随其后。2009～2018年北京高质量发展指数水平位居全国第一，2013～2018年上海紧随其后位列第二。2018年，北京高质量发展指数是上海的1.34倍。

北京高质量发展指数呈持续增长态势。2005～2018年北京高质量发展指数呈现持续增长态势，且自2015年起增速加快，由平稳增长转为快速增长。其中，2018年北京高质量发展指数比2017年增长了4.58%。

（二）特征之二：绿色发展深入人心，环境高质量成主要推动力

环境高质量发展已成为拉动北京高质量发展的主要推动力，经济高质量作用逐渐凸显，社会高质量发展潜力有待进一步激发。在高质量发展的3个维度，环境高质量发展、经济高质量发展对北京高质量发展指数的贡献率历年分别保持在55%和35%左右，尤其是环境高质量指数的发展为北京高质量发展注入了强大动力，已成为拉动北京高质量发展的主要推动力。表明北京高质量发展逐渐重视环境建设与保护，寻求经济发展与生态安全之间的协调，同时优良生态环境也为北京高质量发展注入了强大动力；经济高质量发展平稳、持续增长为北京高质量发展提供重要基础。社会高质量维度作用亟须提高，对北京高质量发展的贡献率历年保持在10%左右，且增速不明显，亟待进一步激发其活力。针对环境高质量，今后更需要关注的是标准调整问题。

（三）特征之三：经济高质量更加依靠创新驱动，高精尖产业是重点

对经济高质量发展4个维度（经济增长、结构优化、效率提升和创新驱动）25个具体指标定量分析的相关结果可支撑该特征论断。

北京经济高质量发展主要依靠创新驱动与经济增长。2018年北京经济高质量发展指数比2017年增长了5.27%。2005～2018年总体呈现由平缓增长转为快速增长态势。其中，北京创新优势显著，创新驱动已是最主

要动力源。创新驱动指数对北京经济高质量发展的贡献率从 2005 年的 36% 增长到 2018 年的 57.5%；经济增长指数对北京经济高质量发展的拉动作用保持平稳，对北京经济高质量发展水平的贡献率占比历年保持在 10% 左右。结构优化与效率提升对北京经济高质量发展的贡献尚需提高，尤其是效率提升对北京经济高质量发展的贡献率从 2005 年的 33% 降到 2018 年的 17.4%，2005～2018 年效率提升指数年均增长率为 -0.43%。因此，未来一段时期内，促进效率提升是北京进一步提升经济高质量发展水平的着力点。

保持经济稳定增长仍是重点，第三产业增加值对北京经济稳定增长贡献凸显。北京经济增长指数 2005～2018 年总体呈现波动中平稳增长态势。北京自 2007 年进入后工业化发展阶段，2012 年进入发达经济初级阶段和新常态经济发展目标提出以来，北京经济增长率保持稳定对北京经济高质量发展是有益的。同时也说明了北京经济高质量发展早已摆脱了单纯依靠经济增长的拉动。其中，"人均 GDP"指标贡献率最高，达到 50% 以上。"第三产业增加值"指标年均增长率最快，达到 8.78%。

北京结构优化趋于合理，发展平稳。2005～2018 年，北京结构优化指数水平远超全国平均水平，但出现高—低交替变换的现象，总体呈现在曲折波动中缓慢增长的态势，波动幅度较低。这说明北京经济发展中形成了较为合理的产业结构。但是北京结构优化水平年均增幅低，2005～2018 年年均增长率仅为 0.91%。下一阶段是北京向"高精尖"产业迈进的关键，应更加注重创新向前端延伸（基础研究）和后端（民生领域）拓展。

效率提升指数增长呈"U"形发展态势，提升产业劳动生产率是重点。资产负债率贡献度凸显，加速提高人均产出效率是关键。2005～2018 年，北京效率提升指数水平略高于全国平均水平。其中，资产负债率指数对北京效率提升贡献度最大。人均产出效率偏低，劳动生产率、利润—税费比率等指数得分较低，亟须提升三大产业劳动生产率。加快提高北京经济人均产出效率是推动经济实现更高质量更大规模的关键。

（四）特征之四：资源利用指数贡献凸显，生态环境质量呈螺旋式上升

对环境高质量发展四个维度（环境质量、污染减排、资源利用、环境管理）20 个具体指标的定量分析相关结果可支撑该特征论断。

资源利用已成为北京环境高质量发展的主要动力源，环境质量和环境管理贡献度占比小，但潜力尚待激发。北京环境高质量发展呈现由平稳增长转为在波动中增长态势。与 2005 年相比，2018 年整体增长率达到了 65.03%，年均增长率为 3.65%，高于全国平均年均增长率的 3.25%，且 2018 年环境高质量指数比 2017 年增长了 5%。其中，资源利用贡献度最高，已成为主要动力源。2005～2018 年资源利用指数也增长了 167.7%，对北京环境高质量发展贡献率从 2005 年的 31.7% 提升到 2018 年的 51.33% 左右，且贡献率占比呈现持续平稳显著上升趋势。资源利用维度的快速增长为北京环境高质量发展注入了强大动力；污染减排指数贡献程度位列第二，但增长幅度相对较小，2005～2018 年仅增长了 8.75%；环境管理和环境质量指数贡献率占比小，环境质量指数对北京环境高质量发展贡献率保持在 10% 左右，年均增长率为 0.55%。环境管理指数对北京环境高质量发展贡献率保持在 6% 左右，年均增长率为 6.67%。这说明北京市环境高质量发展过程中偏向于污染防治与资源利用等当下大众较为关注的问题。现阶段资源利用是推动北京环境高质量发展的主要动力源，持续保持资源利用水平仍是关键。

环境质量指数远低于全国平均水平，绿化覆盖率成效显著，环境质量仍需改善。环境质量指数总体呈现波动中平缓增长态势，2014 年以后以年均 1.1% 的增速保持平缓增长。差距在逐渐缓慢缩小，2018 年环境质量指数比 2017 年下降了 1.79%，亟须改善。"建成区绿化覆盖率"和"受保护地占国土面积比例"对生态环境指数的贡献较大。"建成区绿化覆盖率"指标 2005～2018 年的年均增长率为 58.84%，年均增速为 3.36%，是生态环境维度下各指标间的最高数值。

绿色出行贡献凸显，污染排放亟待改善。污染减排指数总体呈现在波动

中不平稳增长态势，总增长率为8.75%，2005~2018年年均增速为0.6%，增长幅度相对较大。2005~2013年位居全国第一，之后2014~2018年被广东赶超。其中，"城镇每万人口公共交通客运量"对污染防治维度的贡献最大，历年维持在35%以上，揭示了北京市较好的公共交通基础设施建设程度与良好的绿色出行的推广成效。其次，"城镇生活垃圾填埋处理量"和"生活垃圾无害化处理率"指标对污染防治维度的贡献也较大。年均增速最大的是"农村卫生厕所普及率"，2005~2018年总体增长了754.92%，年均增速为16.56%，增长最快。但是"SO_2排放强度""CO_2排放强度""氨氮排放强度""COD排放强度"等污染排放强度相关指标对污染防治维度的贡献较小。

环境管理指数仍需提升。环境管理指数总体呈现波动中增长态势，2005~2018年虽然保持增长态势，但是波动幅度较大。尽管近两年保持增长趋势，但由于波动幅度较大，呈现增—减交替的不平稳增长态势。今后由不平稳增长转为稳定增长是重点。2005~2018年，环境管理指数总增长率为140%，年均增速为6.67%。"环境保护投资额占GDP比重"持续增长，这也是2018年环境管理指数比2017年增长了10.47%的主要原因。

（五）特征之五：民生优化中缩小城乡差距将成为最大的提升点

对社会高质量发展三个维度（民生优化、城乡统筹、风险防控）23个具体指标的定量分析相关结果可支撑该特征论断。

民生优化维度是社会高质量发展的主要动力，而城乡统筹与风险防控维度的贡献需要提升，就业和消费活力有待激发，城乡统筹短板明显。2018年北京社会高质量发展指数比2017年略微下降了0.7%。2005~2018年呈现"Z"形增长态势。其中，民生优化贡献凸显，已成为主要推动力。民生优化指数对北京社会高质量发展贡献率保持稳定状态，从2005年的63%增长到2018年的68%。2005~2018年民生优化指数增长了71.21%，年均增速3.92%，但2018年民生优化指数比2017年略微下降了0.29%，主要是因为消费和社会保障相关指数呈负增长；城乡统筹短板显现，城乡差距依旧较大。城乡统筹指数对社会高质量发展贡献率占比相对较少，且波动幅度相对较大。2005～2018 年总增长率仅为 50.9%，年均增速为 2.98%。尤其是 2012 年之后，其对北京社会高质量发展的贡献率呈逐渐缩小趋势。2012 年，其贡献率占比达到 36.63%，此后以年均 -7.22% 速度下降，到 2018 年其贡献率占比仅为 21.54%；风险防控保持稳定，维护社会和谐稳定依旧是关键。风险防控对北京社会高质量发展的贡献率需要提高，风险防控对北京社会高质量发展的贡献率从 2005 年的 13.34% 降到 2018 年的 10.3%。尽管近几年风险防控指数有所上升但总体变化较小。因此，未来一段时期内，保持风险防控水平稳定增长依旧是北京进一步提升社会高质量发展水平的关键。

"居民可支配收入"指标对民生优化指数贡献凸显，但就业和消费活力有待激发。目前民生优化已成为推动北京社会高质量发展的主要推动力。虽然北京的民生优化指数远超全国平均水平，但是年均增速仅为 3.92%，且 2005～2018 年总体呈现在波动中不平稳增长态势。从民生优化的各分项指标来看，"居民可支配收入"对民生优化指数贡献度最大，且其增幅在逐年增加，增长率也是最高的。相比 2005 年，居民可支配收入在 2018 年增长了 426.68%，年均增长率 13.13%。与此同时，"居民消费价格指数""城镇商品房价格占居民收入比重""养老金增长率""城乡居民养老保障人数增长率"等指标呈现负增长状态，以上指标呈负增长也是导致 2018 年民生优化指数比 2017 年略微下降了 0.29% 的主要原因，说明北京市就业和消费活力有待激发，社会保障工作有待进一步完善。

城乡统筹指数贡献不凸显，公共客运量能力显著提升。2005～2018 年北京城乡统筹指数总体呈"凸"形发展态势，发展不平稳，波动幅度大。从城乡统筹的各分项指标来看，"公共交通运输能力和服务水平"对城乡统筹指数贡献度最大，且其增幅在逐年增加，增长率也是最高的。相比 2005 年，公共客运量在 2018 年增长了 1768.4%，年均增长率 23.25%。其次，"城乡居民可支配收入之比"贡献度历年保持在 12% 左右。除此之外，受教育年限、互联网普及率、人均住房建筑面积等指标的城乡之比基本没有变化，说明北京市城乡整体差距并未得到改善，对城乡统筹指数贡献不凸显。未来发展中，北京应重点缩小城乡发展差距。

"城市应急管理水平"指数对风险防控指数贡献凸显。2018年与2017年基本持平，但整体提升空间较大。2005～2018年北京风险防控指数总体呈现波动中不平稳增长态势，总体处于全国平均水平。从风险防控的各分项指标来看，"城市应急管理水平"对其贡献率达到50%以上。"信访总量增长率"年均增幅最大，年均增长率达到4.32%。"12345"市民服务热线市民诉求办结率年均增长率也达到3.57%。北京依托"12345"市民服务热线，有序推进各类政务服务热线整合。

二 北京与上海高质量发展的比较

（一）三大优势

1. 优势之一：创新驱动优势显著

北京创新驱动优势明显，技术市场成交额贡献凸显。如图1所示，北京创新驱动指数是上海的2.4倍，北京创新驱动指数对高质量发展指数贡献占比达到57.5%（上海为36.5%）。反映这一优势的核心指标是"技术市场成交额"。2018年北京技术市场成交额比2005年增长了913%，上海在此期间的总增长率为429%。

2. 优势之二：民生优化指数占优势

北京民生优化相对优势微弱，居民可支配收入贡献显著。如图2所示，北京民生优化指数是上海的1.14倍。反映这一优势的核心指标是"居民可支配收入"。该指标对民生优化指数的贡献率最高。2018年北京居民可支配收入比2005年增长了426.68%。

3. 优势之三：资源利用指数优势明显

北京资源利用指数优势明显，水资源产出率贡献高。如图3所示，北京

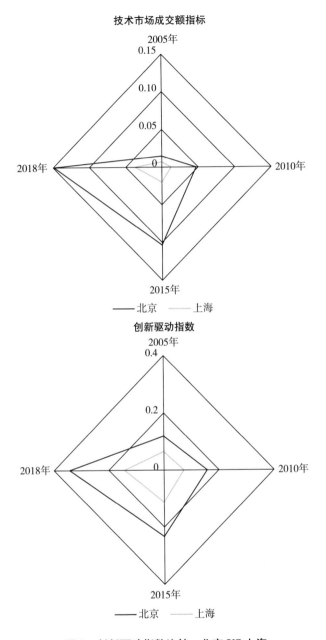

图 1　创新驱动指数比较：北京 VS 上海

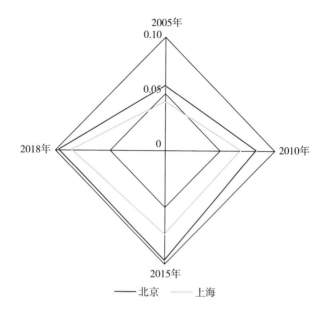

图2　民生优化指数比较：北京 VS 上海

资源利用指数是上海的 1.51 倍。反映这一优势的核心指标是"水资源产出率"，该指标对资源利用指数的贡献率保持在50%以上。2018 年北京水资源产出率指数是上海的 2.02 倍。

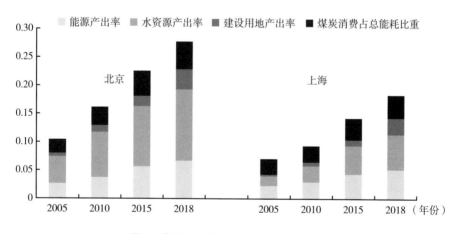

图3　资源利用指数比较：北京 VS 上海

（二）五大劣势

1. 高端制造业销售产值占比偏低

上海在"高端制造业销售产值占工业总产值比重"指标上的得分是北京的 1.69 倍。北京的产业结构相对优势明显，但高端制造业销售后劲不足。如图 4 所示，尽管北京在"第三产业与第二产业之比"指数上优势明显，但是在"高端制造业销售产值占工业销售产值比重"指数上表现不及上海，且与上海的差距明显。

2. 效率提升指数偏低

上海在效率提升指数上是北京的 1.12 倍。如图 5 所示，说明提升三大产业，尤其是第三产业的劳动生产率和全员劳动生产率是推动北京提升效率的关键。

3. 民生优化指数年均增速低

上海在民生优化维度中的"居民可支配收入""居民消费价格指数""城镇商品房价格占居民收入比重""养老金增长率"指标上均高于北京。

4. 城乡居民恩格尔系数间的差距大

上海在"城乡居民恩格尔系数之比"指标上的表现要好于北京。如图 6 所示，最近几年北京在该指标上与上海的差距逐渐加大。

5. 环境质量指数低于上海

上海的环境质量指数是北京的 1.84 倍。上海在"全年优良天数比例""受保护地占国土面积比例""土地利用"三个指标上均高于北京。如图 7 所示，选取的 4 个主要年份中北京的环境质量指数均低于上海，2015 年的差距最大。

三　对提升北京高质量发展的启示

高质量发展是以五大发展理念为引领，有别于单一追求经济增长数量，更加注重发展效率、要素高效配置、结构持续优化、创新为动力、生态环境

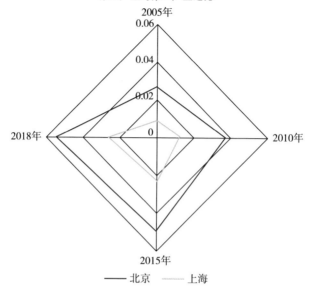

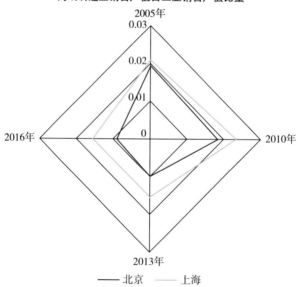

图 4　结构优化部分指标指数比较：北京 VS 上海

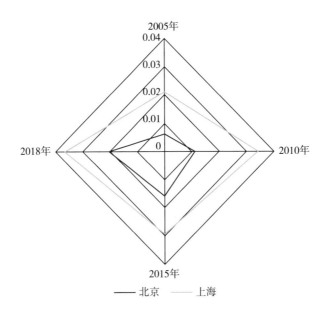

图 5　效率提升指数比较：北京 VS 上海

有机协调、成果共享，集数量与质量为一体的发展。基于对北京高质量发展指数的测度结果，按照"底线思维、问题导向"思路，本报告从"底线思考、补齐短板、发挥优势"三个角度提出对提升北京高质量发展的启示。

1. 底线思考：老百姓满意

高质量发展的底线是以人民为中心，紧紧围绕"七有"目标和市民需求"五性"特点，持续做好民生工作。"十四五"时期会更加突出以人民为中心的发展，持续提高人民群众生活品质。高质量发展应践行以人民为中心理念，落实"七有""五性"要求，持续推进民生优化，做好城市风险防控，着力解决好不平衡不充分发展的问题，持续做好就业、兜底保障、城乡统筹和风险防控应急等工作。

一是保障就业稳定。"十四五"期间人工智能等新技术对就业的冲击可能进一步凸显，需加大对促进就业的引导，可将创新创业与发展新产业新业态新模式结合起来，从而形成经济良性发展与扩大就业的联动效应。实施积极的就业创业政策，大力发展新产业、新业态促进乡村劳动力的充分就业。

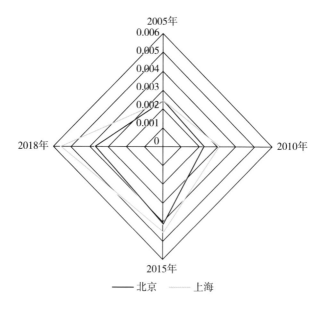

图6　城乡居民恩格尔系数指标比较：北京 VS 上海

发展农村基础教育，提高农村人口文化素质和知识水平，培育一批新型职业农民队伍，提高农村劳动力就业创业创新的能力。二是加快推进城乡统筹。加快推进农村民生建设。习近平总书记指出要加快补齐农村民生短板，将农村民生优先发展放在治国理政的重要位置并加快推进落实，着力解决农业发展和民生福祉问题。提高农村社会保障服务水平，努力缩小区域城乡发展差距、城乡居民收入差距。加快完善农村养老保险制度和农村社会保障制度，提高农村居民的医疗、养老、低保等社会保障待遇水平，优化基础养老金调整机制与缴费激励机制，完善养老金差异化补贴方式。三是做好兜底保障工作。凸显社会政策对相对贫困人群的兜底保障作用，实施动态监控。"十四五"时期推进公共服务进一步向纵深发展。更加强调均等和兜底保障工作，需要针对不同群体和公共服务进一步细分。需加快完善城乡融合发展的体制机制和政策体系，建立城乡居民全覆盖、普惠共享、城乡一体、均等服务的基本公共服务体系。四是提高风险防控应急能力。借助大数据技术提高风险防控"计算"能力和"预测"能力，推进风险防控科学化、精细化管理，

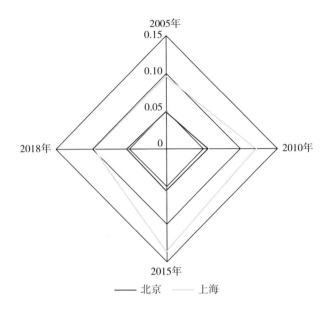

图7 环境质量指数的比较：北京 VS 上海

让大数据在智慧交通建设、各种安全风险事件或危机上发挥更重要的作用。织好安全防护网，形成全社会有序参与的社会安全治理新格局。

2. 补齐短板：扭转劣势

通过北京与其他城市的比较可知北京高质量发展仍然存在一些短板，"十四五"时期应着力加快补齐消费活力欠缺、效率提升不足、土地利用效率偏低、环境质量指数低等短板。

一是以供给侧结构性改革引领和创造新需求。针对北京消费活力欠缺的短板，创新消费业态，增强消费对经济发展的基础性作用。借助"互联网＋"平台，将网络消费和共享经济更深入扩展消费领域，通过信息消费、绿色消费、旅游休闲消费、教育文化体育消费、养老健康、家政消费等创新消费业态模式，带动生产模式优化。经济发展的动力是有效供给与有效需求的结合，解决供给与需求失衡问题可促使经济高质量发展。深入推进供给侧改革，有效协调供给与需求、投资与消费之间的关系，优化提升供给和需求体系质量。大力打造北京夜经济，发展消费新热点，增加消费有效供给，推动消费向体验化、品质化和数字化方向提档升级，大力建设国际消费中心城市。二是加速推进效率变革。目前北京的创新驱动已成为主要拉动力，效率变革是主线。从研究结果可知，北京的效率提升不足，是北京高质量发展的短板。在发展中需破除各种制约效率提升的体制机制障碍，从资源配置、市场竞争、投入产出、可持续发展能力等方面加速推进效率变革。进一步提高全要素生产率、改善营商环境，为企业营造更为公平竞争的市场环境，全速提高人均产出效率，推动北京经济向更高质量、更高效率、更可持续发展迈进。三是提高土地利用效率和产出率。针对土地利用效率偏低的短板，在未来发展中北京市应采取内涵挖潜的方式，在少增或不增加建设用地面积的情况下提高建设用地产出率，走集约型城市建设之路，大力推进空间换地和低效用地再开发。以产业转型促进效率提升，通过产业向集聚化、高端化、高新化方向发展带动用地效率提升。优化土地利用结构，持续推进工业用地减量化和生态用地比例不断上升，开展科学的绿色基础设施建设，促进既定土地用量内的产出最优化，助推北京环境高质量发展。四是加强环境污染防治攻坚。"十四五"时期会更加突出绿色发展，让青山绿水蓝天成为首都底色。目前北京环境质量仍需改善，寻求新动力是环境高质量发展首先要解决的问题。需提高绿色能源使用占比，进一步调整产业、交通、能源结构，做好京津冀区域联防联控联治，消除重污染天气。加快推进垃圾减量化和资源化，北京污染减排指数之所以被广东赶超，主要在于广东省在生活垃圾填埋及无害化处理效率方面要明显优于北京。需提高公众参与积极性，建立健全生活垃圾分类责任落实机制和生活垃圾分类处理管理的法律体系，强化生活垃圾的源头指导和监督，充分利用现代高科技手段给予技术支持，加强对垃圾分类志愿者队伍的培训。五是提高人才竞争力。目前人才竞争激烈，亟须出台相关政策措施，打破常规人才评判标准，更加注重对原创性、突破性成果的认定，同时解决好高端人才的安置问题。

3. 发挥优势：以创新为第一引擎

"十四五"时期会更加突出创新发展，充分发挥北京创新驱动的优势，以创新驱动加快提高经济质量效益和核心竞争力①。

一是大力发展"高精尖"产业。加快推进战略性新兴产业，创造新供给和新市场，拓展新空间，重点发展医药健康产业和新一代信息技术产业等"高精尖"产业。发挥北京科技和人才优势，大力推进以科技创新为核心的全面创新，积极培育新产业新业态新模式新需求，巩固高精尖经济结构，充分发挥科技创新在全面创新中的引领作用。二是提高新经济创新能力。"十四五"时期应充分发挥新经济产业重要引擎作用，加快构建内生新经济产业体系，尤其是需深入推进北京新经济产业集群发展工程，推动重点产业领域加快形成规模效应。聚焦"数智五化"产业、生物产业、高端装备制造产业、新材料产业、新能源产业、智能及新能源汽车产业、节能环保产业、数字创意产业以及相关服务产业培育新的投资增长点，推动重点产业领域加快形成规模效应。培育北京新经济发展新动力源，合理规划首都圈战略架构与营商环境，进一步加强智力投入和知识型人才的创新开发，积极构建垂直整合的新经济产业链集群促进新经济可持续和转型发展。三是加快推进"三城一区"建设。"三城一区"是建设国际科技创新中心的主平台。应紧抓"三城一区"主平台和中关村国家自主创新示范区主阵地建设，集中力量攻克解决关键核心技术"卡脖子"问题，实现更多"从0到1"的突破。目前"三城一区"建设中存在诸如缺少联动发展的顶层设计、协调联动机制少等问题。要加强联动"三城一区"的顶层设计，确定十大高精尖产业的跨区布局方案，建立各种形式的联动发展纽带，统筹产业链、创新链等，建立联动发展工作机制。发挥重点项目对"三城一区"建设的联动牵引作用，制定重大科技基础设施的共建共享制度，提高科技基础设施利用效率。积极探索"三轮"驱动的市场化联动发展模式，提高科技成果转化效率。四是提高"两区""三平台"的影响力。加快推进"两区"［中国（北京）自由贸易试验区、国家服务业扩大开放综合示范区］工作进展，紧抓任务

---

① 北京市委全会：《市委全会描绘北京"十四五"发展蓝图，展望 2035 年远景目标，要求坚持以北京发展为统领，做到"六个更加突出"》《北京日报》2020 年 12 月 29 日。

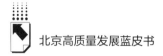
落地。加强"两区"政策与京津冀三地自贸区政策联动，形成叠加优势。突出科技创新、服务业开放、数字经济、区域协同开放的北京发展特色，不断提升"三平台"（中国国际服务贸易交易会、中关村论坛、金融街论坛）影响力，使其成为配置要素资源、促进首都高质量发展的金字招牌。

专题报告

Special Reports

B.6
全球新经济发展报告（2021）[*]

摘　要：　在新冠肺炎疫情冲击下，全球经济环境遭受重挫，也给新经
　　　　　济的发展带来了机遇和挑战。目前，世界银行、国际货币基
　　　　　金组织和联合国等国际组织分别对世界经济和新经济形势进
　　　　　行了分析。其中，世界银行的《2020年全球经济展望》和联
　　　　　合国的《2020年世界经济形势与展望》分别分析了美国、欧
　　　　　盟及日本等国家和地区的新经济发展状态；国际货币基金组
　　　　　织的《世界经济展望》分析指出新冠肺炎疫情的必要保护措
　　　　　施严重影响了世界经济活动，并预计2020年全球经济将急剧
　　　　　缩减3%。在全球经济增长乏力背景下，新经济成为促进经济
　　　　　复苏及增长的新动能，但其未来发展仍需克服产业化、市场

* 作者：北京市科学技术研究院高质量发展研究课题组。执笔人：肖进、贾堰林。肖进，课题
组成员、四川大学商学院教授，中国科学院数学与系统科学研究院博士后，主要研究方向：
管理科学与工程；贾堰林，课题组成员、四川大学商学院博士研究生，主要研究方向：管理
科学与工程。

化和投资化等方面的障碍；新兴技术的广泛运用不仅将对经济的运行方式产生深刻的影响，而且其不断创新也将导致新经济的不断扩散。新冠肺炎疫情下，尽管美国、欧盟和日本等国家和地区难以避免经济衰退，但仍需关注新冠肺炎疫情下新经济的主要发展趋势。（1）加快数字化基础设施和基础设施数字化的建设。（2）机器人与人之间的精细化分工和合作、非接触式业务等的发展将迎来爆发期。自由职业者、零工经济将成为发展潮流。企业劳务用工关系将转化为互惠合作关系。（3）疫情将加快新经济的发展，亟须智能治理。当下，平台经济可以实现资源的无缝转换，迅速切换到相关的疫情应用场景，其背后的新兴信息技术实现了赋能。

关键词： 新经济 世界银行 国际货币基金组织 联合国

新经济是以互联网、知识经济和高新技术为代表的新产业、新产品、新技术以及新商业模式，其核心是满足消费者的需求。新经济的发展对世界经济产生了重要影响。新冠肺炎疫情的冲击，使全球经济环境遭受重挫，也给新经济的发展带来了新的机遇和挑战。本报告主要梳理了世界银行、国际货币基金组织和联合国等国际组织对世界经济和新经济形势的分析，并展望了全球新经济主要发展趋势。

一 美国、欧盟、日本等国家和地区新经济发展状态与展望

（一）世界银行：2020年全球经济展望

世界银行发布的《2020年全球经济展望》分析了美国、欧盟及日本等

国家新经济发展状态。

1. 美国

在投资和出口放缓的情况下，美国的经济增长减速（见图1）。尽管最近与中国达成了贸易协议，关税上升却增加了贸易成本，而政策的不确定性对投资和信心造成了压力。与许多其他发达经济体一样，美国制造业一直非常薄弱。减税和政府支出变化的支持预计在2020年后将逐步消退，并随后引起经济倒退的现象（见图2）。

图1　选择的美国经济活动指标变化

说明：最新观察数据为2019年10月的耐用品出货量及商品和服务出口，以及2019年第三季度的国民核算数据。

资料来源：根据Haver Analytics、世界银行相关数据制作。

尽管有这些不利因素，劳动力市场仍然强劲，并受益于参与率的上升。失业率接近十年低点，工资增长稳定，助长了弹性消费。自从2019年中期以来，由于对全球前景和持续低于目标的通货膨胀的担忧，美联储将其政策利率下调了75个基点。

预计经济增长速度在预测期内会放缓，相比于2019年的2.3%，2020

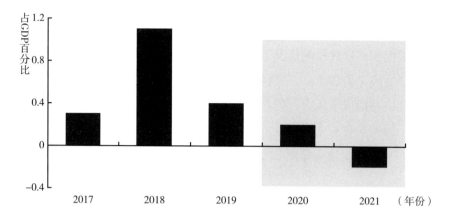

图2　美国政府周期性调整的主要赤字变化

说明：图中阴影部分为预测。

资料来源：根据国际货币基金组织、世界银行相关数据制作。

年将降低 0.5 个百分点，进一步将在 2021~2022 年降低到 1.7%①。短期来看，经济放缓反映了挥之不去的不确定性以及减税和政府支出贡献减弱的负面影响，而宽松的货币政策仅部分抵消了这种负面影响。这一预测的依据是关税保持在计划水平，财政政策按照目前的立法进展，政策不确定性的加剧程度将逐渐消失。随着中国和美国之间经贸协商谈判的进一步推进，贸易政策的不确定性减少，这也许会使美国经济增长高于预期。

2. 欧元区（Euro Area）

欧元区的经济活动显著恶化。2019 年，一些经济体处于衰退的边缘，德国工业部门尤其疲弱，因为它们在亚洲需求下降和汽车生产中断的困扰下苦苦挣扎（见图3和图4）。英国脱欧的不确定性也影响了英国的经济增长。预计到 2020 年其增长将放缓至 1%，比先前的预测低 0.4 个百分点，这是由于预期的数据（尤其是工业生产）不如预期设想。预计 2021~2022 年增

---

① 世界银行：《2020 年全球经济展望》，（2020 - 1 - 8），https：//www. worldbank. org/en/news/feature/2020/01/08/january - 2020 - global - economic - prospects - slow - growth - policy - challenges。

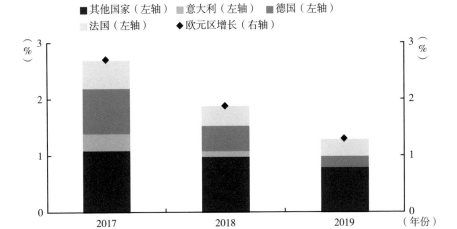

图3 各国对欧元区增长的贡献情况

说明："其他国家"包括未列名的欧元区经济体。2019年的数据为该年第一季度至第三季度的数据，是经季节性调整的季度环比年化增长率。

资料来源：根据Haver Analytics、世界银行相关数据制作。

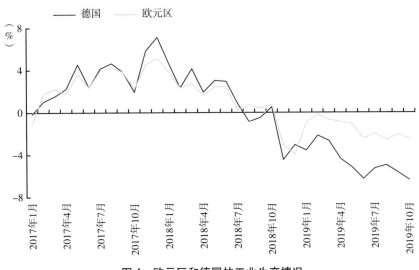

图4 欧元区和德国的工业生产情况

说明：工业生产不包括建筑业。最近一次观测是2019年10月。

资料来源：根据Haver Analytics、世界银行相关数据制作。

长将温和恢复至1.3%的平均水平，前提是政策支持获得牵引，英国脱欧进程以最小的干扰而展开，并且贸易限制也不会进一步升级。

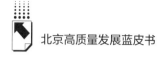

3. 日本

受台风哈吉比斯（Typhoon Hagibis）以及 2019 年 10 月增值税（VAT）增加的影响，日本的制造业活动急剧下降。其经济还受到制造业和出口（特别是对中国的出口）的严重疲软以及消费者信心下降的影响。作为回应，日本政府正在提供大力支持。尽管出现了经济活动疲软的现象、其失业率也接近数十年来的最低水平，但其劳动力参与率呈现持续攀升的趋势，人均收入增长比较稳定。

预计增速将从 2019 年的 1.1% 放缓至 2020 年的 0.7%，因为 2019 年 10 月增值税上调之前的预期购买已被取消。预计 2021～2022 年的平均增长率约为 0.5%。

（二）国际货币基金组织（IMF）：世界经济展望

新冠肺炎疫情正在全球范围内造成高昂的人力成本，而必要的保护措施正在严重影响世界经济活动。在新冠肺炎疫情的客观原因下，预计 2020 年世界经济的缩减比例较高，达到 3%，这比 2008～2009 年的全球金融危机还要严重得多。

具体来看，发达经济体的增长率预计在 2020 年为 - 6.1%，其中一些发达经济体正在经历大范围的新冠肺炎疫情暴发并采取了遏制措施。该集团中的大多数发达经济体预计 2020 年将收缩，包括美国（-5.9%）、日本（-5.2%）、英国（-6.5%）、德国（-7.0%）、法国（-7.2%）、意大利（-9.1%）和西班牙（-8.0%）。在欧洲部分地区，新冠肺炎疫情已经发展到很严重的程度。尽管封锁对遏制病毒至关重要，但对人员流动的限制正在对经济活动造成相当大的影响。负面的信心影响可能会进一步拖累经济前景。

在新兴市场以及发展中经济体中，所有国家都将面对以下四种情况，包括健康危机、严重的外部需求冲击、全球金融状况急剧收紧以及大宗商品价格暴跌等，这将严重影响大宗商品出口国的经济活动。整体上看，预计新兴市场和发展中经济体将在 2020 年缩减 1.0%；除中国以外，该集团的增长率预计为－2.2%。即使是截止到2020年3月底尚未发现大范围暴发疫情的国家（因此尚未部署疫情暴发地区所见类型的遏制措施），大幅度降低2020年的增长预期，也客观反映了新冠肺炎疫情对国内经济活动造成巨大破坏的预判。相比1月份《世界经济展望》的预测结果，不包括中国在内的该集团在2020年的增长率下降了5.8个百分点。如果新冠肺炎疫情在这些国家之间更广泛地传播，需要采取更严格的遏制措施，则增长率将会更低。

进一步，不妨做如下假设：新冠肺炎疫情在2020年下半年消退，世界各国逐步取消疫情防控措施，同时出台恢复经济活动的相关支持政策，全球逐步恢复经济活动，那么预计2021年的全球经济增长率有望达到5.8个百分点①。

事实上，全球经济增长的不确定性还很大。影响经济增长的因素有很多，包括新冠肺炎疫情发展趋势、疫情防控措施的实施强度和实施效果、全球供应链中断的严重程度、全球金融市场大幅紧缩的波及、消费模式和出行行为的潜在改变（例如人们尽量避免到购物中心以及乘坐公共交通工具等）、全球抗疫信心的影响以及大宗商品价格的波动等。特别是，这些因素之间是相互影响的，但很难预测它们的影响方式。很多国家都将会应对健康冲击、国内经济动荡、外部需求暴跌、资本流动逆转和大宗商品价格急剧下降等多层次的危机。导致结果恶化的风险处于主导地位。然而，新经济的跨时空特性赋予了经济新的活力，有可能成为改变世界经济结构的主要推动力。

有效的政策对于防止不良后果至关重要。减少传染和保护生命的必要措施虽然在短期内将损害经济活动，但在长期内应该被视为对人类和世界经济健康的一项重要投资。当务之急是遏制新冠肺炎疫情暴发带来的后果，尤其是通过增加医疗保健支出来增强医疗保健部门的应对能力和增加

---

① 国际货币基金组织：《世界经济展望》，（2020－4－14），https：//www.imf.org/en/Publications/WEO/Issues/2020/04/14/weo－april－2020。

防控资源，同时采取减少疫情蔓延的措施。需要出台相关经济政策，来减缓当下个体、企业和金融体系面对经济活动下降的冲击；减少经济增长严重放缓引发的持续性疤痕效应；确保将来在疫情消退的情况下，经济复苏步伐加快。

新冠肺炎疫情下，受到巨大破坏的一些部门往往可以由经济影响反映出来，因此，政策制定者需要制定并实施针对货币、财政以及金融市场的大量措施，从而支持受新冠肺炎疫情冲击影响的家庭以及企业。这些措施将在很大程度上有利于维护疫情防控期间的社会经济关系，对于新冠肺炎疫情退去以及解除疫情防控措施后的经济活动逐步恢复正常至关重要。在许多发达经济体（如美国、英国、法国、意大利、德国、澳大利亚、日本和西班牙）中，受新冠肺炎疫情影响的很多国家都迅速采取了规模巨大的国家财政应对措施；同时，许多新兴市场和发展中经济体（如中国、南非和印度尼西亚）也纷纷向受到疫情严重冲击的行业和工人提供或宣布重大财政支持。如果经济活动持续停滞，或者限制解除后经济活动的回升力度太弱，就需要加大财政措施力度。在抗击新冠肺炎疫情及其影响方面面临资金限制的经济体可能还需要外部支持。广泛的财政刺激措施可以避免信心急剧下降，增加总需求并避免更严重的经济下滑。但是，一旦疫情消退、人们能够自由流动，这种做法很可能会更有效。

大型央行采取的重大行动包括货币刺激措施和流动性安排，以缓解系统性压力。这些行动增强了信心，有助于限制疫情冲击的扩大，从而确保经济更有条件复苏。同步采取的行动可以扩大它们对单个经济体的正向影响，也将在很大程度上有助于为新兴市场和发展中经济体利用货币政策来应对国内周期性状况创造空间。监管机构还应鼓励银行重新协商对陷入困境的家庭和企业的贷款，同时保持对信贷风险的透明评估。

强有力的多边合作在战胜新冠肺炎疫情中至关重要，包括帮助在医疗和资金双重冲击下财政拮据的国家、援助医疗保健体系薄弱的国家。各国迫切需要齐心协力、共抗疫情，减缓新冠肺炎疫情的蔓延，并开发对抗这种病毒的疫苗和治疗方法。如果没有这些医疗干预措施，那么只要新冠肺炎疫情仍在一些国家或地区蔓延，任何国家都无法避免疫情的影响。

（三）联合国：2020年世界经济形势与展望

联合国发布的《2020年世界经济形势与展望》详细分析了包括美国、欧盟以及日本等在内的国家和地区的新经济发展状态。

1. 美国：贸易紧张局势加剧了投资损失

美国的经济活动已经减速，这在很大程度上反映了长期的贸易政策不确定性对投资的影响，以及关税对特定行业的影响。与此同时，2018年美国政府出台的财政刺激措施的影响正在减弱甚至消失；全球油价下跌阻碍了对化石燃料行业的投资；住宅投资依然疲弱，在一定程度上反映了建筑行业的劳动力短缺。2019年，通货膨胀压力的减弱和贸易争端的加剧促使美联储（Federal Reserve）改变了货币政策立场。2019年下半年，美国联邦基金利率的目标区间累计下调了75个基点，而美联储的资产负债表也获准上升；2019年9月至11月，中央银行的资产负债表增加了逾7%，扭转了2019年前8个月的下降趋势。预计2020年国内生产总值（GDP）·将进一步放缓至1.7%[①]。尽管贸易紧张局势在某些方面有所缓解，但出现倒退的可能性很高，预计企业和家庭仍将保持谨慎。

随着美国和其他国家之间的贸易关系日趋紧张，并且局势不断升级，2019年出口量估计收缩1.2%，而就价值而言，与上一年同期相比，前九个月中美贸易下降了13%以上。尽管中国和美国在一些领域达成了协议，但要达成全面协议，需要在许多方面取得进展，解决尚未深入解决的问题，而且未来存在贸易紧张局势再次升级的风险。美国与欧盟贸易伙伴的紧张关系也有所升级，原因包括围绕农业准入、报复欧盟违规补贴空中客车公司而征收关税，以及多次威胁要提高欧盟汽车行业的进口关税。

---

① 联合国：《2020年世界经济形势与展望》，（2020－1－16），https：//www.un.org/development/desa/dpad/publication/world－economic－situation－and－prospects－2020/。

自 2018 年 8 月贸易争端升级以来，企业信心一直处于稳步下降的趋势。2019 年前 9 个月制造业生产下降了 2.5%，其中机动车辆的产量下降尤为明显。尽管中国已暂停对美国制造的汽车征收额外关税，但该行业仍受到从中国进口到美国的汽车零件征收关税以及提高整个行业投入成本的钢铁关税的严重影响。最近贸易措施的公开目标之一是增加对国内汽车行业的投资，但迄今为止的生产数据几乎没有显示出这种推动的迹象。最近的谈判还着眼于增加美国对中国的农产品出口。根据美国农业部的数据，大豆行业尤其受到了关税上调的影响，2017~2019 年对中国的出口估计下降了 60%。然而，取消这些关税并恢复购买农产品将不足以恢复失去的出口。此外，在非洲猪瘟疫情暴发及其降低动物饲料需求的环境下，中国的大豆需求也急剧下降。

尽管关税提高了美国部分商品的价格，但自 2018 年底以来，通货膨胀率已降至美联储设定的 2% 的目标以下，尽管极低的失业率使工资水平有所上涨。通货膨胀减弱主要反映了石油价格的波动。总体通货膨胀对美国油价波动的敏感程度要高于大多数其他发达经济体，部分原因是对汽油和其他碳密集型投入品和消耗品的税率较低。居民消费价格涨幅（不包括能源）连续三年保持在 2% 区间，在 2019 年下半年小幅升至 2.3%，到 2020 年则升至 2.5%。

对美国的投资在油价方面也越来越敏感，这反映出页岩气行业投资活动的短期性质。目前，美国的页岩气产量在其石油和天然气产量中的占比超过了 60%。2018 年，石油价格上涨了 30%，这与采矿勘探、竖井和油井的投资增长了 24% 有关。在 2019 年的前三个季度中，油价比上年同期降低了 10%，对采矿勘探、竖井和油井的投资下降了 5%。仅这一变化就占 2019 年非住宅私人投资增速放缓 30% 左右的贡献率。

化石燃料行业在经济中的重要作用阻碍了实现环境目标的较快进展。虽然大多数州已经通过了要求发电厂更多使用可再生能源的法律，但在更清洁的能源组合方面的进展落后于大多数欧洲国家，而且在过去几年中一直在稳步取消环境法规。尽管如此，与能源有关的碳排放总量在 2019 年下降了 1.7%，抵消了 2018 年的大部分增长。这一改善在很大程度上反映了夏季降温天数减少了 5%，这在 2018 年是异常高的。

尽管最近减速增长，但劳动力市场则表现相对强劲。在美国贫困水平与就业紧密相关，而自 2010 年以来，失业率的急剧下降，使得相当数量的人摆脱了贫困。然而，在过去十年中，生活水平进一步恶化使得那些处于收入分配最底端的人更无法得到充分的社会保障。自 2007 年以来，每年生活在年收入 1.5 万美元以下的家庭数量增加了 100 多万个。

工作质量也参差不齐，不平等仍然是美国提高幸福感的重要障碍。而这种不平等现象主要是由收入最高的前 10% 比例群体的平均每周收入与收入最低的后 10% 比例群体的平均每周收入之间的比值来衡量。美国的税后收入不平等是发达经济体中最高的，并且自 20 世纪 70 年代中期以来一直在稳步上升。不平等现象虽然在 2018 年有所改善，但是在 2019 年又有所恶化。由于种族、民族和教育背景等方面存在明显的差异，医疗卫生保健和获得高质量医疗卫生保健机会方面的不平等现象也非常严重。在经过几年的改善之后，2018 年没有医疗保险的人口比例再次上升，这表明健康不平等可能会进一步扩大。

随着 2017 年《减税和就业法案》的刺激措施逐渐消散，以及消费者信心日益受到经济不确定性的影响，预计家庭消费增长速度将有所放缓，同时政府支出也会控制在一定的水平。《2019 年两党预算法案》设定的 2020 年和 2021 年更高的可自由支配资金限额为更高的支出提供了一定的空间，其中包括国防、防灾和救灾方面的支出，这对当前的短期预测而言是很小的上行风险。

2. 欧盟：外部条件、政策不确定性和结构性变化对经济增长造成了负面影响

预计欧盟在 2020 年的经济增长率仅为 1.6%，2021 年为 1.7%。在全球贸易紧张局势升级的情况下，出口商面临诸多挑战，包括关税、需求减弱或延迟，以及不得不在政策不确定性加大的情况下做出企业决策。此外，汽车等重要行业的结构性挑战和变化，让人们对长期存在的商业模式产生了怀疑，并促使企业和政策制定者需要开发新的经济模式。由于这些因素将抑制

出口对经济表现的贡献，国内需求仍将是增长的支柱。较低的失业率、稳定的工资增长和额外的货币刺激，加上已经具有支持性的货币立场，将支撑稳健的家庭消费。宽松的货币政策立场将继续推动对住宅建设等国内导向行业的投资，对许多中小企业产生积极的连锁效应。

欧洲经济前景仍将面临诸多风险和挑战，而这些风险和挑战将会在很大程度上大幅度放缓欧洲经济增长速度。第一，贸易紧张局势的持续升级将很有可能影响欧洲出口商的经济活动，这不仅影响直接出口，还影响外国生产基地的出口，例如，欧洲汽车制造商在美国生产的各种型号的汽车出口到中国。

第二，英国退出欧盟的某些方面的问题仍未解决。虽然基准预测假定，英国将在过渡期内有序退出欧盟，但无序退出将给实体经济和金融市场带来一系列负面后果。由于脱欧的方式不明确，关于脱欧后英国与欧盟和世界其他地方的法律和经济关系的性质与结构的资料有限，公司的投资决定已经受到极大的政治不确定性的影响。

第三个风险源于货币政策。在经历了一段从非常宽松的政策立场转向宽松的短暂时期后，欧洲央行再次逆转了政策方向，在持续低通胀和全球经济挑战的推动下，推出了更多的刺激措施。这将增加资产价格上涨的可能性，并对金融稳定带来相关风险。这也使得在发生经济危机时，几乎没有进一步放松货币政策的余地。

在许多情况下，很难区分区域增长表现的周期性发展和更根本的问题，例如某些经济部门由于政策或技术变革而出现的结构混乱。该地区最大的经济体德国就是一个很好的例子。继2017年强劲增长势头之后，2018年下半年和2019年，随着全球贸易紧张局势加剧和重要的汽车行业遭遇重大逆风，经济增速明显放缓。汽车业难以适应更严格的排放测试，不得不应对柴油排放丑闻的影响。再加上国家层面和德国许多城市日益关注气候变化和空气质量的政策，迫使汽车制造商从根本上质疑自己的商业模式。其结果是，汽车部门经历了重大的重新定位，最终形成了主要以电力为基础的产品组合的主要长期投资方案和对企业使命的重新定义。一些汽车制造商现在强调，它们作为移动公司的角色，涵盖了自动驾驶技术和汽车共享平台的运营等领域。

外部不利因素和结构性变化与强劲的国内基本面形成了鲜明对比。由于低失业率、不断上涨的工资和低利率，德国的私人消费将保持旺盛。这同样适用于投资。虽然一些公司对与外部需求有关的投资变得更加谨慎，但这将被解决产能限制、技能短缺和技术变革的投资需求所抵消。基线预测假设贸易紧张局势不会进一步升级和英国有序退出欧盟，德国在 2020 年和 2021 年的经济增速将有所提高，但仍将仅为 1.3% 和 1.4%。

由于外部环境更加负面，法国在 2019 年经济增长出现下滑，但私人消费和投资将支撑该国 2020 年 1.5% 和 2021 年 1.6% 的增长预期。高产能利用率和最近影响商业环境的改革，包括税法的改变，将刺激投资。相比之下，意大利面临更具挑战性的前景。2019 年，由于国内政治和政策的不确定性加剧了外部环境的负面影响，其经济增长几乎为零。随着这些不确定因素的影响有所缓解，该地区其他大型经济体的经济增长速度也将同步加快，预计 2020 年和 2021 年的经济增长速度分别为 0.6% 和 0.7%。不过，主权债务居高不下、监管体系复杂、银行业疲弱等仍将继续抑制经济活动。

在英国，退出欧盟的打算以及缺乏相关的程序细节等使公司的经济决策面临最大程度的不确定性；英国的企业基本上不知道它们将在哪个市场经营几周或几个月。英镑贬值反映了这种不确定性，虽然这为出口商提供了一些支持，但进口价格有所上涨。更严重的问题是供应链即将中断。作为欧盟成员国，生产投入物和半成品可以自由过境，在许多情况下，在成为成品之前可以多次过境。仅仅是无序退出欧盟的可能性，就让这种市场一体化的概念变得过时，迫使企业重新考虑自己的投资计划。基于有序退出欧盟的假设，英国经济预计将在 2020 年增长 1.2%，2021 年增长 1.8%；如果无序退出，英国经济将面临巨大的下行风险。

欧盟 11 国的 GDP 增长率预计将在 2019 年至 2021 年远高于欧盟平均水平，这将有利于它们逐步向欧盟更发达的经济体靠拢。预计 2019 年，几个国家的增长率将超过 4%（匈牙利的增长率可能接近 5%）；欧盟 11 国的失业率已跌至历史低点，实际工资水平飙升，刺激了私人消费。2014～2020

年欧盟预算周期下获得资助的许多项目仍在进行中，应该会进一步支持未来的经济扩张。然而，外部环境正变得具有挑战性；汽车行业的结构性挑战将对生产和出口构成压力，而欧盟 2021～2027 年多年度金融框架的融资预计将收缩。

欧元区的货币政策经历了急剧的逆转。在出现国际贸易紧张局势不断升级以及全球经济增长持续放缓等事件之前，欧洲央行已经发出信号，表明欧洲央行正开始改变其历来宽松的政策立场；包括停止资产购买，这已成为其所采取的非标准政策措施的核心内容。由于经济增速放缓，通胀率仍略低于目标值 2%；2019 年 9 月，欧洲央行决定在已经非常宽松的政策立场之外，还将提供进一步的货币刺激，以再次扭转颓势。出台的措施主要有：将银行存款利率从 -0.4% 下调至 -0.5%，将主要再融资利率保持零水平，同时将边际贷款工具利率保持在 0.25% 的水平；资产购买计划下的净购买以每月200 亿欧元的速度重新开始；而未来的指导意见是，在通胀向政策目标靠拢之前，利率将保持在目前或更低的水平。

尽管欧洲央行调整后的政策立场提供了短期支持，以抵消一些全球和内部政策的不确定性，但它也带来了一些风险和潜在的政策挑战。欧洲央行增加了对主权债券和公司债券的需求。这加剧了在这一战略过程中日益出现的一个问题：欧洲央行对其将购买的单个债券发行份额设定了限制，根据这些指导方针，它可能最终会无债可买。欧洲央行成为市场的主要买家，也意味着需求的增加将进一步推高债券价格，预期的效果（从 EBC 的角度看）是降低收益率。这已经压低了债券市场的收益率，以致有时德国发行的所有债券在所有期限内的收益率都为负，致使投资者在其他地方寻找收益率。其后果包括股市价格的上涨、房地产市场的繁荣，以及国际债务市场风险较高部分的需求增强。这带来了人为抬高资产价格的泡沫突然破裂的风险。批评量化宽松的人士还提出了法律上的担忧，即该政策构成了财政预算融资的一种形式，降低了对财政效率的激励，因为央行是最后的主权债券买家。货币政策立场也引发了如何应对下一场危机的问题。如果出现明显的经济危机，经济增长和就业急剧下降，那么有效进一步放松货币政策的余地将日益受到限制。

相对于 GDP 的高水平公共债务继续制约着欧洲许多国家的财政状况，包括比利时、希腊和意大利。然而，在德国等国，零或负的借贷成本为增加对数字基础设施、公共交通和大规模可再生能源技术等领域的投资提供了空间，可以提高长期生产力，推动绿色增长举措，同时保持相对审慎的财政立场。在保留一定财政空间的国家加强财政支持，将缓解进一步放松货币政策的压力，并减轻相关风险。

3. 日本：在消费和出口疲软的情况下，弹性投资维持了经济增长

2019 年，日本的 GDP 实际增长率为 0.7%，预计 2020 年将连续第三年保持在 1% 以下。该国疲弱的经济表现反映了外部需求疲弱；国内需求保持了更强的韧性。特别是来自中国的需求放缓，影响了汽车和电子行业的出口。尽管由于出口收入疲软，企业利润有所下降，但资本投资仍然坚挺，特别是在软件、信息技术和研发方面。实际工资下降和 2019 年 10 月消费税上调都制约了个人消费。而随着消费税上调的影响逐渐消散，实际工资水平趋于稳定，预计 2021 年 GDP 增速将小幅加速至 1.3%。然而，其他东亚经济体（尤其是中国）的增长放缓，将继续拖累日本经济。

尽管劳动力市场进一步收紧，但日本 2019 年平均实际工资仍出现下降。8 月，失业率 27 年来首次降至 2.2%，Tankan 季度调查显示劳动力继续短缺；然而，这还没有给工资带来显著的上涨压力。总体通胀压力疲弱，在一定程度上反映了企业部门的闲置产能。Tankan 调查显示，企业的资本设备利用率远低于产能限制。2019 年，消费物价通胀率降至 0.7%，预计 2020 年将达到类似的水平；尽管预计 2021 年通胀率将小幅升至 1.3%，但日本央行（Bank of Japan）很快实现 2% 通胀目标的希望正变得越来越渺茫。

日本央行继续通过收益率曲线控制（YCC）维持质化和量化的货币宽松政策（QQE）的措施。QQE 下的资产扩张速度已从 2017 年的平均 17% 降至 2019 年 9 月的 3%。广义货币存量的年同比增长率从 2017 年的 4% 降至 2019 年 9 月的 2.4%。随着日本央行积极参与控制日本政府债券的收益率曲线，货币政策的焦点现在已经转移到 YCC 部分。YCC 有三个预期目标，包

括将短期利率保持不变（即 – 0. 1 %）、将 10 年期日本国债收益率保持不变（即 0 %）、将长期利率保持在正值。

随着与其他主要货币的利差收窄，日元预计会升值。日元突然快速升值仍是日本经济面临的主要下行风险。货币升值的通缩效应将侵蚀脆弱的商业信心，并抑制目前支撑国内需求的投资。

随着政府承诺降低对债务的依赖，其财政立场已经收紧。结构性改革将财政支出集中在扩大社会保障制度等领域。扩大托儿服务是一项优先事项，因为缺乏这种服务使相当多的（主要是女性）单身父母无法寻求体面的就业机会。

（四）未来新经济发展趋势

新冠肺炎疫情加速了世界经济数字化的转型，催生了新经济并使其快速发展。在全球经济增长乏力的背景下，新经济逐渐成长为促进全球经济复苏及经济增长的新动能，已成为世界各国推动经济高质量发展的重要力量。

（1）新经济的未来发展仍需克服产业化、市场化以及投资化等方面的困难。目前，新经济发展的现状是在很多领域中新技术已经形成，但与其相关的新产业仍处于探索阶段。新技术的研究成果已经被提出来了，但与其相应的新产业的产业化程度还比较低。产业化需要投资的扩展和大规模市场的形成。但是，由于新冠肺炎疫情蔓延全球，美国三大股指（纳斯达克指数、道琼斯工业平均指数及标准普尔 500 指数）的暴跌严重影响了投资者的信心。投资者对整个经济增长的信心下降从而缩减了投资活动。尽管新技术产品在抗疫中不断体现出其优势，但它在形成大规模市场的路上仍有一段路要走，比如如何避免数据滥用和个人隐私泄露等问题。此外，新技术能够在很大程度上提高生产率，从而促进经济增长。因此，新经济不仅代表了一种新的生产力，还代表了一种新的生产关系。

（2）物联网、互联网、大数据、云计算、人工智能和 5G 等新兴技术的广泛运用将对经济的运行方式产生深刻的影响，从而对经济增长起到更关键的作用。新兴技术的发展不仅为相关产业提供了智能化和信息化的服务，从软件、硬件以及服务上直接拉动了实体经济相关产品的生产制造，而且通过影响经济运行方式和速度带来了巨大的效益。在推进新经济发展的过程中，各国政府需要高瞻远瞩，宏观调控新经济发展的趋势和走向，提高对物联网、互联网、大数据、云计算、人工智能和5G等新兴技术的驾驭能力。

（3）不断创新的新兴技术不仅将持续推动新经济的扩散效应，还对实体经济活动有很强的渗透能力。换句话说，新兴技术会快速扩散和渗透经济的每个部门和日常生活的各个方面；同时，经济活动中关于新兴技术的反馈，也会促使其不断创新，从而加深它们的应用程度和应用范围。上述过程不是简单的技术推广和具体场景的应用，而是能够改造社会生产方式和再生产过程的物质技术基础，并形成一波又一波的组织创新。因此，新兴技术和实体经济的深度融合迭代创新必将是未来新经济发展的一个重要趋势。

二　全球新经济展望

新冠肺炎疫情对全球经济造成的超大规模破坏，是对经济体系弹性或吸收损失能力的一次代价高昂的较长周期测试。这导致各国难以避免其经济的衰退。目前来看，美国、欧盟和日本经济都跌入了较为严重的衰退。摩根大通银行公布的早期预测结果显示，美国2020年的经济增长率可能降至 -1.8%，欧元区为 -3.4%，日本为 -1.3%。随着新冠肺炎疫情的不断扩散和恶化，新的预测结果越来越悲观，国际金融研究院给出的预测结果是全球经济增长率可能下调到 -1.5%，美国的经济增长可能是 -2.8%，欧洲可能是 -4.7%。美国圣路易斯联储主席詹姆斯·布拉德则认为，2020年第二季度，美国的失业率大概可达30%，GDP可能降低50%[①]。联合国预计2020年全球经济受新冠肺炎疫情影响将缩减3.2%，其中发达国家经济预计缩减

---

① 数据来源：《疫情分析丨林毅夫：美国等发达国家出现经济衰退已是必然!》，《北京日报》2020年4月13日。

5%，发展中国家经济预计缩减0.7%；而从2020年到2021年，全球经济产出的累计损失估计为85000亿美元，几乎倒退至四年前的全球经济产出水平。同时，新冠肺炎疫情还进一步恶化了全球贸易环境，如中断了供应链、抑制了需求等，估计2020年的世界贸易将减少15%①。

新冠肺炎疫情是全球新经济发展的催化剂，对数据实现快速、全面、精确地采集和分析是高效管理决策的前提。新经济的主要发展趋势如下。

（一）加快数字化基础设施和基础设施数字化的建设

数字化基础设施建设，即数字基建，不仅仅是推动智能经济发展的基础，甚至已经成为拉动社会经济不断增长的选项。事实上，数字基建、新型基础设施建设（即新基建）与传统基建相辅相成，密不可分（见图5），可以从新基建涉及和作用的三层辐射领域来解释它们之间的关系。①核心层：数字基建。包括人工智能、大数据和5G等数字化基础设施。②外延层：以数字化为核心的全新基础设施。包含全新配套设施（如新能源、新材料及其相关应用领域的配套设施等）以及与这些应用领域相对应的园区建设项目。③辐射层：数字化改造后的传统基建及其新的细分领域。包括轨道交通和智慧城市等。④关系：数字基建——新基建的支柱。结合图5可知，数字基建是新基建的核心，经过数字化技术改造的传统基建也包含在新基建的范畴，而数字基建和传统基建在新基建的外延层和辐射层可能会有所重叠，从而能够形成一种相互补充和相互促进的效果。

案例：数博大道数字孪生城市顶层设计。中国通服信息股份有限公司（即中国通服）携手贵阳市政府打造"数字孪生城市"。

首次构建了"D－P－E"三轮驱动模式，其中D表示Design，即以"顶层设计"为数博大道谋篇布局，勾画数字孪生城市发展的蓝图；P表示Presentation，即发布"宣传视频"，更具视觉效果地展现数字孪生城市的建设构想和未来城市的发展形态；E表示Ecosphere，即协助政府汇聚高端

---

① 数据来源：《联合国预计2020年全球经济萎缩3.2%》，《人民网》，2020年5月15日。

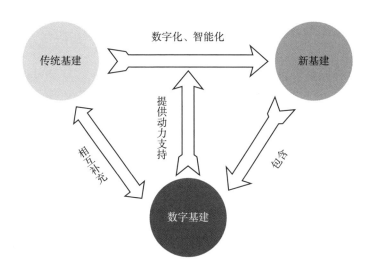

图5 数字基建、新基建和传统基建的关系

资料来源：国家工业信息安全发展研究中心：《数字基建》，（2020－5－9），http：//it. ckcest. cn/article－3630751－1. html。

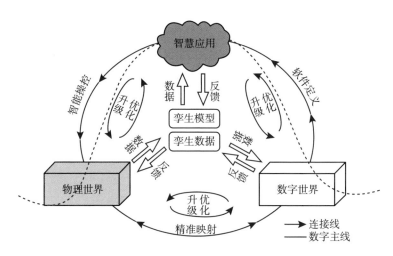

图6 数博大道数字孪生城市顶层设计示意

资料来源：《厉害了！中国通服23个数字基建典型案例》，《通服物联》2020年10月20日。

"数字生态"，政企合作、共创数字孪生价值。通过上述模式，为贵阳市打造未来城市治理和发展新模式。

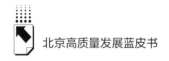
（二）机器人与人之间的精细化分工和合作、非接触式业务等的发展将迎来爆发期

自由职业者、零工经济将成为发展潮流。企业劳务用工关系将转化为互惠合作关系。以零工经济为例，零工经济（Gig Economy）是由工作量较少但比较分散的自由职业者构成的经济领域，利用 5G、互联网、大数据和人工智能技术实现客户需求与企业供给的精确快速匹配。总体上看，零工经济主要是指劳动者按照自己的意愿以弹性化的方式进行打工。

阿里研究院 2017 年的研究报告指出，预计到 2036 年，中国从事自由职业的打工人员数量可能超过 4 亿，而这与互联网的迅速发展和普及是密不可分的。基于共享经济和平台经济等搭建的经济平台能够创造大量新的就业机会，这促使推广零工经济成为可能。

除了我们所熟知的外卖小哥、快递小哥以外，2020 年的新冠肺炎疫情期间，为解决企业用工难而催生的共享员工，也属于零工经济的自由职业者。事实上，零工经济所包含的群体远远多于这些大众所熟知的劳动者。例如，小提琴在线陪练和互联网营销师等新职业均属于零工经济。

（三）新冠肺炎疫情将加快新经济的发展，亟须智能治理

新冠肺炎疫情下，平台经济可以实现资源的无缝转换，迅速切换到相关的疫情应用场景，其背后的大数据、人工智能、云计算和 5G 等新兴信息技术实现了赋能。

目前，在一些平台企业和科技公司的推动下，具有智能化和无接触特点的新技术及其催生的商业模式，如在线消费、在线医疗、在线复工、智慧金融、无人配送、空中扫码、共享员工和海关的"不到场查验"等不断出现，成为新冠肺炎疫情下的"逆行者"。这些数字经济和数字治理的创新发展模式，很好地助益了当前疫情的有效防控、经济的快速复苏和政府治理的不断完善，将面临的危机转化为时机，促进新经济的不断延伸和结构的进一步完善。

中国拥有全球领先的消费互联网，这极大地缓解了新冠肺炎疫情的冲击，但在生产和应用方面仍存在一定的短板，还需要进一步提高产业互联网的渗透效果。此外，在政府、市场和社会的多方协作工作方面，政府应做好牵头工作，促进协作发展，增加在新经济建设方面人力、物力和财力的投入，促进生产工作生活的迅速恢复、刺激消费水平平稳回升和加快产业结构转型升级，提升各级政府的数字治理创新能力。

在预防和控制疫情、促进经济发展方面，已经涌现出了许多新兴的治理方式、技术手段和商业模式。特别是以阿里和京东等为代表的电商平台，充分发挥了其在物流、技术以及网络等方面的优势，在新冠肺炎疫情的防控方面做出了不可替代的贡献。此外，依托平台，跨境电商积极采取自救举措、加快行业转型升级；同时，政府也在治理能力和应急机制方面做了很多的强化和提升工作。

（1）IT及平台企业充分发挥技术物流优势助力复工复学

一是发展态势良好的在线消费减缓了消费下跌，也为民生需求提供了保障；二是线上与线下结合、国内与国外联动极大地为医护人员的生活和医疗物资供给提供了支持；三是发展快速的在线医疗为疫情防控提供了有力的支撑；四是"无接触"疫情防控服务模式持续出现，例如利用无人智能机器人配送物资；五是智慧金融通过收集客户历史行为信息来分析客户偏好，可以为小微企业提供无接触、精准的金融服务；六是在线教育和在线办公等在线业务呈爆发式增长，有力地提高了2亿多人的复工复学效率。

（2）各类企业依托平台、技术开展自救有效降低了经营风险

一是催生了一种新的用工模式——"共享员工"。盒马鲜生于2020年2月3日对外表示他们"跨界租走"了大概500名云海肴的工作人员[①]。随后，望湘园、57度湘、蜀大侠和西贝等餐饮服务企业纷纷与盒马鲜生开展共享员工方面的合作。接着，阿里、京东、苏宁和联想等龙头企业也陆续开启"共享员工"这一新兴模式；二是在企业经营方面也出现了新模式（如

---

① 数据来源：《应大力发展数字经济提升数字治理能力》，《中国经济时报》2020年3月5日。

直播卖货、线上首映和在线营销等）；三是企业战略联盟和产业转型，积极开辟新市场。

（3）在疫情防控方面各级政府积极采用新兴技术

一是多地采用了四位一体疫情防控新范式——"人防 + 技防""管控 + 服务"。同时，针对在超市、地铁、车站和机场等高人流区域如何快速、有效地识别体温异常者这一难题，多地创新性地搭建了"人体识别 + 人像识别 + 红外/可见光双传感"的解决平台；二是各地政府及时发布了帮扶企业渡过当下难关的政策和措施，如减租、减息以及减税等；三是部分地方政府还实施了有力的保障措施，极大地提升了复工复产效率。

参考文献

［1］世界银行：《2020 年全球经济展望》，2020。
［2］国际货币基金组织：《世界经济展望》，2020。
［3］联合国：《2020 年世界经济形式与展望》，2020。
［4］钞小静：《后疫情时代我国催生性新经济的发展》，《学习与探索》2020 年第 9 期。
［5］魏巍、冯喜良：《零工经济中的工作关系研究与政策优化》，《经济与管理研究》2020 年第 9 期。
［6］陆旸：《共享员工常态化之路怎么走》，《人民论坛》2020 年第 26 期。

B.7

北京新经济指数报告（2021）[*]

摘　要： 2020年6月，北京市制定了《关于加快培育壮大新业态新模式促进北京经济高质量发展的若干意见》，推动北京新经济发展更上一层楼。本报告指出新经济包含五大发展要义、六大内涵，北京新经济发展具有六个特征。从六个维度构建了北京新经济评价指标体系，并对北京新经济进行定量测度。结果显示：2019年北京新经济"数智化"指数增速在6个维度中位居第一，对北京新经济发展的引领作用凸显；北京人才集聚成效显著，对知识型人力重视程度逐渐提升，2019年北京知识型人力投资指数比2015年增长3.4倍；新经济创新能力指数不断提升，北京营商环境不断优化，新技术、新产业、新业态、新商业模式日益活跃；2019年北京转型升级指数比2015年略微下降，北京新经济迎来关键的"转型升级"期；北京新经济企业科技创新"走出去"成效显著，国际化指数年均复合增速接近10%，国际化影响力不断增强。从贡献度分析，新经济"数智化"指数贡献度第一，成为北京新经济发展的第一引擎，但转型升级指数亟须提升。在研究结论基础

---

* 作者：北京市科学技术研究院高质量发展研究课题组。执笔人：贾品荣、黄鲁成、袁菲。贾品荣，北京市科学技术研究院"北科学者"，北科院高精尖产业研究学术带头人，北科智库研究员，主要研究方向：技术经济及管理；黄鲁成，课题组成员、北京工业大学经济与管理学院二级教授，主要研究方向：科技与产业创新管理、新兴技术未来分析理论方法；袁菲，课题组成员，北京工业大学经济与管理学院助理教授，博士，主要研究方向：科技与产业创新管理。

161

上提出2021年北京新经济发展的对策："乘风破浪"。

关键词： 北京新经济指数　数字经济　智能经济

北京大力发展新经济是落实高质量发展的重要体现，也是新发展理念"创新、协调、绿色、开放、共享"的具体要求。2020年6月，北京市制定了《关于加快培育壮大新业态新模式促进北京经济高质量发展的若干意见》，推动北京新经济发展更上一层楼。本报告对北京新经济发展现状，通过建立指标体系进行评价分析，并提出有针对性的发展对策，为北京新经济发展提出对策建议。

一　新经济的发展要义

"新经济"一词，最早出现于美国《商业周刊》1996年12月30日的文章，是指一种"持续、快速、健康"发展的经济，其兴起的主要动力是第三次科技革命，也是信息技术和经济全球化的产物。它应看作一个经济整体而不是经济中的板块。除高科技产业外，其他传统产业经高技术改造后也会成为新经济的组成部分。

2016年，我国首次将"新经济"一词写入《政府工作报告》，并提出"发展新经济、培育新动能"的发展路径。2017年国家统计局修订的《中国国民经济核算体系（2016）》将新经济定义为：以新产业、新业态、新商业模式为主体，由互联网和新技术革命推动的，以信息化和产业化深度融合、商业模式和体制机制创新、人力资本的高效投入和减少对物质要素的依赖为标志的一种经济形态，表现为传统经济活动的转型升级和新兴经济活动的兴起。

本报告认为，新经济的发展要义有以下五个方面。

（一）要义之一：步入以知识为主导的社会

新经济是知识经济的产物。随着全球经济发展由以物质生产、物质服务为主导转向以知识为主导，要素禀赋也由初级要素禀赋升级到了以高级人才、科教资源为主的高级要素禀赋。新经济的最大特征是基于高级要素禀赋而产生发展的，其要素禀赋是知识。知识能够通过高新技术不断渗透社会经济领域，进一步提升知识创新效率。高级人才培养、科教资源投入都是为了提高知识创新和技术变革而发展的。通过这种发展实现社会不同阶层各主体知识的充分流动，建立起更为广泛的信息共享平台，提高平台的衍生能力，扩展平台的时空边界，产生具有新要素禀赋的创新知识，不断催生出新产业、新业态与新商业模式。

（二）要义之二：提高全社会生产效率

传统经济中的生产要素主要包括土地、资本等，新经济中的生产要素最重要的是科学技术。新经济通过促进高端技术等创新要素的流转和更新，扩大生产可能性边界，提高生产效率，促使经济发展不断转型升级。因此，高全要素生产率是新经济发展的动力源泉，是创新驱动高质量发展的根本。

（三）要义之三：城市更加智慧，生活更为智能

20 世纪 90 年代新经济依靠 IT 技术驱动，今天依靠"数智化"驱动。5G、大数据、人工智能、物联网等新一代信息技术，推动以数字为基础资源的城市管理新模式，实现城市精细化管理，提升城市综合治理水平。新一代信息技术的快速发展，带来产业形态、市场业态、社会面貌的全方位变化，使城市的治理环境、治理手段、治理对象随之发生改变。特别是在城市发展系统性风险日益增多的形势下，强化数字赋能，加快智慧城市建设，成为提升城市治理效能的重要支撑和现实需要。

（四）要义之四：催生新的经济力量——独角兽企业

在新经济发展历程中，跨国公司起了有力的推动作用。今天，全球独角兽企业更为有力地推进新经济的国际化发展。过去，培育一家世界500强企业需要几十年时间，而新经济的出现大大缩短了一家企业从优秀迈向卓越的时间。京东集团与阿里集团进入世界500强只用了17年，北京小米科技只用了8年就跻身世界500强。推动独角兽企业快速成长的因素有三：其一，新经济本身具有无可比拟的竞争优势；其二，是互联网技术支撑了企业商业模式的颠覆式创新；其三，是竞争激化成为频繁并购重组的催化剂，缩短了企业规模扩张时间。更为深刻的是，独角兽企业代表着未来产业的发展，代表数字时代的经济活力。

（五）要义之五：新经济促使制度与技术协同，促进公共服务建设

随着新经济不断发展，相关新技术、新产业、新业态和新模式会渗透传统产业，已有的要素禀赋结构不适应新经济的发展。此时，制度改革至关重要，需要政策引导高端人才、优质资金向符合新经济特性的产业集聚，把科技、教育、商务交流推到新高度；同时，很多新经济产业处于跨界融合领域，对城市经济活力的要求更高，需要更为优越的营商环境。这就需要制度与技术协同，提升公共服务水平。

总的来说，本报告提出新经济的五大发展要义：在新经济的推动下，步入以知识为主导的社会；新经济提高了全社会生产效率；在新经济的推动下，城市更加智慧，生活更为智能；新经济催生了新的经济力量——独角兽企业；新经济促使制度与技术协同，促进了公共服务建设。

二　新经济的内涵及评价指标

美国作为首先提出新经济的国家，对于新经济发展状况的研究有一定基础。美国信息技术与创新基金会从经济活力、知识型工作、创新能力、全球

化、数字化等 5 个方面，分析了美国各州新经济的发展状况。其研制的
2017 年美国新经济指标体系包括了 5 个方面 25 个指标。本报告参考美国新
经济指数，原创性地提出符合北京新经济发展特征的 6 个维度、51 个指标
的北京新经济指数。与美国的新经济指数相比，北京新经济指数的内容更为
丰富，逻辑关系更强，尤其是在创新能力维度增加了自主查询的数据，增加
了高质量发展背景下的转型升级指标。具体内涵及指标如下。

（一）内涵之一：经济活力是新经济发展的基石

经济活力蕴含于一个动态的、随着时间变化而不断变动的过程中。经济
活力表征新经济的活跃程度。在美国新经济指标体系中，包括经济活力指
标，评价指标包括就业不稳定性、发展迅速的公司、公司 IPO、创业活动、
专利发明等，用来测度新经济活力。

在本报告中，选取 9 个指标衡量北京新经济的经济活力，分为 5 个宏观
指标和 4 个微观指标。宏观指标包括基于购买力人均 GDP、公共预算支出/
GDP、社会劳动生产率、新经济增加值、高新技术产业增加值；微观指标包
括快递业务量、初创企业占企业法人单位总数比例、公司 IPO、世界 500 强
中公司总部在京数量。其中，基于购买力人均 GDP 衡量北京现有经济水平；
公共预算支出/GDP 表征新经济运行的营商环境质量；社会劳动生产率是反
映城市经济实力的基本指标；新经济增加值反映新技术、新产业、新业态、
新商业模式活动的最终成果；高新技术产业增加值反映高新技术产业的发展
程度；快递业务量反映数字经济时代城市的消费能力，是反映在线经济、数
字经济、平台经济等新经济形态发展水平的重要指标；初创企业占企业法人
单位总数比例表征创业活动的活跃程度；公司 IPO 评价市场的流动性；世界
500 强中公司总部在京数量则反映城市对外开放程度，是城市竞争力的重要
标志。

（二）内涵之二：知识型人力投入是新经济发展的支撑

美国新经济指标体系包括知识工作维度，评价指标包括信息技术管理型

工作、专业型和技术型工作、劳动力受教育程度、知识工人的移入、美国知识工人的移动、制造业附加值、高收入贸易服务业，用来测度新经济对知识型人才的投入程度。

在本报告中，选取 8 个指标衡量北京新经济的知识服务。分为教育投入指标和从事信息、技术、创新、科研工作的指标及反映知识型服务产业水平的指标。教育投入指标包括教育经费投入、常住人口受高端教育程度；在从事信息、技术、创新、科研工作的指标中，每万名就业人员 R&D 人员折合全时当量反映创新人才的投入规模和强度；IT 岗位比例反映信息化技术人才的投入规模；高新技术从业人员占比反映高新技术人才的投入规模和强度；博士研究生招生人数反映创新科研人才的投入规模和强度。知识型服务产业水平指标包括知识密集型服务业增加值。知识密集型服务业主要包括信息传输、软件和信息技术服务业，金融业，租赁和商务服务业，科学研究和技术服务业这四类行业。

（三）内涵之三：创新能力是新经济发展的核心

美国新经济指标体系包括创新能力维度，评价指标包括高技术工作、科学家与工程师、专利、企业研发投资、非企业研发投资、清洁能源经济、风险投资，用来测度新经济的创新水平与能力。

在本报告中，选取 10 个指标衡量北京新经济的创新能力。分为区域创新能力、新经济产业创新能力及新经济企业技术创新能力。其中，区域创新能力包括区域创新投入、创新产出指标，国家高新技术企业 R&D 投入强度衡量区域创新投入，机构 R&D 发表科技论文数、每万人口发明专利拥有量衡量区域创新产出。在新经济产业创新能力评价中，包括新经济增加值/经济增加值、新经济集群区（国家级）新经济企业数、新经济企业主体数量/高新技术企业数量、新经济独角兽企业新增数量、中国独角兽企业数量，分别从新经济整体状况、新经济集群区、新经济企业、新经济独角兽企业四个方面反映新经济的产业创新能力。在新经济企业技术创新能力评价中，采用自主查询的新经济领域专利申请量、新技术新产品新服务研发研制核定数衡量。新经济领域专利申请量反映了数字化、智能化领域的专利申请情况，反映了数字经济时代的新生变化；新技术新产品新服务研发研制核定数是北京高新技术产业的"三新"（新技术、新产品、新服务）研发研制情况，是创新能力的微观观察。

（四）内涵之四：国际化是新经济发展的载体

美国新经济指标体系包括国际化维度，评价指标包括外商直接投资、制造业和服务业的出口、每个州用于高科技产品和服务出口的产出份额，用来测度新经济的国际辐射与影响。

在本报告中，选取 8 个指标衡量北京新经济的国际化水平。采用驱动国际化的四个因素衡量技术贸易的开放程度、资本流动、全球研发和全球独角兽企业培育。技术贸易的开放程度，采用高新技术产品出口额、高新技术产品进口额衡量；资本流动采用合同外资金额、外商直接投资额、外商对新经济产业投资额衡量；全球研发采用外资"研发中心"的企业数量、新经济企业研发境外支出衡量；全球独角兽企业培育采用全球独角兽企业上榜数量衡量。

（五）内涵之五："数智化"是新经济发展的关键

美国新经济指标体系包括数字经济维度，评价指标包括在线农业、数字政府、宽带通信技术、健康 IT，用来测度数字经济的运用能力。

在本报告中，"数智化"代替数字经济，因为"数智化"是新阶段新经济发展的典型特征，其更加强调智能化、云端化、数字化、互联化、信息化。北京新经济"数智化"指数采用 8 个指标衡量，"数智化"的驱动因素有四个——宽带接入、互联网应用、信息社会、数字化公共服务程度。宽带接入选用国际出口带宽数衡量；互联网应用选用互联网接入用户数、移动互联网接入流量衡量；信息社会选用信息化水平、移动电话普及率、有电子商务活动的企业比重衡量，数字化公共服务程度，采用新建 4G、5G 基站数衡量。

（六）内涵之六：转型升级是新经济发展的方向

美国新经济指标体系没有这一维度，本书基于新经济是高质量发展背景下的新经济，它要求新经济的发展要符合转型升级要求，助力城市高质量发展、可持续发展。基于此，采用 8 个指标测度北京新经济转型升级水平。转型升级水平指标采用结构优化指标和绿色生活指标衡量。结构优化指标包括信息传输、软件和信息技术服务业投资增长比例，战略性新兴产业增加值增长比例，高技术产业增加值占地区生产总值比重，高技术产品出口额占出口总额的比重，单位 GDP 能耗降低率；绿色生活指标采用公共交通客运量/总人口、空气质量状况、人均公园绿地面积衡量。

本报告指出，新经济具有六大内涵：经济活力是新经济发展的基石；知识型人力投入是新经济发展的支撑；创新能力是新经济发展的核心；国际化是新经济发展的载体；"数智化"是新经济发展的关键；转型升级是新经济发展的方向。

三　北京新经济发展的主要特征

（一）特征一：新经济产业加快发展，北京经济活力攀升

2014 年，北京经济活力指数贡献度最大的是世界 500 强企业总部在京数量，其次是公共预算支出/GDP；2019 年北京经济活力指数贡献度最大的是新经济增加值，其次是高新技术产业增加值。这反映了北京高度重视发展高新技术产业和战略性新兴产业，大力培育壮大新业态、新模式，产业整体水平得到提升，北京经济活力攀升。

反映这一特征的第一个核心指标：新经济增加值。如图 1 所示，2019年，北京新经济增加值 12765.8 亿元，占地区生产总值的比重为 38.9%；截至 2019 年 4 月，上海新经济增加值占地区生产总值的比重为 31%。近年来，北京新经济产业发展质量和比重不断提升，经济发展新动能全面释放，

新经济发展态势良好，成为北京区域经济活力的增长点、增长极。2019 年北京高新技术产业增加值为 8630 亿元。

图1 高新技术产业与新经济增加值

资料来源：根据《北京统计年鉴》（2015～2020）相关数据制作。

反映这一特征的第二个核心指标：快递业务量。如图 2 所示，2019 年北京快递业务量高达 22.87 亿件，比 2014 年高出 12.67 亿件，年均增速高达 14.4%，充分显示出快递业对北京经济发展的带动和支撑作用，从侧面反映了网络销售、直播电商、在线服务等新动能、新业态的增长，线上线下消费活跃，为助推经济高质量发展提供了新动能。

（二）特征二：知识型人才投资成效显著，知识密集型服务业稳步增长

2014 年，北京知识型人才投资指数贡献度最大的是每万名就业人员 R&D 人员折合全时当量，其次是博士研究生招生人数；2019 年，北京知识型人才投资指数贡献度最大的是知识密集型服务业增加值，其次是高新技术从业人员比例。知识密集型服务业是服务业中创新活动活跃、劳动生产率较高的部门，反映和衡量了一个区域知识型人才投资的产出绩效。这深刻反映了北京科技与产业深入融合，生产效率提高，科技赋能产业高质量发展取得

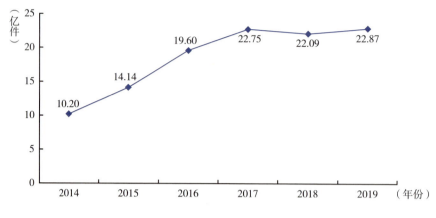

图2　北京快递业务量变化趋势

资料来源：根据北京市邮政管理局相关数据制作。

了实实在在的成效。

　　反映这一特征的第一个核心指标：知识密集型服务业增加值。如图3所示，北京知识密集型服务业规模稳步增长，对地区生产总值的贡献不断提升。2019年，北京知识密集型服务业增加值为15931.70亿元，占地区生产总值的比重为48.55%，比2014年提高6.53个百分点。值得一提的是，上

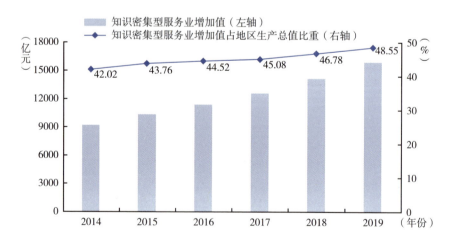

图3　北京知识密集型服务业增加值及占地区生产总值比重

资料来源：根据《北京科技统计年鉴》和《北京统计年鉴》相关数据制作。

海市提出到 2025 年，上海知识密集型服务业增加值占全市生产总值的比重超过 40%。

反映这一特征的第二个核心指标：IT 岗位比例与高新技术从业人员占比大幅攀升。如图 4 所示，其中，IT 岗位比例从 2014 年的 7.3% 增长至 2019 年的 9.96%，年均增长率 5.31%；高新技术从业人员占比由 2014 年的 13.36% 增长至 2019 年的 20.87%，年均增长率 7.72%。

图 4　北京 IT 岗位比例与高新技术从业人员占比变化趋势

资料来源：IT 岗位比例指标数据来源《中国第三产业年鉴》，高新技术从业人员占比指标数据来源《中国火炬统计年鉴》。

（三）特征三：新经济创新能力不断提升，自主创新亟须加强

2014 年，北京新经济创新能力指数贡献度最大的是新技术新产品新服务研发研制核定数，其次是新经济企业主体数量/高新技术企业数量；2019 年，北京新经济创新能力指数贡献度最大的是国家级新经济集群区新经济企业数，其次是每万人口发明专利拥有量。国家级新经济集群区新经济企业数达到历史最高，对北京新经济创新能力综合指数的贡献度提升显著。

反映这一特征的第一个核心指标：新经济集群区新经济企业数。如图 5 所示，新经济集群区新经济企业数由 2014 年的 8733 家，上升到 2019 年的 15529 家。北京新经济集群区新经济企业数稳健增长，实现了对创新资源的

区域高效配置，牵引了论文、专利、创新型企业等多个领域创新绩效的优化升级，形成了新经济创新能力综合系统。

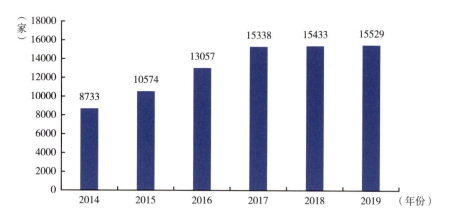

图5　新经济集群区（国家级）新经济企业数

资料来源：根据中关村国家自主创新示范区十大行业主要经济指标中选出新经济企业总数的数据制作。

反映这一特征的第二个核心指标：新技术新产品新服务研发研制核定数。如图6所示，2014年新技术新产品新服务研发研制核定数为3158家，到2019年为2997家。对新技术新产品新服务的研发研制需加强。

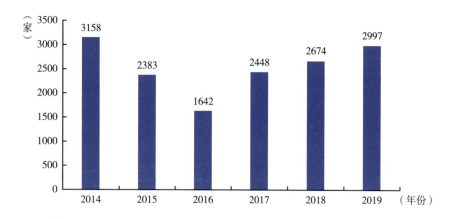

图6　新技术新产品新服务研发研制核定数

资料来源：根据北京市新技术新产品（服务）名单自主统计的相关数据制作。

172

反映这一特征的第三个核心指标：新经济领域专利申请量。如图 7 所示，新经济领域专利申请量 2014 年为 52647 件，2018 年上升至 64317 件，2019 年为 59168 件。当前，美国对华贸易战已从加征中国出口商品关税为重点转向对关键技术和元器件的控制与断供，并鼓动其他工业先进的西方国家对华进行技术封锁，我国高技术产业发展的国际合作环境与引进技术的条件显著恶化。外部环境的大变局，迫使我们亟须突出创新在我国现代化建设中的核心地位，把科技自立自强作为国家发展的战略支撑，把"卡脖子"的清单作为攻关克难的重点，下决心改变关键技术受制于人的局面。

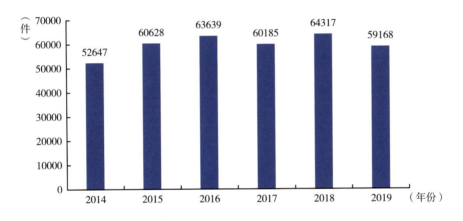

图 7 新经济领域专利申请量

资料来源：根据本课题组数据库相关数据制作。

（四）特征四：新经济国际化成效突出，北京成为全球"独角兽之都"

2014 年，北京新经济国际化指数贡献度最大的是全球独角兽企业上榜数量，其次是高新技术产品出口；2019 年，北京新经济国际化指数贡献度最大的是高新技术产品出口，其次是高新技术产品进口。

反映这一特征的第一个核心指标：新经济企业研发境外支出。北京地区新经济企业科技创新"走出去"成效显著。新经济企业研发境外支出年均持续保持在 6 万亿元以上。如图 8 所示，2014～2019 年，北京新经济企业研发境外支出呈现先增后降的倒 U 形趋势，2017 年达到最大值 10.4 万亿元，比 2014 年增加 4.3 万亿元。2014～2017 年年均增速高达 14.27%。2017 年后逐步向国内大循环战略转型，在保持高新技术产品稳步提升的同时收紧境外研发支出。

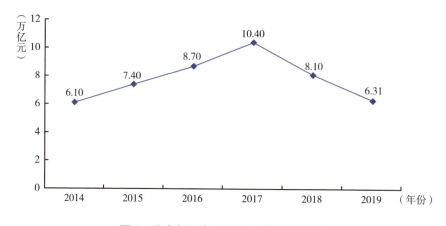

图 8　北京新经济企业研发境外支出趋势

资料来源：根据《北京统计年鉴》（2015～2020）相关数据制作。

反映这一特征的第二个核心指标：外商对北京新经济产业投资额。外商对新经济产业投资较为活跃。如图 9 所示，2014～2019 年，外商对北京新经济产业投资额波动幅度较大，并于 2017 年达到投资额峰值 1357195 万元，遥遥领先于其他年份。与该指标相似，外商直接投资（实际利用外商投资情况）指标也呈现较大的波幅，并于 2017 年达到峰值 2432909 万美元。

反映这一特征的第三个核心指标：高新技术产品出口额。如图 10 所示，北京高新技术产品进口总额远超出口额，但二者差距整体呈缩小趋势。2014～2019年，进出口总额的变化趋势基本一致，均呈现先平稳下降而后平稳增加的态势。2019 年，北京高新技术产品出口总额最大值 205.36 亿元，比 2014 年增长 9.53%。

图9 外商直接投资情况与外商对北京新经济产业投资额变化趋势

资料来源：根据《北京市统计年鉴》（2015～2020）相关数据制作。

图10 高新技术产品进出口额变化趋势

资料来源：根据《北京统计年鉴》（2015～2020）相关数据制作。

反映这一特征的第四个核心指标：全球独角兽企业数量。北京全球独角兽企业数量排全国第一。根据美国 CB Insights 每年发布的全球独角兽企业排行榜，北京拥有独角兽企业数量已经从 2014 年的 4 家增加到 2019 年的 44家，并且 2019 年全国占比达到 47.83%。北京已成为全球"独角兽之都"（见图11）。

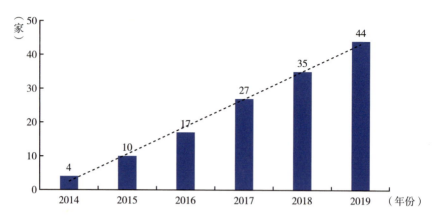

图 11　北京独角兽企业数量变化趋势

资料来源：根据美国 CB Insights 榜单收录的全球独角兽企业统计相关数据制作。

（五）特征五：从"数字化"到"数智化"跨越，数字经济成为主引擎

2014 年北京新经济"数智化"指数贡献度最大的是移动电话普及率，其次是互联网接入用户数；到 2019 年北京新经济"数智化"指数贡献度最大的是移动互联网接入流量，其次是信息化水平。这标志着北京逐步实现从"数字化"到"数智化"的跨越。"数字化"阶段主要是利用互联网、物联网的技术和入口构建人、物、内容和服务的连接能力，是新经济转型的起点；而"数智化"阶段主要是利用大数据、云计算、人工智能等新一代信息技术构建数据智能的运用能力，依托数据的实时共享，利用人工智能算法提供决策支持和精准化的新经济活动，这是新经济转型的基础和关键。

反映这一特征的第一个核心指标：信息化水平。如图 12 所示，2014 ~ 2019 年北京信息化水平稳步提升，即在信息化基础设施建设、信息化应用等方面的综合发展水平稳步提升，信息化水平指数由 0.77 增长到 0.90。

反映这一特征的第二个核心指标：移动互联网接入流量。移动互联网接入流量整体处于快速增长阶段。如图 13 所示，2014 年移动互联网接入流量仅为 7793.9 万 GB，随着 4G 网络的普及以及 5G 网络的出现，移动互联网

飞速增长，2019 年移动互联网接入流量达 306000 万 GB，是 2014 年的 39 倍多。

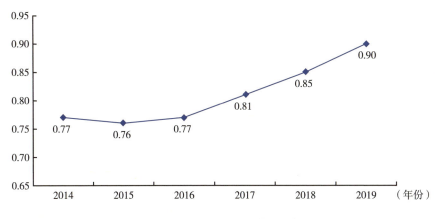

图 12　信息化水平指数变化趋势

图 13　移动互联网接入流量变化趋势

资料来源：根据国家统计局统计科学研究所统计数据制作。

反映这一特征的第三个核心指标：新建 4/5G 基站数。如图 14 所示，新建 4/5G 基站数呈现阶段性增长趋势，2014 年 4G 网络开始普及，2015 年新建 4G 基站数较 2014 年增长了 41%，随后新建 4G 基站数开始下降；2018 年 5G 网络开始普及，2019 年新建 4G、5G 基站数较 2018 年增长了将近 3

倍。北京市 5G 产业发展行动方案正在稳步推进，到 2022 年，北京将实现重要功能区、重要场所等区域的 5G 全覆盖。

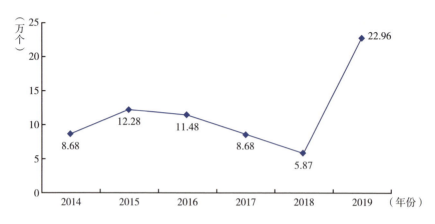

图 14　北京新建 4G、5G 基站数变化趋势

资料来源：根据工信部－通信业统计公报换算为北京数值制作。

（六）特征六：绿色发展势头较好，新经济成为转型升级主角

2014 年转型升级指数贡献度最大的是公共交通客运量/总人口，其次是空气质量状况；2019 年转型升级指数贡献度最大的是高技术产业增加值占地区生产总值比重，其次是人均公园绿地面积。这表明，空气质量状况贡献率降低，表面空气质量改善明显，对环境的影响也在变小；高技术产业增加值占地区生产总值比重贡献率增长变化最大，贡献率增长到 2019 年的 36%，已成为推动北京产业结构转型升级、经济高质量发展的重要动力源。

反映这一特征的第一个核心指标：高技术产业增加值占地区生产总值比重。如图 15 所示，高技术产业增加值占地区生产总值的比重逐年增长，2014 年高技术产业增加值占地区生产总值的比重为 21.59%，2019 年已经增长到 24.4%。

反映这一特征的第二个核心指标：空气质量状况。过去 20 年来，北京经济总量增长了 10 倍，机动车数量增长了 3.5 倍，能耗增长了近 90%，人口增长了近 80%，快速的发展对空气质量造成了很大的压力。但是，北京

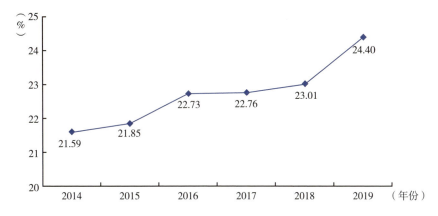

图 15 高技术产业增加值占生产总值比重变化趋势

资料来源：根据《北京市国民经济和社会发展统计公报》相关数据制作。

空气质量状况在逐渐变好，空气中的 SO_2、NO_2、可吸入颗粒物、PM2.5 比例越来越小，2014 年每立方米空气中含 280.4 微克 SO_2、NO_2、可吸入颗粒物、PM2.5，随着环境保护意识的增强，2019 年每立方米空气中仅含 151.0 微克 SO_2、NO_2、可吸入颗粒物、PM2.5，较 2014 年减少了 129.4（见图16），减少了将近一半。北京在新经济迅速发展的同时，实现了空气质量的改善。

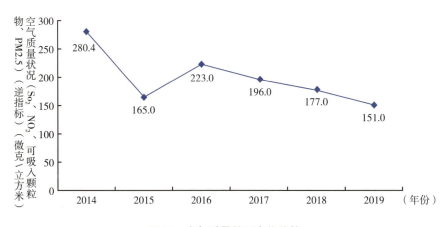

图 16 空气质量状况变化趋势

资料来源：根据《北京统计年鉴》（2015～2020）相关数据制作。

本报告指出北京新经济发展具有六个特征。第一，新经济产业加快发展，北京经济活力攀升；第二，知识型人才投资成效显著，北京知识密集型服务业规模稳步增长；第三，新经济创新能力不断提升，自主创新仍需加强；第四，新经济国际化成效突出，北京成为全球"独角兽之都"；第五，从"数字化"到"数智化"跨越，数字经济成为新经济主引擎；第六，绿色发展势头较好，新经济成为转型升级主角。

四 主要结论及政策建议

（一）主要研究结论

本报告采用基于标准化处理后的各指标数值与反熵权法权重，测算了北京新经济指数。选择 2014 年为基期，基准分为 100 分。经测算，2019 年北京新经济指数比 2015 年增长了 1.23 倍（见图 17），具体来看，研究结果如下。

图 17 北京新经济指数（2015～2019 年）

（1）六个维度分析。2015～2019 年，北京新经济指数由 157.4 快速增长到 351.1，年均复合增长率 22.2%。2019 年北京新经济"数智化"指数为 462.7，增长幅度最大，是 2015 年的 4.5 倍，年均复合增长率 45.5%，增速在 6 个维度中位居第一，这充分显示"数智化"对北京新经济发展的引领作用。2019 年北京知识型人力投资指数 822.8，相比 2015 年增长 3.4 倍，体现出北京重视知识型人力这一最重要的新经济生产要素，充分利用和发挥了北京科教优势打造世界级知识型人才高地。2019 年北京新经济创新能力指数为 414.6，体现出北京在全国科技创新中心建设的推动下，原始创新和科技成果领域的影响力不断增强。2019 年北京新经济区域活力指数 272.9，2015 年以来年均复合增速达 18.3%，体现出北京营商环境不断优化，新技术、新产业、新业态、新商业模式日益活跃。2019 年北京转型升级指数 109.0，比 2015 年的 125.8 略微下降，这体现出转型升级是北京新经济发展的难点与重点。2019 年北京新经济国际化指数 112.8，年均复合增速接近 10%，体现出北京在全国对外交往中心建设的推动下，积极构建双循环发展新格局，不仅很好地融入了国内大循环，而且使得北京新经济在全球的影响力不断增强。

（2）贡献度分析：新经济"数智化"指数贡献度第一，为 28%。如图 18 所示，其已成为北京新经济发展的第一引擎；创新能力指数和知识型

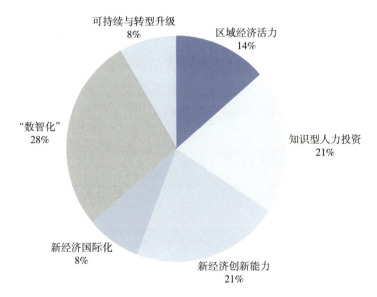

图 18　2019 年北京新经济指数六维度贡献度

人力投资指数贡献度相同，为 21%，这体现出科技创新是北京新经济发展的支撑力；区域经济活力指数贡献度排第三位，为 14%；可持续与转型升级指数与国际化指数的贡献度相同，为 8%。在这一重要历史转型期间，也应该看到北京新经济在转型升级上大有可为。

（二）促进北京新经济发展的对策建议——乘风破浪

根据上文的研究结果，本报告提出促进北京新经济的对策，即"乘风破浪"。具体如下。

（1）乘——让新业态新模式引领新型消费

2020 年 9 月 21 日，国务院发布《关于以新业态新模式引领新型消费加快发展的意见》。意见提出：引导新一代信息技术与更多的消费领域融合；促进线上线下消费深度融合。本报告认为，政府的一系列措施将促进新型消费快速发展，实物商品网上零售额占社会消费品零售总额的比重在未来将得到显著提升。北京新经济企业应抓住这一战略机会，乘势而上，加大线上线下消费深度融合力度。

（2）风——抓住数字化基础设施和基础设施数字化的机会

新基建领域将成为政府稳投资的重要抓手。大数据和 AI 分析等新兴科技在我国疫情防控和经济社会发展过程中发挥了重要作用。通过 5G 基站、人工智能、大数据中心等新型基础设施的建设，能够扩大政府有效投资，同时助力数字产业化、产业数字化的发展，带动社会智能升级。"十四五"时期，预计我国 5G 网络总投资额在 0.9 万亿~1.5 万亿元，5G 商用将直接带动经济总产出 10.6 万亿元，间接带动经济总产出 24.8 万亿元。5G 还将直接创造超过 300 万个就业岗位，增加更多的新型信息服务就业机会。

本报告认为，数字化基础设施和基础设施数字化已成为推动新经济发展的引擎。数字化基础设施建设，即数字基建，不仅是推动智能经济发展的基础，而且已成为拉动社会经济不断增长的选项。事实上，数字基建、新型基础设施建设（即新基建）与传统基建相辅相成，密不可分，可以从新基建涉及和作用的三层辐射领域来解释它们之间的关系。一是核心层：数字基建，包括人工智能、大数据和5G等数字化基础设施。二是外延层：以数字化为核心的全新基础设施，包含全新配套设施（如新能源、新材料及其相关应用领域的配套设施等）以及与这些应用领域相对应的园区建设项目。三是辐射层。数字化改造后的传统基建及其新的细分领域，包括轨道交通和智慧城市等。四是关系：数字基建——新基建的支柱。由此可见：数字基建是新基建的核心，能够扩大政府有效投资，同时助力数字产业化、产业数字化的发展，带动社会智能升级。

（3）破——改变关键技术受制于人的局面

当前北京一些产业仍处于全球产业链的中下游，很多上游产品研发、关键零部件领域还严重依赖进口，如半导体原材料和零部件、高端数控机床等。由于当前地缘政治风险加大，这些关键零部件的缺失或将影响产业链和供应链的稳定性，阻碍工业生产、先进制造业和现代化服务业的长期发展。在此背景下，北京应加强基础学科的研发投入，集中优质资源，攻关核心技术。这就给新经济企业带来了战略性机会。应围绕半导体原材料和零部件、高端数控机床等领域，开展战略协作和联合攻关，提升创新能力，实现上游关键零部件的本土研发生产，切实提升北京在智能制造上的竞争力，推动首都产业链高质量发展。

（4）浪——新经济与传统产业共舞

本报告研究认为，虽然北京新经济制造业对其他部门生产的波及影响程度超过社会平均影响力水平，但是还未成为支柱性产业。新经济服务业影响力还比较弱。因此，新经济应与传统产业共舞，在协同发展中寻求机会。通过协同演化机理分析课题组认为，新经济能够促进传统经济发展，传统经济是新经济的基础，两者相辅相成。北京新经济企业的最大空间在对传统企业的改造升级上，一方面发展了自己，另一方面推动了经济社会的转型发展。

附录：

北京新经济指数指标体系

分类指数	序号	指标名称	计量单位
区域经济活力指数	1	初创企业占企业法人单位总数比例	%
	2	基于购买力的人均 GDP	元
	3	公司 IPO	万股
	4	高新技术产业增加值	亿元
	5	世界 500 强企业总部在京数量	个
	6	快递业务量	亿件
	7	公共预算支出/GDP	%
	8	社会劳动生产率	元/人
	9	新经济增加值	亿元
知识型人力投资指数	10	博士研究生招生人数	人
	11	IT 岗位比例	%
	12	每万名就业人员 R&D 人员折合全时当量	人年
	13	教育经费投入	万元
	14	常住人口受高端教育程度	%
	15	知识密集型服务业增加值	亿元
	16	知识密集型服务业增加值占地区生产总值比重	%
	17	高新技术从业人员占比	%
创新能力指数	18	国家高新技术企业 R&D 投入强度	%
	19	机构 R&D 发表科技论文数	篇
	20	每万人口发明专利拥有量	个
	21	新经济企业主体数量/高新技术企业数量	个
	22	新经济增加值/经济增加值	%
	23	新经济独角兽企业新增数量	个
	24	中国独角兽企业数量	个
	25	新经济集群区(国家级)新经济企业数	个
	26	新经济领域专利申请量	个
	27	新技术新产品新服务研发研制核定数	件
国际化指数	28	外商对新经济产业投资额	万元
	29	高新技术产品出口额	亿元
	30	高新技术产品进口额	亿元
	31	全球独角兽企业上榜数量	个
	32	外商直接投资(实际利用外资情况)	万美元

续表

分类指数	序号	指标名称	计量单位
国际化指数	33	外资"研发中心"的企业数量	个
	34	合同外资金额	亿美元
	35	新经济企业研发境外支出	万亿元
"数智化"指数	36	国际出口带宽数	Mbps
	37	信息化水平	—
	38	互联网接入用户数	万户
	39	有电子商务活动的企业比重	%
	40	移动电话普及率	%
	41	移动互联网接入流量	万GB
	42	网购替代率	%
	43	新建4G、5G基站数	万个
可持续与转型升级指数	44	信息传输、软件和信息技术服务业投资增长比例	%
	45	战略性新兴产业增加值增长比例	%
	46	高技术产业增加值占地区生产总值比重	%
	47	高技术产品出口额占出口总额的比重	%
	48	单位GDP能耗降低率	%
	49	公共交通客运量/总人口	%
	50	空气质量状况（SO_2、NO_2 可吸入颗粒物、PM2.5）	微克/米^3
	51	人均公园绿地面积	平方米

指标数据来源说明：

1. 初创企业占企业法人单位总数比例：来源于《中国基本单位统计年鉴》。

2. 基于购买力的人均GDP：来源于《北京统计年鉴》。

3. 公司IPO：来源于《北京统计年鉴》。

4. 高新技术产业增加值：来源于《北京统计年鉴》。

5. 世界500强企业总部在京数量：来源于美国《财富》杂志世界500强企业排名，即每年入选美国《财富》杂志世界500强企业排名中总部位于北京的企业数量。

6. 快递业务量：来源于北京市邮政管理局。

7. 公共预算支出/GDP：来源于《北京统计年鉴》。

8. 社会劳动生产率：当年地区生产总值与从业人员数量的比值。来源于《中国统计年鉴》。

9. 新经济增加值：从事新技术、新产业、新业态、新商业模式活动的常住单位一定时期内进行生产活动的最终成果。2016年国家统计局制定了新产业、新业态、新商业模式专项统计报表制度。来源于《中国统计年鉴》和《中国高技术产业统计年鉴》。

10. 博士研究生招生人数：来源于《北京统计年鉴》。

11. IT岗位比例：来源于《中国第三产业年鉴》。

12. 每万名就业人员R&D人员折合全时当量：指按常住全部人口平均计算的R&D人员全时当量。该指标反映自主创新人力的投入规模和强度。R&D人员包括企业、科研机构、高等学校的R&D人员，是全社会各种创新主体的R&D人力投入合力。R&D人员全时当量是指按工作量折合计算的

R&D 人员。来源于《中国统计年鉴》。

13. 教育经费投入：来源于《中国统计年鉴》。

14. 常住人口受高端教育程度：来源于《北京统计年鉴》。

15. 知识密集型服务业增加值：知识密集型服务业主要包括信息传输、软件和信息技术服务业，金融业，租赁和商务服务业，科学研究和技术服务业等四类行业。来源于《北京科技统计年鉴》和《北京统计年鉴》。

16. 知识密集型服务业增加值占地区生产总值比重：国家或地区当年知识密集型服务业增加值占地区生产总值的比例。来源于《北京科技统计年鉴》和《北京统计年鉴》。

17. 高新技术从业人员占比：来源于《中国火炬统计年鉴》。

18. 国家高新技术企业 R&D 投入强度：国家级高新技术企业内部研究与试验发展经费支出与其主营业务收入的比值。来源于《中国高技术产业统计年鉴》。

19. 机构 R&D 发表科技论文数：来源于《北京统计年鉴》。

20. 每万人口发明专利拥有量：每万人口在报告年度拥有的国内有效期发明专利件数。来源于《北京统计年鉴》。

21. 新经济企业主体数量/高新技术企业数量：新经济企业数（8 个大类）与高新技术企业数比值。来源于《中国高技术产业统计年鉴》。

22. 新经济增加值/经济增加值：统计数据来源于北京市统计局。

23. 新经济独角兽企业新增数量：独角兽是指全球估值 10 亿美元以上的科技初创企业，上榜企业创办不超过 10 年，获得过私募投资且未上市。基于 CB Insights 榜单收录统计数量。

24. 中国独角兽企业数量：基于国内长城咨询等综合榜单收录的中国独角兽企业统计数量。

25. 新经济集群区（国家级）新经济企业数：从中关村国家自主创新示范区十大行业主要经济指标中选出新经济企业总数。来源于《北京统计年鉴》。

26. 新经济领域专利申请量：自主查询和统计新经济领域专利申请数量。来源于课题组数据库。

27. 新技术新产品新服务研发研制核定数：根据北京市新技术新产品（服务）名单自主统计。

28. 外商对新经济产业投资额：统计数据来源于《北京统计年鉴》。

29. 高新技术产品出口额：来源于《北京统计年鉴》。

30. 高新技术产品进口额：来源于《北京统计年鉴》。

31. 全球独角兽企业上榜数量：基于美国 CB Insights 榜单收录的全球独角兽企业统计数量。

32. 外商直接投资（实际利用外资情况）：来源于《北京市国民经济和社会发展统计公报》。

33. 外资"研发中心"的企业数量：在京设立的各类外商投资研究开发机构数量。来源于《北京统计年鉴》。

34. 合同外资金额：来源于北京市统计局。

35. 新经济企业研发境外支出：本报告中专指中关村示范区规模以上企业在境外开展研发活动的经费支出。来源于北京市统计局。

36. 国际出口带宽数：来源于《中国互联网络发展状况统计报告》。

37. 信息化水平：指在信息化基础设施建设、信息化应用等方面的综合发展水平。来源于课题组数据库，根据相关数据测算得到。

38. 互联网接入用户数：来源于《北京统计年鉴》。

39. 有电子商务活动的企业比重：来源于《北京统计年鉴》。

40. 移动电话普及率：来源于国家统计局统计科学研究所统计数据。

41. 移动互联网接入流量：来源于国家统计局统计科学研究所统计数据。

42. 网购替代率：来源于北京市统计局。

43. 新建 4G、5G 基站数：依据工信部 – 通信业统计公报换算为北京数值。

44. 信息传输、软件和信息技术服务业投资增长比例：依据《北京市国民经济和社会发展统计公报》中分行业固定资产投资计算得到。

45. 战略性新兴产业增加值增长比例：来源于《北京市国民经济和社会发展统计公报》。

46. 高技术产业增加值占地区生产总值比重：来源于北京市国民经济和社会发展统计公报。

47. 高技术产品出口额占出口总额的比重：来源于国家统计局统计科学研究所统计数据。

48. 单位 GDP 能耗降低率：来源于国家统计局统计科学研究所统计数据。

49. 公共交通客运量/总人口：来源于《北京统计年鉴》。

50. 空气质量状况（So_2、No_2 可吸入颗粒物、PM2.5）：来源于《北京统计年鉴》。

51. 人均公园绿地面积：来源于《中国统计年鉴》。

B.8
新经济促进高质量发展的机理分析报告[*]

摘　要：　首先，开展了新经济促进高质量发展的内在机理研究，主要
包含新经济促进高质量发展的理论基础、理论逻辑、机理分
析三个方面。其中，理论基础包含内生增长、制度经济学和
演化经济学三种理论；理论逻辑主要从宏观、中观和微观三
个层面分别进行深入讨论；机理分析部分主要是结合内生增
长理论、制度经济学理论和演化经济学理论对新经济促进高
质量发展的动能转化、结构优化和协同演化机理进行深入分
析。其次，建构了"新经济—高质量"的投入产出模型。在
深入分析投入产出内涵和调研新经济产业分类情况后，本报
告结合《新产业新业态新商业模式统计分类（2018）》、
《北京市新经济活动类别（2020）》和实际可操作性，以2017
年公布的31省区市区域间投入产出表为基础，筛选符合新经
济活动特征的行业，整合形成新经济统计范围，最终形成农
林牧渔、采选业、食品饮料与烟草、轻工业制造（纺服、轻
工等）、资源密集型制造（煤炭、钢铁、原油、化工等）、
装备制造、公用事业、建筑与房地产业、传统服务、公共服
务、新经济制造、新经济服务业十二个大类行业。在北京市

---

* 作者：北京市科学技术研究院高质量发展研究课题组。执笔人：贾品荣、肖进、王亚东。贾
品荣，北京市科学技术研究院"北科学者"，北科院高精尖产业研究学术带头人，北科智库
研究员，主要研究方向：技术经济及管理；肖进，课题组成员，四川大学商学院教授，中国
科学院数学与系统科学研究院博士后，主要研究方向：管理科学与工程；王亚东，课题组成
员，四川大学商学院博士研究生，主要研究方向：管理科学与工程。

2017 年投入产出表的基础上，提出了一种改进的投入产出表，并在此基础上构建了"新经济—高质量"的投入产出模型。最后，运用"新经济—高质量"的投入产出模型，研究北京新经济与高质量发展的促进关系。具体来讲，通过计算直接消耗系数、完全消耗系数、完全需要系数，进一步计算了感应度系数和影响力系数，并对结果进行了深入分析。

关键词： 新经济　高质量发展　投入产出模型　机理分析

一　新经济促进高质量发展的内在机理

党的十九大报告指出，"我国经济已由高速增长阶段转向高质量发展阶段，正处在转变发展方式、优化经济结构、转换增长动力的攻关期"。而新经济的发展能够有效促进经济转型，推动经济高质量发展。事实上，新经济已经在经济高质量发展中发挥了引领作用。5G、大数据、人工智能等新技术催生出来的新业态不仅在于应用的创新，更在于它们对其他领域的渗透性和溢出效应，能够对经济发展的各个领域发挥牵引作用，促进更多从有到优的升级。本报告结合内生增长理论、制度经济学理论和演化经济学理论从宏观、中观和微观三个层面分析了新经济促进高质量发展的内在机理，在此基础上建构了"新经济—高质量"的投入产出模型，并研究了北京新经济与高质量发展的促进关系，为北京市制定新经济发展规划提供参考依据。

（一）新经济促进高质量发展的理论基础

1. 内生增长理论

（1）内生增长理论概述

随着西方宏观经济理论的深入发展，内生增长理论顺应而生，该理论在完全竞争假设下认为经济是能够自发性地增长的，它可以脱离其他外部因素的参与。总体上看，在完全竞争条件下，内生增长模型主要包含两种：一种是收益递增模型；另一种是资本积累模型。收益递增的思路主要包括知识溢出模型（罗默）、人力资本模型（卢卡斯）、巴罗模型等。资本积累的思路主要包括琼斯—真野模型、雷贝洛模型等。然而，在完全竞争假设的情况下，内生增长模型可能会带来一些不足：假设条件过于严格和无法解释技术商品在经济中的作用。所以从根本上限制了内生增长模型的解释力和适用性，无法利用内生增长模型解释外延性的内容，同时无法解释技术商品在经济中的作用，即无法解释技术商品的非竞争性和排他性，并使一些模型在运行逻辑上产生了矛盾。

（2）内生增长理论的基本思想

推动国家经济增长的主要因素包含三个方面：资源积累、资源使用效率以及技术进步。然而，新古典经济增长理论是以经济增长模型作为基本模型，同时考虑其外生变量——技术进步，其中经济增长模型的输入变量往往为人力、物力、财力。因此，得出的结论可能存在不合理部分，即当要素收益出现规模递减的现象时经济增长会出现停止。而内生增长理论的基本要义得出这样一个结论：内生输入变量主导了经济的持续增长。换句话说，由教育活动而形成的更高阶层的人力资本隐含在劳动投入过程之中。因此，人力资本和技术进步促使存在要素收益长期增长的结论是正确的。

然而，学者们发现人力资本和技术进步两个因素对经济起到推动作用，但他们没有将其看成经济增长的内生因素。因此，在制定经济政策时出现了分歧。最明显的是对于财政政策与经济增长之间的关系理解存在差异。在经济学家们看来，财政政策往往能够影响经济增长，例如不合理税收可能会对经济产生负效应，增加税收可以在一定程度上提高经济的公共投资水平等。然而，新古典增长论的支持者们持相反的观点，他们认为经济增长与政府政策没有必然的联系，经济增长是自发性的，因为长期经济持续增长完全是由外生因素决定的。因此，会得出这样的结论：财政政策无法对经济增长产生持续的长期效应。对此，内生增长理论的支持者们认为，内生因素会对国家经济能否实现长期持续增长起决定性作用，政府政策对这些内生因素具有很大的影响作用，特别是财政政策。内生增长模型有很多，除了比较著名的罗默、卢卡斯和格鲁斯曼—赫普曼模型以外，还有知识传播内生增长模型等。虽然这些增长模型具有不同的侧重点，但是其核心思想殊途同归：企业是经济增长的最终推动力。最值得关注的是企业是如何进行知识积累的这一问题是这些模型的基础，都会试图通过企业成长来解释经济持续增长的动力。从广义上讲，这些知识主要来源于人力资本和技术变革。

2. 制度经济学理论

（1）制度经济学概述

制度是指社会人际交往中的潜在行为规则及社会组织的内在结构和机制。制度经济学是将社会人际交往中的潜在行为规则及社会组织的内在结构和机制作为基本的研究对象，并研究制度对社会经济行为和发展的影响，以及经济发展将如何影响社会组织制度的演变。科斯的《企业之性质》的发布标志着制度经济学的开始，他的主要贡献是研究传统经济时考虑了交易成本，并以实践为基础指出了企业和市场在经济活动中的不同作用。另外，还有很多学者对该学科做出了贡献，例如威廉姆森、德姆塞茨等。

（2）制度经济学的基本思想

制度变迁理论是从制度经济学中发展起来的最新理论。市场机制的功能影响人的行为决策、社会资源配置与经济绩效，主导着市场经济的运行。然而，市场机制并不是万能的，因为市场机制本身很难克服"外部性"等问题。有一个不可否认的事实，制度变迁中确实存在"外部性"问题，而制度结构本身的不合理是产生"外部性"的根本原因。因此，在研究市场行为主体如何最大化利润时，必须考虑制度因素的影响。因此，深入分析和研究制度的基本功能、制度变迁的主要影响要素等问题一直是经济学发展的内在要求。更重要的是，在研究方法论方面，制度变迁理论的上述特性对分析经济效率的思维范式也具有很大的启发效果，即将经济理论与政治理论相结合的分析范式；同时，把政治要素作为市场经济运行研究不可或缺的影响要素。

斯诺强调结合多种方法来对制度变迁和制度创新进行研究。制度选择对制度变迁产生影响的原因主要有两个方面：一方面外部化导致外部利润产生，另一方面将外在性内容进行内在化非常困难，以及存在的市场中厌恶风险、市场机制失灵等诸多原因，在现有的制度结构内很难去产生和实现潜在的外部利润。因此，制度的创新是在现有制度内一些人为了谋取潜在利润而进行的创造性活动，目的是为了克服现有制度障碍，同时推进制度变迁的产生。

从"成本—收益"方面分析来看，制度创新会产生的触发条件是预期净收益大于成本。产生的过程可以分为两种情况：第一，制度创新的根源在于市场、技术、预期的影响，例如市场规模扩大、技术进步和社会成员对收入预期的改变。净收益发生改变也是由这些因素的变化所导致的，例如技术进步会导致在新的制度框架内有利可图；改变市场规模会导致现有制度下的净收益变化等，上述各要素产生作用推动制度创新。第二，制度创新最根本的原因是创新成本降低的诉求。在新制度框架内，经济行为主体通过制度排他性因素获取潜在的利润，扩大净收益。

总而言之，该理论得出一个主要结论：制度创新的产生是由期望收益与成本之间的关系决定的。特别需要注意的是，制度是基于现实情况而设计和指定的，这一性质决定了制度创新对社会实际发展的滞后性影响。

3. 演化经济学理论

（1）演化经济学概述

演化经济学是在新古典经济学的基础上发展起来的，是一个具有活跃生命力和发展前景的新领域。它在研究传统对象的基础上加入了时间维度，更加注重对经济变化的研究。由于中国正处于经济高速发展的过程中，经济制度也随之在不断改变。因此，近年来，中国经济演化的研究引起了国内外学者的广泛关注。

现代演化经济学思想是由马克思提出的，在该思想被提出之后，各种相关的演化经济学理论也相继出现并得到快速发展，例如广义演化经济学，现代演化经济学等。特别地，熊彼特在演化经济学理论的基础上引入了创新过程，将演化经济学理论应用于创新过程。西蒙提出了一种人的行为"有限理性"概念，该理论的主要贡献在于从演化经济学的视角有力地反驳了新古典经济学，并进一步将演化经济学应用于"有限理性"。

演化经济学的目的是要了解经济组织的内部运行结构，通过分析技术进步以及行业和产品变迁的过程，有助于了解创新产生的演变过程，从而更好地理解经济演化过程和规律。

（2）演化经济学的基本思想

演化经济学的理论基础是具有动态演化性质的有机世界观，而新古典经济学的理论基础是在静态机械世界观下构建的。演化经济学利用整体分析法对经济运行规律进行分析，更加关注多样性。更重要的是，该理论认为经济系统会按照特定规律进行持续变化，将系统看作演化过程的产物。

作为经济学领域的一种新的科学范式，演化的思想是从生物多样性研究中诞生的。20世纪发展起来的量子力学和复杂科学本质上与达尔文提出的演化思想具有一致性。该理论与牛顿的时间可逆性、本质论和决定论思想形成鲜明对比。这使得演化经济学的哲学理论具有更先进和坚实的基础，在该思想框架下所描述的经济活动更加符合现实世界的运行规则。

然而，从研究框架的视角分析，演化经济学与新古典经济学两者有明显的不同。前者是采用整体分析法，包含了经济、社会、历史以及文化等诸多因素的开放演变系统，尽量考虑更多的系统因素去推演经济运行的过程，而后者是采用简化分析法，它是一个封闭的可预测的系统，尽量控制复杂的因素以探究经济的运行规律。前者的分析是采用生物种群的划分原则，将经济系统划分为具有不同属性的亚系统，如将整个经济系统划分为文化、制度、社会、经济等系统，而新古典经济学采取"特殊性近似代表一般性"的研究方法。

与新古典经济学相比，演化经济学以满意性行为代替了完全理性行为，以有序动态结构代替了均衡静态结构，利用事物的渐变和突变取代了事物的静态不变，在理论上取得了重要突破。演化经济学体系以"新事物产生的过程"为研究中心，认为事物出现的新奇性和创造性是由演化过程的持续性或周期性来主导的，并在此过程中不断产生新事物、新制度、新规则，促发了技术和商品产生多样性的变化。演化经济学大量使用了生物学隐喻，在以遗传、变异和选择为基本规则的基础上界定经济演化过程。根据多样化、持续性原则，演化经济学更加强调组织与环境共同演化的过程，以及组织与环境的相容性。目前演化经济学不仅考虑组织、技术和制度，而且正逐渐向空间维度扩展，力求将多维度空间与社会演化过程相结合。

（二）新经济促进高质量发展的理论逻辑

新经济是在新一轮科技革命和产业革新过程中所生成的新技术、新产业、新业态和新模式，主要包括知识经济、数字经济、智能经济以及绿色经济等。不同的学派看待经济发展的角度不同，调节学派立足于先整体后局部的思想，以现实经济发展为前提，从三个层面分别讨论了经济运行机制、制度调节形式和组织或个体的发展状态。因此，本文从宏观、中观和微观三个层面分别对新经济促进高质量发展的理论逻辑进行讨论和分析，力求解释清楚新经济促进高质量发展的内在逻辑，为建立新经济和高质量发展的理论模型做铺垫。

1. 宏观层面

从宏观层面来看，新经济能够从激发国家创新和社会创新两个方面来推动经济高质量发展（见图1）。在激发国家创新方面，传统经济中的旧生产要素主要包括土地、资本等，新经济中的生产要素主要包括人才和技术。新经济通过促进高素质人才、高端技术等要素的流转和更新，促使经济发展的不断转型升级，持续推动经济高质量发展。在激发社会创新方面，社会创新的基本条件是生产要素升级，由于生产要素得到升级，产业领域也随之细化，促使原有的劳动体系和结构做出相应的改变，更进一步深层次促进各个产业劳动细化和分工，导致制度变革与技术进步的产生。这种循环式的提升过程加快了资本有机构成的速度，从而能够实现经济高质量发展。因此，新经济通过激发国家创新和社会创新，促进创新产业形成外部溢出效应，从而对经济实现高质量发展产生推动作用。

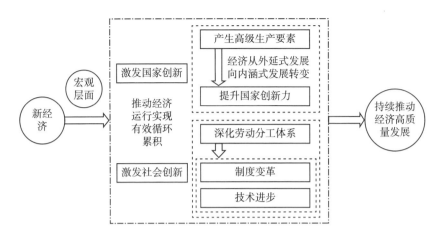

图1 宏观层面的研究视角下新经济促进高质量发展的理论逻辑

2. 中观层面

从中观层面来看，新经济可以从改进产业效率和促进要素流动两个方面来推动经济高质量发展（见图2）。在改进产业效率方面，新经济的发展必然引起社会整个产业的创新和升级，局部地区通过引入新生产范式来提高生产要素转换效率，从而加大产业生态的多样性。另外，通过不断塑造产业的内生化优势，将内生技术优势逐渐扩散至外部，不断提高在各自产业中的竞争力，产生较大的社会剩余与积累更多的与新经济相关的优质资本，进一步提高新经济的要素禀赋在整个要素中的比重，最终促进我国经济高质量发展。在促进要素流动方面，新经济中的新要素不仅自身具有流动性高、更新速度快的特性，而且能够促进传统要素的流动，打破双边空间秩序。将产业分工不断细化，打造新的交叉式产业发展格局，形成多边空间秩序。因此，通过上述两个方面的分析可知，新经济有助于实现经济高质量发展。

3. 微观层面

从微观层面来看，新经济通过促进各类企业实现内部自我循环更新来持续推进经济高质量发展（见图3）。这主要体现在以下三个方面：①新经济通过提升企业管理质量推动经济高质量发展。新经济孕育着各种高新技术领域，激发高新技术产业蓬勃发展，包括5G、大数据、人工智能等，这些产

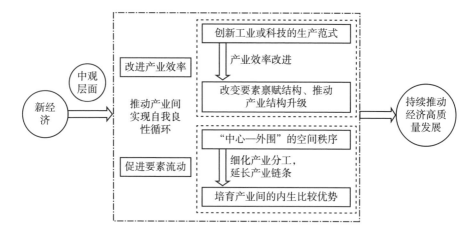

图2 中观层面的研究视角下新经济促进高质量发展的理论逻辑

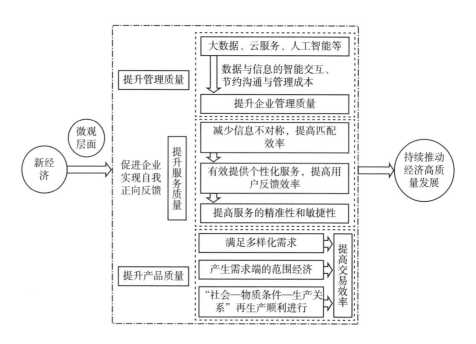

图3 微观层面的研究视角下新经济促进高质量发展的理论逻辑

业的发展会给企业带来新的机遇，帮助企业实现客户和企业的无障碍交互，节约沟通与管理成本。这些改变会引发新的管理模式的产生，更加偏向个性化和私人化，强化企业的各项机能和管理质量，从而推动经济高质量发展。

②新经济通过提升客户服务质量持续推动经济高质量发展。新经济中高新技术的发展能够有利减少客户与企业、企业与企业、政府与企业的信息不对称，增强社会组织的匹配效率，最终推动经济高质量发展。③新经济通过提升产品质量持续推动经济高质量发展。由于市场对客户的需求响应越来越及时，客户的响应能够促进产业不断提升产品品质，满足消费者多样化需求，促使企业从顾客内在需求角度提升服务质量，推动经济高质量发展。因此，通过上述三个方面的分析可知，新经济有助于实现经济高质量发展。

（三）新经济促进高质量发展的机理分析

理论逻辑分析的重点在于从宏观、中观、微观的角度对新经济促进高质量发展的理论逻辑进行梳理，但这仍然难以解决新经济是如何促进经济增长的问题。事实上，经济增长的来源主要体现在以下两个方面：生产要素的优化和生产率的提升。因此，本部分结合内生增长理论、制度经济学理论和演化经济学模型对新经济促进高质量发展的动能转化机理、结构优化机理和协同演化机理进行分析。

1. 动能转换机理

经济发展从初级循环向高级循环转变的一个主要节点就是要素禀赋结构的变化。新结构经济学也认为一个经济体最优的产业和技术结构不是外生化的，而是内生地取决于要素禀赋结构。例如，中国40年来的经济发展成效是取决于改革开放所激发出的要素禀赋优势。进一步地，从演化经济学原理来说，要素禀赋结构并非一成不变，它在每个特定发展阶段上都具有特定性。虽然要素禀赋是具有阶段性特征，但会随着发展水平的提升而不断发生变化。传统经济增长的动力来源主要是初级生产要素的投入，比如自然资源、地理位置、人口、非技术工人、资金等，这些因素本质上都可以归入广义的要素禀赋范畴。上述研究表明，只有从要素禀赋变化的视角出发，才能正确认清新旧动力转换的关键所在。

随着全球经济发展从以物质生产、物质服务为主导转向以知识创新、技术变革为主导，要素禀赋也由初级要素禀赋升级到了以高级人才、交通设施、现代通信基础设施、科教资源为主的高级要素禀赋。推动我国经济高质量发展的强大动能则已逐渐演变成为高级要素禀赋，而新经济的最大特征就是基于这种高级要素禀赋而产生发展的。具有最明显新经济特征的要素禀赋是知识，通过这些先进高新技术的落地，知识创新能够不断地渗透到社会和经济的各个领域，从而进一步提升知识创新的效率。高级人才培养、科教资源投入、交通设施建设、现代通信基础设施建设都是为了提高知识创新和技术变革而发展的。通过这种发展实现社会不同阶层各主体知识的充分流动，能够建立更为广泛的信息共享平台。这能够通过不断提高平台的衍生能力，扩展平台的时空边界，产生具有新要素禀赋的创新知识，不断实现新产业、新业态与新商业模式的产生和发展。此外，新经济能够加速以知识为主体的资本对传统资本的替代，并在资本和劳动之间实现重组，从而提高现有生产要素的质量。由此可见，新经济有助于改进我国传统的要数禀赋结构，形成知识与技术驱动的新经济形态，从而推动经济高质量的增长。图4展现了动能转换机理。

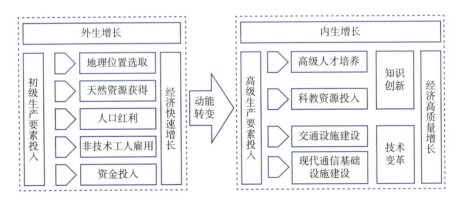

图4 新经济促进高质量发展的动能转换机理

2. 结构优化机理

研究产业结构优化升级当然也离不开要素禀赋，尤其是在当前全球分工体系不断增强的背景下，国际分工体系从产业间分工逐渐转变为产业内分工。分工方式的细化和微观化使得当前产业转型升级的重点变为沿着产品价值链方向的不断深入，而这一过程的最终结果就是要素分工。

目前新经济产业链重要的组成部分包括 5G、大数据、AI、物联网等新一代信息技术，其成长壮大不仅能够产生新的经济增长点，而且有助于提升传统经济的供给能力。例如，能够通过物联网感知技术从人类社会活动中实时收集数据，再利用人工智能技术从海量数据中提取人类的行为模式和规则，从而有助于突破以往难以解决相关问题的困境。在新经济发展中，新技术与传统产业、商业相融合不仅能够产生新的商业模式，而且能够挖掘传统行业潜在的市场能力，提高传统产业的研发、生产与交易效率，进一步加快其升级转型，在某些领域甚至能够颠覆传统产业已有的发展模式。进一步地，随着新经济的不断发展，相关新技术、新产业、新业态和新模式会渗透到传统产业，已有的要素禀赋结构不适应新经济的发展。此时，政府的引导至关重要。政府出台政策引导高端人才、优质资金向符合新经济特性的产业集聚，经济结构逐渐升级，促进第三产业比例、人才比例、多样化投资增加，分工与专业化程度进一步加深。通过由政府主导的从传统经济向新经济转化的过程，要素禀赋结构深入改变引发的经济结构升级，能够产生显著的网络溢出效应。由此可见，新经济的到来有助于激发新的产业增长点、催生商业新模式、加快传统产业的转型升级和新经济产业的发展，从而推动高质量发展的不断深化。图 5 展现了结构优化机理。

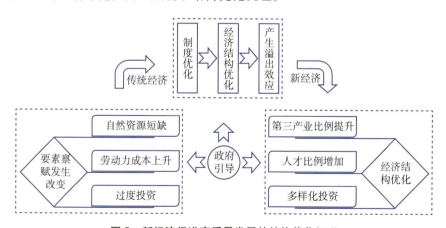

图 5 新经济促进高质量发展的结构优化机理

199

3. 协同演化机理

图 6 展现了新经济促进高质量发展的协同演化机理。新经济都是从传统经济中演化而来，演化过程分为四个阶段：初级阶段、发展阶段、协同阶段和成熟阶段。从传统经济到新经济转化的开始是技术革命的爆发，原有产业（传统经济产业）积累的大量金融资本发现了新技术的方向，新技术一方面为原有经济体增添了一些富有活力的新要素、新产业，另一方面，通过新技术带来的"技术—经济"范式对原有要素和产业进行现代化的改造升级。可以看出，技术革命在这一阶段的主要任务就是对原有要素、产业的改造和更新，也就是要素禀赋类型的转换，延伸到产业的优化就是不断出现一些新技术、新产业、新业态、新模式。这一阶段奠定了新经济产生的基础。此时，由于新技术带来的一系列影响仍处于萌芽状态，虽然原有的社会制度框架并不适宜新技术的发展，但是社会制度框架的包容——排斥机制更主要体现为对原有要素、产业的包容而非对新要素、新产业的排斥，所以冲突并不明显。随着新经济的发展潜力越来越受到人们青睐，越来越多的金融资本涌入其中，快速发展阶段随之到来，此时的生产资本大多仍局限在原有产业，对适应新经济产业发展的人力资本的培育、基础设施的建设难以快速形成，存在一定的滞后性，而金融资本则由于其高度的流动性，大量、快速地涌入新经济领域，从而形成了充满投机的金融泡沫，这一阶段已经体现出新经济和传统经济的不协调所带来的问题，即要素禀赋结构不协调的后果以及产业结构的不合理。此时，对要素禀赋结构和产业结构的优化逐渐成为社会共识，并在泡沫破裂后的转折点和协同阶段，逐步确立并完善新的、适应新经济和传统经济共存的社会制度框架，进而和新技术、新产业、新业态、新模式相匹配的劳动力、基础设施等生产资本也不断形成和普及，对旧要素和传统经济的改造也基本完成，新要素禀赋和传统要素禀赋的协同程度达到最优状态。在成熟阶段，新经济的所有领域潜力已经挖掘殆尽，此时新经济的生命周期已经达到终点，新经济转化为传统经济，生产资本和金融资本都难以得到更高的利润，但金融资本由于其灵活性和敏锐性开始寻找突破方向，尤其是主导要素的升级，在经济层面就体现为再一次主导传统经济向新经济变

革。所以从协同演化机理上可以发现，新经济能够促进传统经济发展，而传统经济是新经济的基础，两者相辅相成。

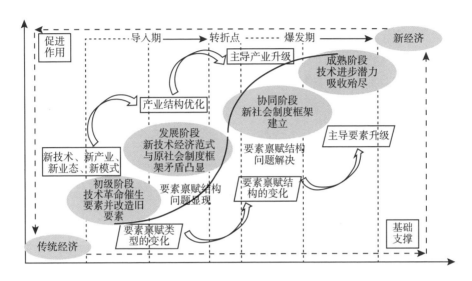

图6　新经济促进高质量发展的协同演化机理

二　"新经济—高质量"的投入产出模型

（一）投入产出分析内涵

投入产出分析中的投入是指社会生产过程中各种生产要素的消耗和使用量，包括中间投入和最初投入，其中前者指的是除固定资产之外的转移价值；后者指的是增加值，包括固定资产的转移价值和新创造的价值。而产出是指社会的劳动成果使用的去向，包括中间产出和最终产出，其中前者指生产过程中使用的产品，后者指当期离开生产过程被用于投资、消费和出口的产品。

1. 投入产出分析的主要内容

投入产出分析包括三方面的主要内容。

（1）投入产出表。它是一个能反映某经济系统内各部分投入与产出之

间的数量依存关系的表格。

（2）投入产出数学模型。由于投入与产出分别按产品部门排列形成矩阵形式，可以运用矩阵代数建立投入产出数学模型，也可以看成投入产出表的数学表达式。

（3）投入产出分析的应用。它是在建立投入产出表和投入产出模型的基础上做出的各种宏观和微观经济分析，进行经济预测、编制计划，从而能够科学地进行经济政策分析与模拟研究。

根据投入产出分析的主要内容，可以将投入产出分析分为三个步骤。首先，建立投入产出表；其次，选择投入产出模型；最后，针对实际情况应用投入产出模型进行分析。

2. 投入产出分析的主要计算系数

（1）直接消耗系数

通常是由数学符号 a_{ij} 表示，其经济含义是 j 部门生产单位总产品对 i 部门产品的消耗数量。因此，a_{ij} 越大，表明国民经济中有直接联系的各个部门之间的数量依存关系越密切。其公式如下：

$$a_{ij} = \frac{x_{ij}}{x_j}, i,j = 1,2,\cdots\cdots,n \tag{1}$$

由直接消耗系数 a_{ij} 组成的 $n \times n$ 的矩阵 A，称为直接消耗系数矩阵。矩阵 A 中的元素必非负，即 $a_{ij} \geqslant 0$。在实物表中直接消耗系数的大小与产品计量单位选取有关，因此 a_{ij} 都应该不大于1，即 $0 \leqslant a_{ij} < 1$（$i,j = 1,2,\cdots\cdots$）。由此可以看出，直接消耗系数是建立投入产出模型的最基本、最重要的系数，是建立投入产出模型的核心。将 a_{ij} 代入模型后，我们就可以有机地把经济和技术因素结合起来，在定性和定量分析的基础上进行经济分析。

（2）完全消耗系数

通常是由数学符号 b_{ij} 表示，其经济含义是第 j 部门生产单位最终产品对 i 部门产品的直接消耗量和全部间接消耗量的总和。

通过分析得知完全消耗系数计算公式为：

$$b_{ij} = a_{ij} + \sum_{k=1}^{n} a_{ik} a_{ki} + \sum_{k=1}^{n} \sum_{r=1}^{n} a_{ik} a_{kr} a_{rj} + \sum_{k=1}^{n} \sum_{r=1}^{n} \sum_{t=1}^{n} a_{ik} a_{kr} a_{rt} a_{tj} + \cdots \qquad (2)$$

根据直接消耗系数矩阵 A 的定义，j 部门生产单位总产品对 i 部门产品的消耗数量所形成的矩阵 $X^{(0)}$ 为：

$$X^{(0)} = AI = A$$

那么，接下来的间接消耗矩阵形式分别为：

第一行：$X^{(1)} = AX^0 = A^2 I = A^2$

第二行：$X^2 = AX^{(1)} = A^3 I = A^3$

第 $k-1$ 行：$X^{k-1} = AX^{k-2} = A^{(k)} I = A^k$

第 k 行：$X^k = AX^{k-1} = A^{k+1} I = A^{k+1}$

所以，当各部门分别生产一个单位的最终产品时，它们的直接和全部间接消耗所组成的完全消耗系数矩阵 B 为：

$$B = A + A^2 + A^3 + \cdots + A^{k-1} A + \cdots = \sum^{\infty} A^i \qquad (3)$$

其中，A^k（$k \geq 2$）为 $k-1$ 次间接消耗矩阵。

由于 A 满足 $\sum^{n} |a_{ij}| < 1$，所以 A 的幂级数是收敛的，

即：$(I-A)^{-1} = I + A + A^2 + A^3 + \cdots = \sum^{\infty} A^k$

因此：$A + A^2 + A^3 + \cdots = (I-A)^{-1} - I$

所以用线性代数表式为：

$$B = (I-A)^{-1} - I \qquad (4)$$

（3）完全需要系数

通常用 $\bar{b}_{ij}$ 表示，其表示第 j 种产品部门多提供一个单位最终使用产品时对第 i 种产品部门的完全需要量。由列昂惕夫逆系数构成的 $n \times n$ 的矩阵称为列昂惕夫逆系数矩阵，在投入产出模型中其占有十分重要地位。

完全需要系数矩阵的计算公式为：

$$\bar{B} = (I - A)^{-1} \tag{5}$$

它与 B 仅相差一个单位矩阵，即有：

$$\bar{B} = B + I = (I - A)^{-1} \tag{6}$$

（4）影响力系数和感应度系数

影响力系数反映国民经济某一部门增加一个单位最终产品时对国民经济各个部门所产生的生产需求波及程度。当影响力系数大于 1 时，表示该部门生产的产品对其他部门所产生的影响程度超过了社会平均水平。

$$F_j = \frac{\sum_{i=1}^{n} b_{ij}}{\frac{1}{n} \sum_{i=1}^{n} \sum_{j=1}^{n} b_{ij}} \tag{7}$$

感应度系数反映当国民经济各部门均增加一个单位最终产品时，某一部门由此而受到的需求感应程度，也就是某一产业增加一个单位增加值时，对国民经济其他部门所起的推动作用。

$$E_i = \frac{\sum_{j=1}^{n} b_{ij}}{\frac{1}{n} \sum_{i=1}^{n} \sum_{j=1}^{n} b_{ij}} \tag{8}$$

（二）新经济产业分类

北京市统计局在《"三新"经济分类（2018）》的基础上划分了新经济活动类别，然而并不能直接应用于投入产出的计算，主要是因为：

（1）在 17 个行业门类中选出了属于新经济的 594 个行业小类，这在北京市投入产出表中是无法体现的；

（2）农、林、牧、渔业，采矿业以及电力、热力、燃气及水生产和供应业等依然以传统行业为主，并不能简单划分为新经济行业；

（3）和新经济密切相关的行业，如通信设备、计算机和其他电子设备行业，仪器仪表行业没有纳入新经济活动中。

本文充分考虑实际可操作性，结合《新产业新业态新商业模式统计分类（2018）》和《北京市新经济活动类别（2020）》，以北京市投入产出表为基础①，筛选符合新经济活动特征的行业，整合形成新经济统计范围。这样既保持了类别的完整性，也实现了与投入产出表的衔接。

　　本文最终形成农林牧渔业、采选业、食品饮料与烟草业、轻工业制造业（纺服、轻工等）、资源密集型制造业（煤炭、钢铁、原油、化工等）、装备制造业、公用事业、建筑与房地产业、传统服务业、公共服务业、新经济制造业、新经济服务业十二个大类行业（见表1和表2）。

表1　传统经济部门分类

	大类分类	2017 年投入产出表（42 部门）
传统经济	农林牧渔业	农林牧渔产品和服务
	采选业	煤炭采选产品
		石油和天然气开采产品
		金属矿采选产品
		非金属矿和其他矿采选产品
	食品饮料与烟草业	食品和烟草
	轻工业制造业	纺织品
		纺织服装鞋帽皮革羽绒及其制品
		木材加工品和家具
		造纸印刷和文教体育用品
	资本密集型制造业	石油、炼焦产品和核燃料加工品
		化学产品
		非金属矿物制品
		金属冶炼和压延加工品
		金属制品
	装备制造业	通用设备
		专用设备
		电气机械和器材

---

　　① 北京市统计局：《2017 年 42 部门投入产出表》，（2020 - 07 - 14），http：//tjj. beijing. gov. cn/so/s？ tab = all&siteCode = 1100000012&qt = % E6% 8A% 95% E5% 85% A5% E4% BA% A7% E5% 87% BA。

续表

	大类分类	2017 投入产出表（42 部门）
传统经济	装备制造业	废品废料
		金属制品、机械和设备修理服务
		其他制造产品
	公用事业	电力、热力的生产和供应
		燃气生产和供应
		水的生产和供应
	建筑与房地产业	建筑
		房地产
	传统服务业	批发和零售
		住宿和餐饮
	公共服务业	居民服务、修理和其他服务
		教育
		公共管理、社会保障和社会组织

表 2　新经济部门分类

	大类分类	2017 年投入产出表（42 部门）	密切相关
新经济	新经济制造业	通信设备、计算机和其他电子设备	智能经济
		仪器仪表	智能经济
		交通运输设备	智能经济、共享经济、绿色经济
	新经济服务业	信息传输、软件和信息技术服务	数字经济
		科学研究和技术服务	智能经济、数字经济、共享经济
		文化、体育和娱乐	共享经济、数字经济
		金融	数字经济
		交通运输、仓储和邮政业	智能经济、共享经济
		租赁和商务服务	共享经济
		水利、环境和公共设施管理	绿色经济
		卫生和社会工作	智能经济、数字经济

（三）改进的投入产出表

原有的投入产出表并没有划分新经济和传统经济，所以我们无法通过直接计算模型，研究新经济与高质量发展之间的关系。因此，在北京市 2017 年投入产出表的基础上，我们改进了投入产出表（见表3）。

表3　改进的投入产出表

产出 投入			中间使用									最终使用			进口	总产出
			新经济部门				传统经济部门					最终消耗	资本形成	出口		
			部门1	部门2	…	部门n	合计	部门1	部门2	…	部门n	合计				
中间投入	新经济部门	部门1														
		部门2														
		…														
		部门n														
		合计														
	传统经济部门	部门1														
		部门2														
		…														
		部门n														
		合计														
增加值	固定资产折旧															
	劳动者报酬															
	生产税净额															
	营业盈余															
	合计															
总投入																

三　北京新经济与高质量发展的实证分析

（一）影响力系数分析

图7展现了2002～2017年北京市42部门的影响力系数情况。从影响力系数来看，2017年新经济制造业中交通运输设备，通信设备、计算机和其他电子设备，仪器仪表都大于1，说明新经济制造业对其他部门生产的波及影响程度超过社会平均影响力水平，体现出新经济制造业对于整体经济增长的拉动作用已经处于重要的位置。然而新经济服务业中只有科学研究和技术服务的影响力系数大于1，说明北京市新经济服务业对于整体经济增长的拉

动作用还比较弱，发展水平还有待提升。从 2002 年到 2017 年，新经济的各部门影响力系数变化比较小，说明新经济的发展力度不够强劲。

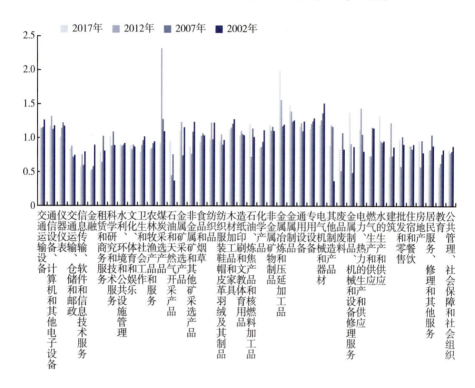

图 7　影响力系数

在传统行业中，金属冶炼和压延加工品，金属制品，金属制品、机械和设备修理服务的影响力系数有明显上升趋势，主要原因可能是北京工业化进程的逐步加快致使相关金属制品的使用需求不断上升。可以看出煤炭采选产品有明显变化，影响力系数从 2012 年呈现大幅度下降趋势，而石油和天然气开采产品呈现上升趋势，主要原因可能是环保力度的不断增强使得煤炭需求量不断减少。

可以看出，虽然新经济制造业对其他部门生产的波及影响程度超过社会平均影响力水平，但是还未成为支柱性产业，新经济服务业的影响力也还比较弱。

表4　细分行业影响力系数排名（前10）

	2017 年细分行业排名	2012 年细分行业排名
1	金属冶炼和压延加工品	煤炭采选产品
2	金属制品	金属冶炼和压延加工品
3	金属制品、机械和设备修理服务	电力、热力的生产和供应
4	水的生产和供应	金属制品
5	石油、炼焦产品和核燃料加工品	通信设备、计算机和其他电子设备
6	电气机械和器材	电气机械和器材
7	非金属矿物制品	金属矿采选产品
8	通信设备、计算机和其他电子设备	建筑
9	通用设备	纺织品
10	交通运输设备	通用设备

从表4的细分行业2017年的影响力排名来看，属于新经济制造业的通信设备、计算机和其他电子设备，交通运输设备分别排第8名和第10名。从细分行业2012年的影响力排名来看（见表4），属于新经济制造业的通信设备、计算机和其他电子设备排名第5。2017年和2012年新经济服务业没有出现在前十名，说明北京市新经济制造业在逐步发展，但是新经济服务业对整个北京市经济的内在拉动力非常有限，还没完全释放新经济服务业快速发展的红利，新经济服务业发展相对滞后难以有效支撑经济转型升级。主要原因是新经济服务业虽然在快速发展，但新经济中生产性服务业发展缓慢，比如科学研究和技术服务，这也反映了国家整体创新的结构还不完善，也从侧面反映了北京市新经济服务业的需求无法快速有效反馈到其他产业，其他产业对新经济服务业的支撑度还有待提高。

（二）感应度系数分析

图8展现了2002～2017年四个年度北京市42部门的感应度系数情况。从感应度系数来看，对于经济增长的"约束"部门主要集中在传统行业，尤其是金属冶炼和压延加工品以及房地产，而且这两个部门增长趋势明显。

然而，属于新经济的 11 个部门中只有信息传输、软件和信息技术服务，通信设备、计算机和其他电子设备的感应度系数大于 1。说明在经济高质量发展过程中，新经济为其他行业提供产出的强度还不够大，这也表明新经济和传统经济的协同发展程度还不够高。

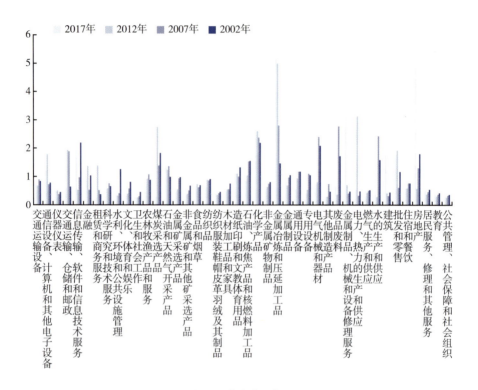

图 8　感应度系数

从 2012 年感应度系数排名来看（见表 5），属于新经济服务业的交通运输、仓储和邮政，租赁和商务服务，金融的排名分别为第 5、第 8 和第 9；同时，属于新经济制造业的通信设备、计算机和其他电子设备的排名为第 7。

从 2017 年感应度系数排名来看（见表 5），属于新经济服务业的信息传输、软件和信息技术服务排名为第 5；同时，属于新经济制造业的通信设备、计算机和其他电子设备的排名为第 9。

可以看出，目前北京市经济高质量发展模式仍然有较大的改善空间。

表5　细分行业感应度系数排名（前10）

	2017年细分行业排名	2012年细分行业排名
1	金属冶炼和压延加工品	金属冶炼和压延加工品
2	房地产	电力、热力的生产和供应
3	金属制品、机械和设备修理服务	煤炭采选产品
4	化学产品	化学产品
5	信息传输、软件和信息技术服务	交通运输、仓储和邮政
6	建筑	批发和零售
7	批发和零售	通信设备、计算机和其他电子设备
8	石油和天然气开采产品	租赁和商务服务
9	通信设备、计算机和其他电子设备	金融
10	造纸印刷和文教体育用品	石油和天然气开采产品

四　政策建议

（一）持续提高新经济制造业水平

新经济制造业发展是从高精尖制造基本活动出发演变成具有技术扩散效应的产业链价值链的过程，产业附加值也会随之不断增高。新经济制造业价值链长短、各环节衔接性、技术先进性以及附加值高低等直接决定了新经济制造产业链水平和发展质量。因此，北京市应该立足于高质量发展，在全球视野下构建融入北京特色的新经济制造产业链，强化现有新经济制造产业链薄弱环节，完善现有的产业链条，增补具有战略意义的产业链环节，向高附加值环节延长制造产业链，持续提升制造业基础能力和产业链水平，成为新经济高质量发展的重要途径。

（二）强化产业生态系统，大力推进新经济服务业发展

新经济服务业与制造业相辅相成。虽然新经济服务业不直接参加社会资料的生产活动，但能够为制造业提供智力支撑，是高新制造业创新的源泉。比如，科学研究和技术服务。在全球化时代和第四次工业革命中，服务业的

边界越来越模糊化，已渗透制造业产业的各个部分。新经济服务业一旦和其他产业相融合，就会变成该产业的一部分和产业生态系统的一部分。不同于无法随时改变的制造业，新经济服务业能够随时为其他产业革新，更好地服务于其他产业的发展，使得产业生态系统具有强大的黏性与吸引力，既可黏住现有企业也可促进更多优质企业共同发展，还表现出巨大的创造力，在促进制造业高质量发展的同时实现自身高质量发展。

（三）推进新经济高质量发展治理体系和治理能力现代化

推进新经济高质量发展是政府站在全民长远利益的基础上倡导的社会主义集体行动，涉及多方利益，不同利害相关方既有利益兼容也有利益冲突，需要具有多样的协调方式，实现更多的利益兼容和规避尽可能多的利益冲突，这就需要围绕高质量发展目标建立有效的治理体系和推进治理能力现代化。在已有的高质量发展行动计划中，往往都有"加强组织领导"与"健全高质量发展体制机制"等保障措施，这些都是高质量发展治理体系与治理能力现代化的重要组成。基于新经济多方利益调和的治理体系与治理能力现代化要求涵盖更多角色，不仅需要调节新经济制造业和新经济服务业不同的矛盾，也需要解决不同利益方的调和问题，要以新发展理念为引领，以共识为行动指南，充分利用5G、大数据和人工智能等手段，通过共商共建共享共治，引导各方同心协力，在实现新经济高质量发展的同时实现各自的利益诉求。

（四）以点带面，实施新经济高质量发展试点与示范工程

新经济高质量发展不是一蹴而就的，不仅需要政府引导，更需要以发展的理念作为指导。利用一种或一类新经济产业带动其他产业发展，不仅可以充分发挥既有产业的优势，也能利用其他产业的优势互补单一产业的缺陷。作为新的发展理念，新经济高质量发展有其独特性，践行不易，需要积极探索，大胆创新，需要建立以点带面的多层次、多类型、多地区的高质量发展试点与示范项目，在此基础上优化总结并推而广之，只有这样新经济产业才能真正成为北京市的支柱，才能促进整个经济的高质量发展。

参考文献

[1] 庄子银:《新经济增长理论的五大研究思路》,《经济学动态》1997 年第 5 期。

[2] 梁琦:《内生经济增长理论的研究动态》,《经济学动态》1999 年第 5 期。

[3] 钱淑萍:《我国经济发展方式的转变及其财税政策研究》,江西财经大学博士学位论文,2009。

[4] R. H. J. E. Coase, The Nature of the Firm, 4 (1937) 386 – 405.

[5] Williamson, *The Economic Institutions of Capitalism. Firms, Markets, Relational Contracting*, Springer, 2007.

[6] North, "Understanding the process of economic change", *Academic foundation*, 2006.

[7] 杨光斌:《诺斯制度变迁理论的贡献与问题》,《华中师范大学学报》(人文社会科学版)2007 年第 3 期。

[8] 卢瑟福:《经济学中的制度:老制度经济学和新制度经济学》,中国社会科学出版社,1999。

[9] 韦森:《再评诺斯的制度变迁理论》,《经济学》2009 年第 2 期。

[10] 周小亮:《论外在制度创新的差异性与多样性——兼评西方制度变迁理论关于制度创新差异性与多样性的不同解说》,《经济评论》2002 年第 3 期。

[11] 林红玲:《西方制度变迁理论述评》,《社会科学》2001 年第 1 期。

[12] 杰弗里·M. 霍奇逊:《制度与演化经济学现代文选:关键性概念》,高等教育出版社,2005。

[13] 库尔特·多普菲等:《演化经济学》,贾根良等译,高等教育出版社,2004。

[14] 黄凯南:《演化博弈与演化经济学》,《经济研究》2009 年第 2 期。

[15] 陈劲等:《演化经济学》,清华大学出版社,2008。

[16] 吕守军:《法国调节学派的制度理论》,《上海交通大学学报》(哲学社会科学版)2009 年第 6 期。

[17] 钞小静等:《以新经济推动中国经济高质量发展的机制与路径》,《西北大学学报》2020 年第 7 期。

案例报告
Case Reports

B.9
互联网企业促进城市经济高质量
发展报告
——以百度为例[*]

摘　要：　在百度案例分析方面，首先回顾了百度核心业务，包含百度
　　　　　生态（针对消费者的产品、针对商户的服务、针对合作伙伴
　　　　　的产品和服务等）、人工智能新业务（DuerOS、飞桨、小度
　　　　　助手、百度云和 Apollo 等）和核心技术（人工智能、搜索引
　　　　　擎、P4P 技术等）；其次，分析了百度促进城市智能化（以
　　　　　海淀城市大脑为例）的案例，通过案例分析，发现百度的核
　　　　　心技术与城市治理相结合能够显著提升城市精细化治理水

* 作者：北京市科学技术研究院高质量发展研究课题组。执笔人：肖进、王亚东。肖进，课题
组成员、四川大学商学院教授，中国科学院数学与系统科学研究院博士后，主要研究方向：
管理科学与工程；王亚东，课题组成员、四川大学商学院博士研究生，主要研究方向：管理
科学与工程。

平，解决城市高效运行的"难点、堵点和痛点"，提升城市管理工作效率，降低管理者工作强度，增强市民获得感，促进城市本地产业的转型升级和数字经济发展；同时，分析了百度促进应急管理现代化（以人工智能应用联合创新实验室为例）的案例，通过案例分析，发现百度核心技术应用于应急管理能够有效推动城市自然灾害、安全生产、消防安全、应急指挥等业务应用的现代化和智能化，确保城市应急管理服务功能的高效运行，综合提升应急管理基本能力，切实保障城市安全和社会稳定；最后，给出了依托百度推进北京市经济高质量发展的建议：1）人工智能"新基建"是新经济高质量发展的切入点；2）经济高质量发展作为一项系统性工程，需要政府和企业协同运作；3）智能经济催生新的业态；4）新经济高质量发展要依托生态系统的发展。

关键词： 百度 北京高质量发展 智能化 现代化

百度是中国最大的以信息和知识为核心的互联网综合服务公司、全球领先的人工智能平台型公司。2000 年 1 月 1 日，公司创始人李彦宏依托申请的"超链分析"技术专利在北京中关村创立了百度公司，也使中国成为美国、俄罗斯和韩国之外，全球第四个拥有搜索引擎核心技术的国家。理所当然，百度成为全球最大的中文搜索引擎，百度每天需要满足来自100 余个国家和地区的数十亿次搜索请求，是中国网民获取中文信息的最主要入口之一。

一 百度核心业务

百度核心业务主要包括移动生态和人工智能（见图1）。2018 年，百度的核心业务收入为783亿元人民币，较2017年增长16%，主要为在线营销收入的增长。2019年，百度核心业务收入为797亿元人民币（合115亿美元），同比增长2%，主要来源于云服务和智能设备的增长①。

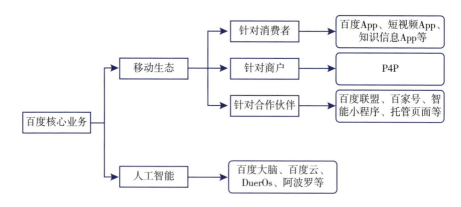

图1　百度核心业务

（一）百度生态

1. 针对消费者的产品

百度针对消费者群体开发了多种移动App，包括百度App、百度搜索、百度Feed、好看、全民、百度知道、百度百科、百度健康、百度文库、百度经验、百度学术、百度贴吧和百度地图等，具体见表1。

表1　百度针对消费者的产品及其简介

产品名称	简介
百度App	日用户量规模已经超过2亿,峰值接近2.5亿,信息流位居中国第一。截至2020年3月,百度App月用户量规模已达5.3亿
百度搜索	用户可以通过百度的网站和百度联盟合作伙伴的网站进行搜索和寻求其他服务。除了文本输入外,用户还可以进行基于AI的语音搜索和视觉搜索

---

① 数据来源：https://ir.baidu.com/。

续表

产品名称	简介
百度 Feed	百度 Feed 可根据用户的受众特征和兴趣向其提供个性化的时间表。百度 Feed 补充了百度的核心搜索产品，利用百度 AI 推荐算法和获利平台，为用户参与和保留做出贡献，包括内容共享、喜欢和评论，百度 Feed 还具有"文字转语音"功能，以增强用户体验
好看	好看是一款简短视频应用程序，能够与多频道网络协作应用，内容主要是数分钟长度的简短视频。好看允许用户对视频进行上传、查看、搜索、评分等。视频上传者可以分发其内容以建立"粉丝群"，并从内容贡献中获得收益
全民	全民是一款 Flash 视频应用程序，主要提供用户创建和共享短视频的功能，例如喜剧、表演、音乐、舞蹈等。用户不仅可以拍摄或上传视频，还能够使用内置的特殊效果对其进行编辑
百度知道	百度知道作为一个问答社区，用户可以在其中询问、回答和组织问题。百度知道的答案由所有用户、专业人员、企业和政府机构提供。百度知道还利用百度的搜索功能来帮助用户快速有效地在网络上找到问题的答案。与此同时，百度知道的各种合作伙伴可以准确定位其目标用户
百度百科	百度百科是由专业领域的专家汇编的栏目，具有高质量专栏内容，例如非物质文化遗产百科全书、数字博物馆、历史记录器以及完整的基于视频的知识源
百度健康	百度健康以文字、视频、图片和问答形式提供权威和具有专业来源的医疗保健知识和信息。新冠肺炎疫情期间，百度健康"问医生"已累计提供了超过 6166 万次的在线医疗咨询服务
百度文库	百度文库的数字文档库已经涵盖了各行各业的内容，如教育、法律、互联网和金融等，主要由专业人士以学术论文和 PPT 的形式上传内容进行共享。百度文库结合了百度搜索的功能，以丰富的资源帮助用户有效地获得高质量的学习内容以及各种主题的知识和信息
百度学术	百度学术作为学术搜索引擎，具有大量中文和英文学术资源的文献检索功能。百度学术还提供剽窃检测、期刊搜索等研究工具，帮助学者有效地找到与其学术主题相关的学术文献
百度经验	百度经验为用户提供日常生活知识和经验。为了提供实用和高效的解决方案，百度经验涵盖软件、生活方式提示、游戏等多个领域
百度贴吧	百度贴吧是建立在热门在线社区上的社交媒体。用户可以发布文本、图像、音频和视频内容，并形成有价值的网络社区讨论组。百度贴吧通过紧密集成内容吸引新的用户
百度地图	百度地图为用户提供与旅行相关的服务，包括智能兴趣点搜索、路线规划、精确导航和实时路况信息。百度地图作为新一代的 AI 地图，通过语音助手支持各种场景下的语音交互，并允许用户自定义语音。百度地图还为不同领域的业务合作伙伴提供专业、稳定的地图服务
百度输入法编辑器	百度 IME 作为中文手机键盘，利用百度 AI 提高其输入准确性，记忆、更正并提供定制的新单词或不常见单词的字典。百度 IME 支持高级功能，例如扩展语音输入、智能标点推荐、语音消息翻译、语音修改和上下文语音检测

续表

产品名称	简介
如流 App	如流是一款集多媒体功能为一体的即时通信软件,用户能够利用它找到志同道合的朋友,并随时随地与好友进行联系。在企业通信方面,如流构建了创新性的音视频通信框架,并支持多入口快速入会
其他海外产品	针对海外市场,百度提供一系列产品和服务,如 popIn、MediaGo、Simeji 和 Facemoji

数据来源:百度 App 数据来源于 QuestMobile 研究院:《QuestMobile 2020 中国移动互联网春季大报告》,(2020 – 04 – 21),https://www.questmobile.com.cn/research/report – new/90;百度健康相关数据来源网址 https://ir.baidu.com/。

2. 针对商户的服务

基于拍卖的 P4P 服务能够允许客户进行竞标来优先安排付费赞助商链接,从而吸引用户。客户可以选择购买搜索、提要和其他在线营销服务,并可以按地理位置为目标用户设置每日津贴,设定广告出现的时间段。

搜索营销服务主要通过百度专有的在线营销系统提供给客户。该系统通过改善付费搜索的相关性并为客户优化价值来提高获利效率。提要营销服务通常包括基于图像或视频的广告,出现在提要标题之间或提要内容内,由百度 AI 提供支持,以便在优化用户体验的同时更好地使商品和服务提供商与目标受众匹配。其他在线营销服务,包括基于展示的营销服务和基于除 CPC 之外的效果标准的在线营销服务。

3. 针对合作伙伴的产品和服务

针对合作伙伴的产品和服务主要包括百度联盟、百家号、智能小程序、托管页面。具体见表 2。

表 2　百度针对合作伙伴的产品和服务及其简介

产品名称	简介
百度联盟	百度联盟由大量的第三方网站和移动应用组成,并能够匹配客户的促销链接与百度联盟合作伙伴的财产。百度联盟合作伙伴能够向用户提供高质量的搜索结果,同时合作伙伴可与百度通过收益共享将其流量货币化。联盟合作伙伴可使用百度内容推荐系统向其用户提供 Feed 内容和广告

续表

产品名称	简介
百家号	百家号汇总来自各种新闻媒体的文章、照片、短视频、实时视频和应用增强现实技术的剪辑,并通过搜索、提要和短视频产品进行分销
智能小程序	由百度合作伙伴开发,并在百度 App 上提供相应的内容和服务,给客户带来与真实的应用程序相同的体验。在搜索和信息流两大入口的支持下,百度智能小程序保持着高速增长的势头,让用户从强制下载和维护应用程序的负荷中解脱出来,成为头部企业开发者的必选项
托管页面	托管页面是 HTML 网站拥有者用搜索结果登录页面的替代方法。移动网站拥有者不再需要购买服务器、软件和带宽来维持网站的存在

(二)人工智能新业务

百度人工智能新业务包括百度大脑、飞桨、小度助手、百度云和百度智能云等,具体见表3。这些业务深耕于百度内部开发的 AI 百度大脑平台。

表3　百度人工智能新业务及其简介

产品名称	简介
百度大脑	百度 AI 核心技术引擎,包括语音、知识处理、deep learning 等 AI 核心技术。对内支持百度所有业务,对外全方位开放,并通过百度智能云赋能给行业客户,提升客户市场竞争力
飞桨	飞桨以深度学习技术的研究和应用为基础,集深度学习核心框架、base model 库、end to end 套件、工具组件和服务平台于一体。目前,定制化训练平台上的企业用户超过 6.5 万个,发布模型达到 16.9 万个
小度助手	小度助手是中国最大的交互式人工智能操作系统,拥有中国市场规模最大的交互式人工智能生态。2020 年 3 月,小度助手语音交互单月超过 50 亿次,超过了 2019 年这一数据的 3 倍
百度云	百度云主要为企业和个人提供 AI 解决方案、云基础设施和其他服务。通过提供整套全方位产品服务,使企业和个人能够通过使用百度 AI 和云基础架构来提高生产力和运营效率。百度云提供行业特定的 AI 解决方案,服务于金融、媒体、工业产品、教育、消费品和电信等行业。百度还提供相应的驱动器,满足用户在百度云上存储和检索照片、视频和其他文件。另外,百度云还有群组共享和数据传输等其他功能
百度智能云	百度智能云是百度在人工智能基础上开发的公共云平台。百度云主要目的是为社会提供性价比最高的云计算、大数据、人工智能的技术。利用科技推动社会的进步,将复杂世界用更简明的方式呈现给社会

续表

产品名称	简介
阿波罗（Apollo）	阿波罗（Apollo）是中国自动驾驶领域的领导者,拥有超过 177 个 OEM、一级零件供应商和其他合作伙伴。Apollo 通过 Apollo 开放平台支持第三方开发、自动驾驶和智能交通。阿波罗（Apollo）为中国城市提供 V2X 解决方案,成为智能交通的基础设施骨干,利用百度 AI 技术改善市政交通状况、空气污染和道路安全。2019 年 9 月,利用阿波罗 V2X 解决方案,阿波罗的第一个 RoboTaxi 试点计划在湖南长沙向公众开放,由 45 辆自动驾驶汽车组成初始车队。截至 2019 年底,Apollo 拥有 177 家生态合作伙伴,汇聚全球开发者 36000 名,开源代码数 56 万行,专利申请超过 1800 余项,获得全国 150 张自动驾驶测试牌照,测试里程超过 300 万公里

（三）核心技术

百度的核心业务主要基于百度研发的核心技术，包括人工智能、搜索引擎、P4P 和大型系统技术，这些技术基础为移动、PC 和 AI 平台提供支撑。除此之外，百度在中美建立了多个研究实验室，以增强其研发能力，专注于高效数据分析、机器人和其他相关领域。

1. 人工智能技术

百度一直致力于研发 AI，特别是在 AI 芯片、知识图谱、计算机视觉、语音识别、自然语言处理和深度学习（DL）平台等领域。AI 技术为百度的核心业务提供了重要动力，具体见表 4。第三方也可以通过百度 AI 开放平台和百度提供的百度云工具包利用 AI 功能。

表 4　百度的 AI 技术及其简介

AI 技术	简介
AI 芯片	百度通过高性能人工智能芯片—百度昆仑的应用以优化视觉、语音、自然语言处理和其他人工智能能力,为百度云服务器提供动力。另外,百度还发布了端到端的远程自动语音识别（ASR）解决方案,基于内部设计的百度洪湖 AI 芯片,可应用于 DuerOS 智能设备和车载信息娱乐
知识图谱	百度 AI 由实体图、注意图、事件、信息点 POIs 和行业知识等不同的知识图构成,将海量的多元素、多模态数据转化为包含数亿个节点和数千亿个关系的整体语义网络

续表

AI 技术	简介
计算机视觉	基于知识图谱,视觉语义使机器能从观看者的角度理解视频,并通过识别人、动作以及相关的时间序列提取结构化的语义信息。通过合成的虚拟图像技术,包括面部、肢体和嘴巴形状,百度开发了"虚拟"客户代表,在百度大脑技术的支持下,与自动客户服务云解决方案相匹配
语音识别	2019 年,百度推出了流式截断多层注意力建模(SMLTA),以提高语音识别的准确性,使识别中英文混合或普通话方言混合成为可能。其开发的语音合成技术 Meitron,将音色、风格、情感等元素映射到不同的子空间中,允许用户通过录制 20 个句子的语音输入,将应用程序的语音转换为自己的语音,这项功能已嵌入百度地图应用中
自然语言处理	百度构建了一个知识增强语义理解框架 ERNIE,能够不断地学习各种知识。ERNIE 中英文理解运行较好,被广泛应用于阅读理解、情感分析、搜索智能问答、视频推荐、CTR 预测等领域。在机器翻译方面,百度还开发了第一个语音对语音的同声传译系统,为用户提供高质量、低延迟的同声传译体验
深度学习(DL)平台	百度开发了一个开源的、行业级的深度学习平台——飞桨。其优点包括:基于编程逻辑的 DL 框架,支持开发的灵活性和稳定性;万亿级参数实时更新的超大规模训练能力。针对不同平台和设备的高性能推理引擎端到端部署;开源的工业级模型,涵盖了广泛的应用领域

2. 搜索技术

百度搜索技术是提取知识和信息的基础性技术,也是百度最重要的核心技术,主要包括排序、视频搜索、多模式搜索、Web 爬行、移动互联网用户行为信息的提取与分析和 TOP1 搜索等,具体见表 5。

表5 百度的搜索技术及其简介

搜索技术	简介
排序	百度将搜索查询与 Web 页面上的内容进行比较以确定相关性。通过机器学习模块分析丰富的互联网和用户交互数据,并对搜索结果进行优先排序,极大地提高了排名的相关性、新鲜度和可信度。通过应用机器学习技术,可以更好理解用户输入关键字的简单文本之外的语义,为用户提供深度相关的搜索结果
视频搜索	视频内容在互联网内容生态系统中呈爆炸式增长。视频作为一种新型的通用内容格式,比图形内容更直观,更容易理解,且具有更大的信息容量。百度下一代通用搜索,视频搜索已经初具规模

221

续表

搜索技术	简介
多模式检索	语音识别在长句、中英文混合、重口音等场景下的准确性大大提高,显著提高了语音搜索的用户满意度。视觉搜索的终端视觉交互引擎 V1.0 的构建和 Convolutional Neural Network(CNN)模型的实现,辅助无监督或半监督模型的应用,培训成本显著降低,明显改善了用户在多个关键场中的体验
Web 爬行	强大的计算机集群和智能调度算法能够高效地抓取网页,并且系统很容易得到扩散以收集更多的中文网页。另外,Spider 技术能够在不同的间隔刷新 web 索引,刷新频率根据之前对 Internet 搜索用户的需求和信息的性质的了解而设置
移动互联网用户行为信息的提取与分析	高性能算法和信息提取技术的使用能从移动互联网用户中提取行为信息,这些技术能够帮助理解复杂的用户行为指标,如对投票、分享、点击和关注的喜好,从而有效地对信息质量和受欢迎程度进行排序,反过来又能为用户提供更准确的搜索结果
TOP1 搜索	具有问题解析和分析、答案匹配、提取、页面内容理解和搜索引擎的其他方面的显著增强结果。百度在 2019 年大大提高了用户对 TOP1 搜索结果的满意度以及搜索交互的效率

3. P4P 技术

P4P 平台每天根据用户输入的搜索词或他们在网页上看过的内容提供数十亿个相关的、有针对性的赞助商链接,具体见表 6。

表 6   P4P 技术及其简介

P4P 技术	简介
P4P 拍卖系统	基于 web 的拍卖系统能使客户能够对关键字进行投标,并自动提供与百度和百度联盟伙伴相关的、有针对性的促销链接,系统将首先筛选赞助链接和特定查询之间的相关性。基于深度强化学习和自动化机器学习技术的新型拍卖系统的开发,能够自动更新拍卖机制,更好地对业务流程进行优化
Phoenix Nest	该技术旨在产生更多的关联结果,不仅为客户提供营销效果测量工具,还可以识别流行的关键字。2019 年,百度引入了一个基于序列的 DNN 模型来学习用户的长期行为,并且升级了深度学习算法的框架,提高了整体计算效率,降低了运算成本
语义匹配技术	针对短语匹配模式,百度开发了更精确的语义匹配方法,提高了匹配准确率。首次将基于规则的有限翻译触发技术引入匹配触发中,不仅提高了翻译的多样性,而且大大提高了投标关键词的检索效率

续表

P4P 技术	简介
内容自动生成技术	根据客户的需要,同时考虑到客户提供的资料和网站内容,利用内容自动生成技术来自动生成更具吸引力的广告,从而提高点击率和转化率
P4P 计费系统	百度基于点击次数乘以点击费用向客户进行收费。P4P 计费系统可根据点击模式和时间戳等因素检测欺诈点击,还可以计算每个百度联盟伙伴或分销商应支付的金额
P4P 客户服务系统	通过这个系统,客户还可以管理与在线营销服务相关的信息,比如预算和服务时间段

二 百度促进北京高质量发展的案例分析

(一)百度促进城市智能化

1. 典型案例

北京市海淀区政府基于百度城市大脑建设了海淀城市大脑,该建设是对国家社会治理新要求的实践响应,是北京市大数据创新应用的示范工程。

北京市海淀区政府与百度合作,整合工地信息、卫星图斑、周边视频、消纳地点等监测数据,交通、环保、城管等政府数据,构建一车一数字档案,充分利用城市大脑的地理定位、视频智能识别能力,实现渣土车的识别、轨迹追踪预测、违法特征研判、违法车辆自动抓拍、自动识别、自动形成违法记录等功能,进而实现对工地及工地运输车辆的全面监控管理,为交通、城管非现场执法提供科技支撑。

通过城市大脑打造出的海淀大脑,能够支撑城市渣土车综合治理,实现对渣土车精准识别,每天处理 100 万张过车数据,高峰时期发现渣土车9000 多辆,识别准确率95%以上,同时借助深度学习算法,针对渣土车行驶轨迹进行预测分析,准确率超过60%,全面提升渣土车管理能力,有效解决了渣土环境污染问题,为市民营造了良好的生活环境。

在城市管理智能执法领域,海淀大脑利用全城摄像头视频资源,针对城

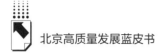

市管理案件进行智能排查，识别准确率超过85%，误报率低于15%，这种智能方式减少了人工出勤的次数，提升了案件处理的效率。

2. 百度促进北京高质量发展分析

百度的核心技术与城市治理结合能够显著提升城市精细化治理水平，解决城市高效运行的"难点、堵点和痛点"，提升城市管理工作效率，降低管理者工作强度，增强市民获得感，促进本地产业的转型升级和数字经济发展。

（1）利用 AI 技术对多源异构数据进行自我学习，自我提升，发现城市潜在的运行规律，提供全局协同的决策支持服务，利用数据积累和算法生态链建设，AI 可实现算法自学习，不断丰富算法/模型库，支撑上层应用的成长、扩充。辅助城市高效治理，引领属地 AI 产业快速发展。

（2）利用百度地图和时空大数据能力，能够建设统一的时空信息平台，实现地图平台一致、GIS 坐标一致、POI 点位信息更新及时、地名和地址库信息一致，解决由于时空信息不一致，对政府协同指挥、资源调度造成的问题，实现精准高效的城市治理。

（3）能够深挖城市异构数据价值，对城市视频、图片、文本等数据进行深度分析，服务城市产业智能化升级改造，引导智能经济发展。利用百度城市大脑提供的算法、算力，结合城市自身的数据资源，服务城市产业经济的智能化升级改造，引导人工智能、大数据、区块链的深入应用，促进城市智能经济的发展。

（4）百度 App 服务于生活的各个方面，能够从根本上提升城市服务水平，改善城市工作、生活环境，提升出行体验，缩减民众出行时间，提升整个城市运转效能约30%，打造安全、宜居的城市环境，让市民在城市生活感到很安全、有尊严，生活舒适、心情愉悦。

（二）百度促进应急管理现代化

1. 典型案例

应急管理部通信信息中心与百度联合成立了人工智能应用联合创新实验室，主要围绕遥感影像智能解译、安全生产风险智能评估、应急处置智能辅助决策、现场态势与舆情智慧感知、安全类视频智能分析、监管与救援智能装备等方向联合开展应急管理人工智能应用技术攻关、原型系统研制验证与示范、标准制定等，并对5G＋人工智能、智能边缘计算、区块链等新技术热点联合开展攻关和讨论。双方合作主动监测出火点信息以及着火面积估算，为准确救援提供动态支撑；双方联合搭建了以互联网领先架构支持应急管理一张图空间信息服务，保障国家、省、市（县）三级应急业务基于一张图的业务联动；针对危化工企业执法检查专业知识要求高的特点，联合开展基于机器视觉和知识图谱技术的危化监管执法智能辅助系统研究，使得执法人员在执法时能够智能辨认危化品设备设施、检查风险隐患点、统计安全生产数据等；结合百度自然语言处理能力和搜索时空数据，双方针对历史地震灾情和救灾情况，选取重点方向进行语义信息提取和横向比对，总结历次救灾过程中发生的"乱、断、慢"等物资短缺、灾区混乱情况以及救援情况，归纳经验、发现盲点，以指导未来更从容地开展救灾工作。

2. 百度促进北京高质量发展分析

百度核心技术应用于应急管理能够有效推动城市自然灾害、安全生产、消防安全、应急指挥等业务应用的现代化和智能化，确保城市应急管理服务功能的高效运行，综合提升应急管理基本能力，切实保障城市安全和社会稳定。

（1）在灾害监测方面，百度融合物联网数据、地图大数据、空天地一体化数据，提供图像识别、遥感解译等先进技术，实现灾害监测、风险早期识别、资源管理、态势分析、风险综合研判和预报预警、辅助决策和综合指挥调度服务，构建广域覆盖、功能强大、自主可控、国际领先的空天地一体化自然灾害监测预警体系。灾害智能监测预警可实现10分钟级预警预报，为灾害前期遏制争取更多时间，避免小事变大灾。以森林火灾为例，2019年全国2345起火灾，受害森林13505公顷，若按火灾早期预警及时扑救能缩小损失面积10%，受害森林面积将减少1300余公顷①。

---

① 数据来源：《2019年中国发生森林火灾2345起受害面积约13505公顷》，《中国新闻网》，2020年1月13日，https：//www.chinanews.com/gn/2020/01－13/9058117.shtml。

（2）在安全生产方面，融合企业危险源视频、危险源工艺参数检测、现场报警信息，提供厂区安全智能识别、危化运输监管、企业画像、移动智能执法，增强全时段动态监管和隐患排查能力，提高人工巡检填报效率，促进安全生产监管模式的根本转变。以安全智能识别为例，某县级监管单位一共有10000多路企业监控视频，如果每人每天巡检10路视频，那么需要1000人。然而，使用机器智能对违规行为进行识别，则可以节约50%的人力资源。

（3）在智慧消防方面，融合消控室远程联网数据、智慧用电数据、智能烟感数据、智能充电桩数据，云边融合、实时监控，打造以"控制风险、消除隐患、科学救援"为核心的智慧消防整体解决方案，提供覆盖消防设计施工、监测报警、维保检测、风险评估、培训演练、保险保障等全托管一站式服务。

（4）在指挥决策方面，融合互联网数据、地图大数据、社会资源数据，提供智能语义信息接报、智能分析判别、融合通信指挥调度，结合智能交互中台能力，打造应急管理智能推荐引擎，科学辅助指挥决策，引领指挥决策新方向。提升应急管理机构科学决策水平，降低灾害事故对社会的影响程度，大幅提升政府履职能力和社会公信力。

三　百度促进北京市经济高质量发展的战略与策略

（一）人工智能"新基建"是新经济高质量发展的切入点

新经济高质量发展需要从基础设施和关键环节入手。百度作为智慧城市"新基建"中的核心信息基础设施，是承载数据生产要素和实现技术赋能的重要平台，将成为智能经济发展和产业转型升级的重要驱动力。通过百度城市大脑构建新的产业能力底座，能够大幅度强化城市行为感知能力、信息可靠性传输能力、智能分析能力、精准服务决策能力，必将提高社会治理能力、经济运行效率，也将在创造更多就业机会等方面提供坚实支撑。

（二）经济高质量发展作为一项系统性工程，需要政府和企业协同运作

政府通过出台发展战略和配套政策，调集各种优质资源，为城市智能化建设和运行创造良好的环境；百度联合合作伙伴依托数据、技术和生态的能力优势，通过搭建和运营城市大脑，提供覆盖多领域的智能工具，将智能化技术与城市的基础设施、民生服务、治理体系等有机融合，通过数据要素和智能技术，服务城市产业生态的发展；在政策和技术双重支持之下，随着产业数据的不断累积和融合，百度的 AI 能力会不断自我扩展进化，服务范围可进一步扩展，应用场景也会同步丰富，并加速培育智能经济，形成良性循环。最终，能够将"智能"的理念功能内化至城市产业生态的方方面面，实现持续繁荣的智能经济发展。

（三）智能经济催生新的业态

百度催生出的新业态促进了经济的高质量发展。例如，在 2017 年，山西省政府就开始与百度合作，依托其政策资源和产业基础，充分发挥百度的优势，以数据产业为重要抓手，打造了全国最大的人工智能数据标注产业基地，解决当地就业、助力产业经济转型。另外，百度还与长沙市政府开展了长期合作，将自动驾驶融入交通系统中，实现共享智能交通和传统公路交通的协同运行。2019 年 9 月，基于百度 Apollo 的智能出租 Robotaxi 在长沙市面向普通市民提供试运营服务①。长沙作为智能网联示范高地，已吸引了 20 家头部智能网联企业、多家潜在独角兽企业的产业聚集。

（四）新经济高质量发展要依托生态系统的发展

依托百度核心业务的开放性和中立性，越来越多的合作伙伴可以基于百

---

① 数据来源：《百度 Robotaxi 正式在长沙试运营》，《新京报》2019 年 9 月 26 日，https：// baijiahao. baidu. com/s？ id＝1645720722417578136&wfr＝spider&for＝pc。

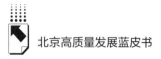

度打造和汇聚面向智慧城市全域的智能化应用，促进数据生产要素的共享和流通，带动城市生产力的提升。同时，借助百度风投、百度资本，百度创新中心、AI 加速器，以及百度云智学院等资本投资、创新孵化和教育培训方面的生态优势，可以对智慧城市各行各业和多种场景不断强化赋能，吸收更多优质资源，协助政府打造城市智能经济，实现产业转型升级，保证新经济高质量发展。

B.10
高科技企业促进城市经济高质量
发展报告

—— 以京东方为例*

摘　要：　京东方创立于1993年4月，是一家为信息交互和人类健康
提供智慧端口产品和专业服务的物联网公司。目前，京东
方已经快速发展成为国内物联网龙头企业，也是北京市新
经济产业最具代表性企业之一。本报告首先从外部环境详
细分析京东方的发展情况，包括京东方业务的 PEST 分
析、中国液晶面板行业概述和京东方行业的"五力模型"
分析，并总结了京东方发展中有关技术方面的7条优势和7
条挑战。其次，从内部经营环境详细分析京东方的发展情
况，包括五个方面的核心能力分析和四个方面的经营问题
分析，并总结了京东方发展在内部环境因素方面的8条优
势和7条劣势。最后，从新经济的数字经济和智能经济两
个角度分析京东方促进北京经济高质量发展情况。其中，
数字经济以京东方在智慧零售（京东方提供价格管理、货
架管理、客户行为分析等物联网新零售解决方案，实现零
售 O + O 无缝衔接）和数字艺术（京东方推出数字艺术物

* 作者：北京市科学技术研究院高质量发展研究课题组。执笔人：肖进、贾堰林。肖进，课题
组成员、四川大学商学院教授，中国科学院数学与系统科学研究院博士后，主要研究方向：
管理科学与工程；贾堰林，课题组成员、四川大学商学院博士研究生，主要研究方向：管理
科学与工程。

联网产品——BOE 画屏，实现科技与艺术完美结合）两个方面的例子进行分析；智能经济则以京东方推出的移动健康管理平台为例进行分析，该平台可以接入血压计、睡眠仪、体脂秤、运动手表等多种智能健康硬件检测设备，并提供个性化的家庭健康管理服务。此外，京东方还在北京布局了两家数字医院——北京京东方医院（总院）和北京明德医院，实现线上与线下医院无缝衔接，在院内按照智慧导诊便捷就医。

关键词： 高质量发展　京东方　新经济　数字经济　智能经济

京东方创立于 1993 年 4 月，是一家为信息交互和人类健康提供智慧端口产品和专业服务的物联网公司。目前，京东方已经快速发展成为国内物联网龙头企业，也是北京市新经济产业最具代表性企业之一。本文首先从外部环境和内部经营环境两大类来详细分析京东方的发展情况，然后从新经济的数字经济和智能经济两个角度分析京东方促进北京高质量发展情况。

一　京东方的外部环境分析

（一）京东方业务的 PEST 分析

1. 政策法律环境分析

国家的税收和产业等政策、法律法规与行业的发展息息相关。对液晶面板行业的政策分析，主要包括国家对液晶面板行业发展的投资政策、产业支持政策和发展规划，以及关税保护政策等，具体情况见表 1。

表1 国家对液晶面板及相关配套行业的主要产业政策

时间	文件名	发文单位	相关政策
2005 年 5 月	《关于组织实施软件等信息产业关键技术产业化专项的通知》	国家发改委	将薄膜晶体管液晶显示器(TFT-LCD)用液晶材料作为重点支持项目之一
2006 年 8 月	《信息产业科技发展"十一五"规划和 2020 年中长期规划纲要》	工信部	将液晶显示技术列为发展的重点技术之一
2007 年 12 月	《关于继续组织实施新型平板显示器件产业化专项有关问题的通知》	国家发改委	支持平板显示器件关键配套材料及生产设备的产业化,提高国内配套能力
2010 年 10 月	《2010～2012 年平板显示产业发展规划》	国家发改委、工信部	到 2012 年,我国平板显示生产技术达到国际先进水平,在工艺、材料、装备等方面构建具有自主知识产权的技术创新体系,产业规模占全球的比重由 5% 提升到 20% 以上,支撑我国彩电产业的转型和升级
2012 年 2 月	《电子信息制造业"十二五"发展规划》	工信部	2015 年平板电视面板自给率应达 80% 以上
2012 年 3 月	《关于调整部分商品进口关税暂定税率》	海关总署	规定自 2012 年 4 月 1 日起,对 32 英寸及以上不含背光模组的液晶显示板取消暂定税率,由原来的 3% 提高到 5%
2014 年 10 月	《2014～2016 年新型显示产业创新发展行动计划》	国家发改委、工信部	对低温多晶硅(LTPS)/氧化物(Oxide)液晶显示器(LCD)和有源矩阵有机发光二极管(AMOLED)技术等提出行动计划
2016 年 1 月	《2016 国家重点支持的高新技术领域目录》	国务院	目录主要包括 TFT-LCD 有机发光二极管(OLED)显示等新型平板显示器件技术及相关的光学引擎技术
2016 年 11 月	《国务院关于印发"十三五"国家战略性新兴产业发展规划的通知》	国务院	实现主动矩阵有机发光二极管(AMOLED)、超高清(4K/8K)量子点液晶显示、柔性显示等技术国产化突破及规模应用
2016 年 12 月	《工业和信息化部、发展改革委、科技部、财政部关于印发新材料产业发展指南的通知》	工信部、发改委	开展重点新材料应用示范。对碳纤维复合材料……新型显示材料……等市场潜力巨大、产业化条件完备的新材料品种,组织开展应用示范

续表

时间	文件名	发文单位	相关政策
2018年11月	《战略性新兴产业分类(2018)》	国家统计局	新一代信息技术产业、高端装备制造产业、新材料产业、生物产业、新能源汽车产业、新能源产业、节能环保产业、数字创意产业、相关服务业等9大领域为战略性新兴产业
2019年3月	《超高清视频产业发展行动计划(2019～2022年)》	工信部、国家新闻出版广电总局	按照"4K先行、兼顾8K"的总体技术路线,大力推进超高清视频产业发展和相关领域的应用。2022年,4K产业生态体系基本完善,8K关键技术产品研发和产业化取得突破

数据来源:根据公开资料整理。

此外,还包括对以下两方面潜在风险的分析。

(1)政策利好下的潜在风险。在全球液晶面板产业竞争加剧、政策普遍利好的形势下,各地催生了很多的液晶面板生产线。数据显示,2019年上半年全球液晶电视面板出货数量达到1.4亿片,同比增长了3.6个百分点;同时,面板产能面积也同比增长了12.2个百分点①。可以看出,面板出货的增长值远远小于产能的增长值,因此面板行业库存有逐步走高的趋势。另外,我国又有三条高世代面板生产线于2019年上半年陆续投入生产。由此可见,未来面板行业的竞争可能更加残酷激烈,全球产能和需求之间的博弈也难以估计。因此,全球产能过剩很有可能成为政策利好环境下行业最大的潜在风险。

(2)政策到期或退出风险。目前,中国多个地方政府都为京东方提供了众多的优惠和支持,如在企业所得税、增值税和个人所得税奖励等方面的优惠政策。但随着相关政策到期,京东方必将面对正常企业经营的相关支出费用。同时,在国家宏观经济不景气的环境下,地方政府能够用于补贴京东方的资源也会相应减少。新冠肺炎疫情期间,遏制疫情蔓延的政策也会在一定程度上影响公司的生产能力、市场需求和供应能力。

---

① 群智咨询:《2019年上半年全球液晶电视面板市场总结:出货增长、价格双触底、行业或将加速洗牌》,(2019-07-26),https://www.sohu.com/a/329505664_649693。

综上分析，国家通过调整商品进口关税税率、制定产业发展指南和发展行动计划等以保护和发展本土液晶面板产业的政策目标已逐步实现。有利的政策法律经营环境为本土液晶面板产业发展带来了宝贵的机遇，也有力地保障了京东方等新经济企业的长远发展。然而，结合经济发展和市场发展的规律容易发现，市场波动和产能过剩等潜在风险依然存在；进一步，在产业持续发展壮大的同时，政策退出风险也会逐步增加。面对这些有利的和不利的因素，京东方需要不断提升自身的未来战略把握能力、经营决策能力、管理能力和发展魄力。

2. 经济环境分析

经济环境指构成企业生存和发展的社会经济状况以及国家经济政策，如经济结构、经济体制、经济发展水平、银行贷款和宏观经济政策等。

（1）经济总体发展情况良好，创造了有利环境条件

经济环境直接影响液晶面板市场的发展。只有经济持续发展，才能拉动液晶面板供需市场的增长、促进液晶面板市场的繁荣。改革开放以来，我国经济实力得到大幅提升。根据 2020 年 2 月 28 日国家统计局发布的《中华人民共和国 2019 年国民经济和社会发展统计公报》中的数据，2019 年全年国内生产总值（GDP）约 99.09 万亿元，比 2018 年增长了 6.1%；全年最终消费支出对 GDP 增长的贡献率为 57.8%[1]。总体上来看，我国宏观经济目前仍然处于稳中向好的发展趋势。因此，在继续保持我国经济稳中向好的同时，要注重持续优化液晶面板产业链结构，促进液晶面板产业结构优化升级。

（2）市场需求持续强劲

近年来，随着相关科学技术的发展，OLED 显示技术在显示面板行业中已经得到了成功应用，并且在高端电视和智能手机等领域已逐渐取代了 LCD 相关的显示技术，但在中低端领域的主导显示技术还是 TFT-LCD 显示

---

① 国家统计局：《中华人民共和国 2019 年国民经济和社会发展统计公报》，（2020 - 02 - 28），http：//www. stats. gov. cn/tjsj/zxfb/202002/t20200228_ 1728913. html。

技术。所以，目前我国液晶材料主要还是应用了 TFT-LCD 显示技术。2018 年全球 TFT-LCD 面板需求量同比增长了 10.6%，达到 1.979 亿平方米，预计到 2020 年将超 2.2 亿平方米。特别是，虽然全球面板的出货量在 2020 年第一季度并未大幅下降，但如果新冠肺炎疫情难以短期消退，预计 2020 年全球面板需求为 7.53 亿片；如果新冠肺炎疫情仅造成短期影响，预计 2020 年全球显示面板需求为 7.87 亿片①。

（3）提高技改投资力度，促进消费增长

当前，我国经济已从高速增长阶段转向经济高质量发展阶段，必须将转变发展方式、优化经济结构和转换增长动力作为该阶段的重要工作。在构建新经济制造体系的进程中，技术改造的支撑和抓手作用日趋明显。技改投资是能够使制造业企业在较短的时间内实现"老树发新芽"的一种有效措施，其特点包含投入低、产出高、周期短以及效益好等。提高技改投资力度来促进制造业发展，是我国步入工业化后期阶段的发展需要，这不但有助于提高制造业在国际市场的竞争力，推动制造业由大变强，促进制造业的高质量发展，还在很大程度上有益于打牢我国实体经济的基础，加速实现稳增长、调结构、促转型及增效益。

国家统计局发布的 2019 年 1～10 月份的投资数据显示，制造业投资在这期间实现了同比增长 2.6 个百分点。特别是，技改投资同比增长了 7.6 个百分点，这比制造业投资还高出了 5 个百分点②。

因此，对我国制造业，在提高其技改投资的进程中，抛开维持必需的技改投资力度，准确把握投资方向才是技改投资的关键，这可以引导制造业企业把技改投资资金合理有效地分配到先进技术、先进材料、先进设备和先进工艺等相关领域。换句话说，需要引导我国制造业企业将技改投资资金倾向于分配到信息化领域和设备更新改造领域，以提高产品种类和优化产品供给

①　中国产业信息网：《2020 年中国液晶电视面板行业发展现状及 Covid - 10 疫情对面板市场需求的影响分析》，（2020 - 05 - 12），http：//www.chyxx.com/industry/202005/861801.html。

②　环球财经网：《国家统计局解读 2019 年 1—10 月份投资数据：制造业投资同比增长 2.6%》，（2019 - 11 - 14），http：//www.jingjinews.com/t/20191114154007.html。

为目标，深挖市场需求的误区，积极研发更加具有个性化、功能化以及时尚化等特点的产品，多样化发展企业产品的类型、档次，使之进一步符合广大消费者的定制化诉求以及多层次诉求。需要引导我国制造业企业的技改投资在新工艺、新设备和新技术等领域持续发挥重要作用，提升在先进生产制造核心技术方面的研发投入和技术攻坚力度，提高制造企业的市场竞争优势，加快转型为知识和技术密集型产业，助力制造业龙头的迅速发展，深化5G、互联网、大数据、AI等新兴技术与我国实体经济的进一步融合发展，在中高端消费、共享经济和现代供应链等领域催生新的经济增长点并迅速成为经济发展的新动能。

3. 社会环境分析

社会文化环境是影响企业营销的诸多因素中最重要、最深刻和最复杂的因素，如它所处的社会结构、生活方式、文化传统与地理分布等。所有企业都处于某种情境的社会文化环境中，那么这样的环境也必然对企业的营销活动造成巨大的影响和限制。

（1）社会消费趋势变化

知识和技术不断更新会促使社会的发展和进步，科技创新的发展和新产品的供给等极大地提高了人们对物质生活的追求，随着对物质生活产品需求的满足，人们在精神层面的需求也同样在提高，会激发人们对信仰、求知、自尊、审美和成就等更高层次的需求。液晶面板的技术革新也需要牢牢把握人们对精神消费层次重视的趋势。

（2）消费者心理

消费者在购买商品时往往不仅希望满足其生理需求，还希望能够得到心理上或精神上的享受。因此，在拟定企业战略时，液晶企业必须考虑其产品消费者的这些心理因素，树立"创造市场、创造需求"的新营销观念。

（3）消费习惯的变化

液晶面板技术等新技术给人们带来了新的消费习惯。商家和消费者的商业行为和消费习惯在不断交互活动中相互影响，这也就触发了新的消费习惯。目前大部分年轻消费者已经完全抛弃传统的消费模式。因此，液晶电视的营销策略也需要随着消费习惯的变化而做出调整，淡季和旺季的区分也不同往日。

4. 技术环境分析

技术环境是指当下社会技术的总体水平、变化趋势、发展趋势以及应用前景，不仅包含了诱发时代变革的一系列创新发明，还覆盖了在企业生产过程中不断涌现的先进技术、先进工艺和先进材料等。其特点是变化快、变化大和影响面大（跨越国界）等。总体上看，企业战略的选择主要受以下两个方面技术环境的影响。

（1）企业应把握住新一轮技术革新中的机遇

当下，显示产业正处于新一轮的技术革新。在 2019 年美国国际显示周及 SID 年会展上，群智咨询（Sigmaintell）的李亚琴在题为《全球显示产业发展六大趋势预测》的演讲中指出，全球显示产业的未来发展会主要体现在以下六个方面：①全球显示产业的产值将在接下来的两年会处于低位浮动的状态；②未来三年产能技术的不断升级和淘汰将推动产业的优化整合；③市场主流将逐渐以更大尺寸和更高分辨率的产品为主；④传统液晶循环规律正在被逐渐打破，企业控制其产能变得更加重要；⑤传感器技术和显示面板的深度融合将进一步被屏下指纹识别技术和屏下摄像头技术所推动；⑥5G 技术将推动手机和电视在 2021～2022 年期间新一轮成长。

目前显示技术还是在传统行业的语境下进行讨论，并没有在本质上实现革新。人工智能还处在一个初级阶段，无法实现真正意义上的机器和人自然交流，因此屏幕仍然是目前最好的沟通方式。这样的技术现状，其实催生了新的市场。未来，机器人的发展将会越来越完善，各种不同形态的显示屏也会帮助机器人厂商提升他们所需要的信息交流能力。此外，新零售是中国市场最新最热的词语，新的销售方式和配送方式都包含在新零售之内。无人售货现在已经逐步成为现实，而这也需要全新的信息交互技术配合智能机器人使用。

（2）新技术的出现也使企业面临着挑战

在开发大尺寸、高质量画面和价格低廉的液晶面板的道路上，一个永恒不变的主题是如何权衡液晶面板的规格和制造技术。尽管很多先进技术能够提供更好的效果，但其制造良品率还处于低位水平，而制造良品率的低位水平也就代表着液晶面板企业需要付出更高的代价。也就是说，这些先进技术在现实制造业企业中的成功应用还需要许多的特殊经验和专业技术的支持。一家液晶面板企业能够采用这些新技术，并不意味着其他企业也有足够的能力采用。因此，通过这样的方式，制造厂商也就拥有其他厂商没有的竞争优势。

（二）中国液晶面板行业概述

液晶显示器的优劣首先取决于它的面板，因为显示器画面的观看效果直接由液晶面板的好坏决定，而液晶面板的成本在整机成本中的占比往往高于50%，这是决定液晶显示器造价成本的主要因素。因此，选择的液晶面板的好坏是能否选择一款优质液晶显示器的关键。液晶显示器的重要参数（如亮度、色彩、对比度和可视角度等）主要是由液晶面板的质量决定。目前，液晶面板的更新速度非常迅速，已经从前些年的三代，快速更新到了四代、五代、六代及七代，随后继续发展到了八代、8.5 代、十代、11 代和 12 代等。当下，京东方、三星、LG－飞利浦、艾炜特、友达和华星光电等企业是生产液晶面板的主要厂商，但由于各家企业之间技术水平的差异，它们生产的液晶面板产品也大概可以分为 TN 面板、IPS 面板、VA 类面板和 CPA 面板等不同类型。

1. 液晶显示行业产业链概述

液晶显示产业是一个完整的生态链，同时也是材料和技术紧密结合的产品链。在整个液晶面板行业中，上游材料或元件主要有液晶材料、玻璃基板、偏光片和背光源发光二极管（或者冷阴极荧光灯管，其市场份额不足5%）等，其也是技术含量较高的产业，目前大部分产品仍由国外企业掌控它们的核心研发技术以及工艺。中游则大部分是以液晶面板制造厂为主的加工制造，通过在玻璃基板上制作薄膜晶体管阵列和彩色滤光片基板，将彩色滤光片作为上板和薄膜晶体管下板自建灌注液晶并贴合，最后再贴上偏光片，连接驱动集成电路和控制电路板，与背光模组进行组装，最终形成整块液晶面板模组。这部分基本已经全部实现了国产化，但目前还是属于技术追随者的角色。下游则主要为各个领域各类应用终端的品牌商和组装厂商等。目前，下游产业链也在横向发展，如在各种日常家电产品（如穿戴式显示产品）中渗透其显示屏技术。中国已经成为液晶显示产业中游和下游的主要生产基地。许多省市都建成了国家级新型平板显示产业基地。

总体上看，美国、德国和日本眼下正致力于液晶面板行业的上游材料或元件的生产，而对于韩国以及中国台湾和中国大陆来说，难以在液晶面板行业的上游有所突破，而将精力放在液晶面板行业中游的面板制造环节。特别是中国大陆相继投产高世代线以后，稳步提升了我国的液晶面板产能和技术水平，逐渐提高了产业核心竞争力。目前，液晶面板产业呈三分天下的态势，即韩国、中国大陆和中国台湾（见图1）。

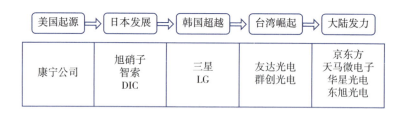

图1　液晶面板行业发展趋势

整个产业链中的核心是显示屏面板的制造，这个环节设备、资金投入巨大，同时也是核心技术研发重要节点。面板制造对上下游几乎有着决定性的影响。液晶面板产业结构如图2所示。

2. 我国液晶面板发展现状

根据科技上游产业研究机构 CINNO Rearch 的研究结果，全球液晶显示面板生产线中，相比于2019年的54%，中国液晶面板厂的产能面积占比在2020年将进一步提高至63%，而韩国液晶面板厂的市场占有率将滑落到两成以下①。

---

① 数据来源：《快速崛起的显示面板》，《每日财报》2020年5月28日。

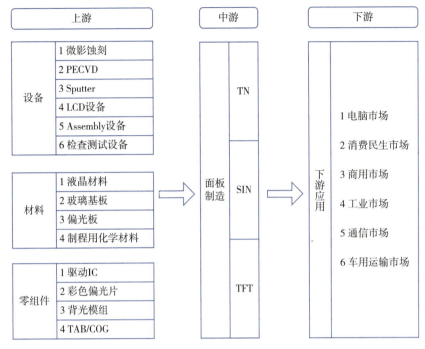

图 2　液晶面板产业结构

在国外竞争者中，日本的松下和夏普两家企业的表现并不突出。因此，韩国的三星和乐金显示有限公司（LGD）两家企业是国内液晶面板厂商的主要竞争者。而三星和 LGD 正在逐步退出液晶显示屏（LCD）的产能，其 2019 年液晶面板营业收入减少；同时，京东方、华星光电和深天马的 TFT-LCD 营业收入则维持上升的态势。从企业竞争力的角度看，在大尺寸 TFT-LCD 生产线布局方面，国内的京东方、惠科和华星等液晶面板企业处于领先地位。

在有机发光二极管（OLED）领域，全球范围内，韩国三星一家独大，是当之无愧的龙头企业。三星作为全球手机第二大生产商，其自给自足的面板供应仍然占据市场主导地位。根据 Sigmaintell 统计的 2019 年全球 OLED 面板出货量排名数据，全球 OLED 面板出货量的前三位分别是三星、京东方以及和辉光电，其中三星的市场占有率为 85.4%[①]。在国内厂商中，除京东

---

① 数据来源：《快速崛起的显示面板》，《每日财报》2020 年 5 月 28 日。

方、和辉光电以外，相对表现较好的企业还有维信诺和深天马。

京东方是国内液晶面板企业中受到重点关注的企业。京东方在 2019 年实现出货 OLED 面板数量 3910 万块，包含 2210 万台刚性面板和 1700 万台柔性面板。相比于 2018 年，企业在刚性面板出货量方面增长了 12 倍，同时在柔性面板出货量方面增长了 4 倍以上。京东方积极施实高世代生产线的战略布局，目前已有 15 条半导体显示器件生产线先后在全国多地实现了自主规划建设，覆盖了 TFT-LCD 全尺寸、AMOLED 和 MicroOLED 等技术类型的产品。如果仅仅比较竞争实力，京东方正逐渐在 TFT-LCD 方面代替三星和 LG 的产能，并逐步实现全球领跑地位，但是与韩国企业三星在 OLED 制造上仍然存在一定的差距。此外，在全球 OLED 生产线布局上，京东方处于相对领先的地位。

除此之外，在国内液晶显示面板产能持续扩张的趋势下，一些国内制造设备企业也迅速发展。目前，已有多家国内上市企业在激光、检测设备以及组装设备等领域正在形成其科研技术优势。然而，这些企业在一些高端设备领域仍然存在较大的差距。在液晶面板检测环节方面，精测电子已发展为国内液晶面板检测设备的龙头企业，其产品包含 LCD 和 OLED 等类型的平板显示器件，但仍然有必要客观意识到，技术壁垒最高的 Array 段检测设备基本还处于被国外厂商和台湾厂商所主导的情况。在国内 OLED 生产线中所需要的高端激光装备仍然由韩国企业垄断，国内激光设备企业（如大族激光等）虽然持续研发投入，已在激光切割、激光剥离和激光修复等设备领域渗透国内液晶面板厂商生产线，但是在技术含量最高的准分子激光退火（ELA）设备领域，市场基本被韩国的 APSystems、Terasemicon 和 Viatron 三家企业所占据。

综上所述，目前全球的液晶面板主流厂商都在加速推进 OLED 相关产品的研发生产，而在这一领域韩国企业三星处于绝对的龙头地位。国内最具竞争力的液晶面板企业是京东方，中小尺寸的 LCD 面板正逐渐被取代，大尺寸的 LCD 面板凭借其成本优势参与市场竞争，在这一领域以京东方为代表的国内企业不落下风。

（三）京东方行业的"五力模型"分析

1. 行业中现有企业的竞争

近年来，全球液晶面板行业在市场格局方面有了非常大的改变。原本处于绝对优势的日本厂商已大多退出了液晶面板的生产业务。TrendForce 集邦咨询发布的统计数据显示，中国大陆液晶面板企业在 2020 年上半年的全球市场占有率位居世界第一，其值为 38%；韩国三星和 LG 等液晶面板企业的全球市场占有率退居第二位，其值为 33%；中国台湾地区企业的全球市场占有率位居第三，其值为 29%[①]。

群智咨询（Sigmaintell）发布的研究报告《2020 上半年全球显示器面板市场总结》显示，中国大陆液晶面板厂在 2020 年上半年的供应规模持续增长，其间的出货占比为 37%，超越了台湾面板厂占据主导地位[②]。BOE、中电熊猫和 TCL 华星在 2020 年第二季度都打算 G8.5 转 TV 产能到显示器，BOE 后续 TV 产能重心在 G10.5，G8.5 产能预计将分配更多显示器，在 IT 上惠科 HKCOT 规划积极，希望 IT 可以分担更多的 G8.6 产能。由于台湾地区面板厂显示器产能分布是比较分散的，因此其供应调配方式也更为灵活，如 2020 年第二季度就分配相对较多的产能来生产利润需求更高的笔电产品。另外，韩国三星显示（SDC）表示将于 2020 年底关闭 LCD 生产线，导致头部品牌订单开始提前备货或转移订单，这对中国大陆和台湾地区的面板厂来说是利好的消息。

群智咨询还指出，京东方在 2020 年上半年的出货数量及出货面积均位列第一，其中出货数量达到 1980 万片，同比增加了 22%，出货面积同比增加 30%。特别是，第二季度京东方在 8.5 代相对提高了显示器面板投片产能，还明显提升了产品结构，其中同比大幅度缩减了 28% 的小尺寸段 20.7

---

① 新浪财经：《上半年中国大陆液晶面板企业全球市占率 38% 位列全球第一》，（2020 - 08 - 12），https：//baijiahao.baidu.com/s？id=1674778531938675081&wfr=spider&for=pc。

② 江苏激光产业创新联盟：《全球显示器面板市场 2020 上半年总结》，（2020 - 08 - 23），https：//www.sohu.com/a/412996665_100034932。

英寸以下的产能，同比调高了中大尺寸的产能，如23.8英寸出货数量同比增加了54%，超越LGD攀升到行业第一，而27英寸出货数量同比增加了100%，未来成长可期。

2. 潜在加入者的威胁

液晶面板制造产业的综合投资成本往往很高，所以加入该行业的壁垒也很高。总体来看，该行业潜在加入者的威胁较小的原因主要体现在以下三个方面。一是门槛高。由于该行业的知识密集和资本密集的特点，进入该产业的初始资本投入高，且运营成本极高。二是技术的标准化已形成。液晶面板的技术和液晶显示设备的标准化已经基本在产业内部形成，通过技术革新很难实现差异化竞争。三是生产、供应和分销体系基本形成规模。行业内企业大多有15年以上的运营经验，通过规模生产已经形成了一定的学习曲线和成本优势，且有自己特有的供应商和分销体系。其他企业如果没有极高的资本储备进行不断投资很难切入该产业。

尽管该产业的进入门槛很高，但由于市场需求依然巨大，现在切入依然有利润可图，所以吸引了很多有电子制造业经验的企业试图涉足。高投资也会产生高营业额和利税，对于拉动地区GDP起到极大的作用，不少地方政府对液晶面板制造企业甚至产业链上下游的重要企业推出了很多优惠政策。

3. 供应商讨价还价的能力

供应商对于液晶面板制造商仍然有相对较强的讨价还价的能力，其原因主要体现在以下三个方面。一是大部分供应商属于非常明显的知识密集型企业。供应商生产的产品是专用的，以液晶、玻璃和彩色滤光片等典型产品为例，其从设计到生产的整个过程都需要极高的技术水平和实力，短期内被其他企业生产同类产品替代的可能性很小。二是很多供应商在全球范围内处于寡头垄断地位，具有相对较高的产业聚集度。以面板的生产设备为例，其基本由美国和日本的专供厂商提供且供给有限，致使供货商在售前谈判、售中和售后服务中拥有极高的讨价还价能力。三是液晶面板制作的高规格要求。液晶面板在液晶、彩色滤光片和基板玻璃等制作方面都需要非常高的设备精度。

但是也存在大量讨价还价能力比较弱的供应商，尽管在不断成长，只是在一定程度上降低了通过技术革新提高这些产品的溢价机会。与此同时，这些供应商产品还往往属于非专用产品，致使面板生产商更换供应商的转换成本降低；再者，由于产业历史长，这些产品的制造成本也很低，在一定程度上也减弱了液晶面板的行业壁垒，从而增加了供应商的数量。最后，值得一提的是液晶面板制造商近年来不断地尝试通过降价打开市场，并与传统的CRT 显示设备和类似于等离子显示器的平板显示设备竞争，这都提高了液晶面板制造商的讨价还价能力，同时也降低了液晶面板供应商的讨价还价能力。

4. 购买者讨价还价的能力

目前液晶面板制造商仍然具有较强的议价能力。目前购买者往往需要实施比较友好的策略与面板制造商进行谈判、合作，其原因主要体现在以下三方面。一是液晶面板品质对客户终端产品品质的影响极大。以大家熟知的手机、笔记本电脑、台式电脑以及液晶电视等产品为例，液晶面板作为人机互动方面的最重要接口，其品质在很大程度上都会影响客户终端的体验感。二是液晶面板在终端产品的成本结构中占比较大，而且这一特点往往和液晶面板面积呈正相关性。以手机和大屏幕的液晶电视为例，手机因液晶面板面积小，故而成本相对较低；而大屏幕的液晶电视面积大，液晶面板的成本大概占电视成本的 64% 左右，这会极大降低液晶电视生产商的讨价还价能力。三是不对称的产业链信息。目前核心的革新技术依然掌握在液晶面板制造商的手中。液晶面板的购买者在谈判的过程中处于被动地位。

但是随着时间的推移，客户的议价能力正在逐步提升，这里包括主动的因素，也包括被动的因素，主要体现在以下四个方面。一是液晶面板购买活动越来越趋向于集中。需要液晶面板的终端产品的厂商不断走向整合。二是液晶面板的标准化提高了客户变更供应商的能力。产品生产的标准化、液晶面板制造技术提升等因素都会提高客户变更供应商的能力，节约客户采购时的转换成本。三是客户盈利能力的下降迫使客户通过议价降低采购成本。制造技术的不断革新以及竞争加剧导致市场对降价的期待等因素，致使电子产品不断降价，毛利率不断被压缩，采购成本压缩压力促使液晶面板制造商的议价能力逐步趋弱。四是客户后向一体化的威胁。这一威胁主要来自目前毛利率很高的液晶显示产品——液晶电视。我国的很多液晶电视制造商都开始染指液晶面板制造，打算构建自己的液晶面板生产线，希望通过纵向一体化来降低自己的成本，进而提升毛利率。正是这种策略使得客户的议价能力有所提升。

综上所述，尽管客户的议价能力受到很多方面因素的限制，但是液晶面板制造商应该清楚地认识到这个产业走向整合的必然性，客户的议价能力会不断增强，提前做好准备是必须的。

5. 替代品的威胁

早在彩电工业遭遇技术替代危机的时候，显示行业的决策者和社会公众就已经意识到了显示行业替代品威胁的严重性。从20世纪80年代初到90年代中期，在CRT电视领域中国引进国外的先进技术，建成了一条"彩电整机—彩管—玻壳"的完整产业链，从而较早的形成了具有市场化竞争力的彩电工业。进一步，中国充分发挥国内市场规模大和劳动力成本比较低等优势，发展出规模经济，凭借其价格优势在产量和出口量两个方面都一度处于世界第一位。

但是，工业技术是不断发展的。21世纪之初，中国彩电工业受到"创造性毁灭"所引发的危机，即CRT显像管技术被以液晶面板为主的平板显示技术所替代。从2003年，平板显示彩电在国内市场初露锋芒，其销售量到2008年就显著地高于CRT彩电的销售量，所用时间少于六年，中国彩电工业的决策者们对这一替代速度都疲于应对。尤其需要注意的是，在CRT显像管技术被平板显示技术所替代的情况下，中国彩电行业再一次面临高度依赖国外相关供应商的情况。

技术替代不仅导致中国彩电企业被国外液晶面板供应商所限制，其利润被大大压低了，而且在CRT时代被中国彩电企业压低了市场份额的国外彩电也依靠其掌握的先进核心显示技术的优势，再一次增加了在中国彩电市场的份额。这一场技术替代事件导致中国彩电工业顿时失去了在过去近二十年积累起来的"优势"。

总体来看,尽管液晶面板击败了 CRT,同时在与等离子面板的竞争中也取得了压倒性的胜利,但仍需以 CRT 显示设备的产业历史为鉴,中国液晶面板企业应该时刻警惕来自液晶面板显示行业替代品的威胁,需要保持高度的技术敏感性,并时刻关注新出的液晶面板显示技术。

(四)外部环境因素小结

从前述的 PEST 分析、行业分析以及波特五力模型分析可以看出,京东方在液晶面板行业面临着巨大机遇,但同时也面临挑战。本文梳理归纳了京东方发展的外部机遇和挑战各 7 条,具体如表 2 所示。

表 2　京东方发展的外部机遇与挑战分析

	机遇 – O	挑战 – T
政策	O1. 国家支持,政策优势明显	T1. 存在产能过剩风险 T2. 政策退出风险增强
经济	O2. 国家经济形势良好,创造了良好发展环境 O3. 市场雪球持续扩大,未来发展空间大 O4. 技术创新投资力度加大,消费增长快 O5. 市场门槛高,潜在加入者的威胁低	T3. 市场竞争激烈,对手竞争实力强,京东方与之存在一定差距 T4. 上游市场集中度高,基本被国外巨头垄断,供应商议价能力强 T5. 购买者议价能力正逐渐增强,并且出现后向一体化威胁
社会	O6. 社会进步与消费特点变化带来新的市场需求	T6. 社会环境变化加快,要求企业具有更强的创新能力、适应能力
技术	O7. 技术革新为企业提供了机会	T7. 创新成为企业发展的关键因素,为企业带来更大竞争压力

二　京东方的内部经营环境分析

(一)核心能力分析

1. 产业布局能力

京东方目前具有较强的产业布局优势,以显示技术作为其核心竞争力的产品业务链已初步搭建成,其产品渗透显示技术领域的绝大部分应用,是目前中国显示技术产品领域涉足最全、综合实力最强的企业之一。

产品业务链上,京东方业务包括了显示器件、显示系统、能源与环保、电子材料及科技商务园,形成了电子原材料、核心显示器件和液晶电视整机的产业链模型,有助于提高企业和同行企业的竞争优势。京东方一直不断强化供应链管理,逐步提高本土化供应能力,增加国内本土供应商的采购数量占比,降低成本。多年来,京东方加快搭建可持续发展的全球供应链系统,持续推进其供应链管理流程的完善工作,制定具有较强针对性和目的性的战略合作策略,不断增强在供应链相关方面的企业核心竞争力。据不完全统计,在全球范围内,京东方目前拥有的供应商数量超过了 4200 家,其中材料及外包业务方面的供应商数量超过了 2300 家,设备和备件业务方面的供应商数量大概有 1900 家,还和全球显示与传感、智慧系统和健康服务领域的领军企业开展了深入合作。

2. 技术创新能力

京东方拥有强大的人才队伍。公司目前拥有研发人员 19617 名,专业技术人员 22830 名,管理人员 1730 名,为公司业务创新、技术创新提供了源源不断的推动力。具体如表 3 所示。

表 3 京东方人员结构分布

专业构成类别	生产人员	销售人员	技术人员	财务人员	行政人员	管理人员	其他
人数	37254	1956	22830	653	305	1730	289
比例(%)	57.30	3.01	35.11	1.00	0.47	2.66	0.44
教育程度类别	博士及博士后		硕士	本科	大专	中专	其他
人数	385		8725	16635	17569	9079	12624
比例(%)	0.59		13.42	25.59	27.02	13.96	19.43

资料来源:京东方 2019 年年度报告。

优质的人才资源使京东方逐渐发展成为中国最大的液晶面板生产基地。2019 年全年京东方新增了 9600 多件专利申请,其中 3600 多件海外专利,

4000 多件关于柔性 AMOLED、传感、人工智能和大数据等关键领域的专利申请；新增了 5000 多件授权专利，其中 2000 多件海外授权专利；在大数据、人工智能、传感器和医工融合等转型技术研发方面取得进展。截至 2019 年底，京东方累计 55000 多件自主专利申请和 27000 多件授权专利。京东方积极拓展人工智能领域的研究，并加速发展，在中国企业人工智能技术发明专利排行榜中位列第 6，在图像超分、手势识别和目标检测算法相关领域的国际顶级赛事中多次夺冠。此外，为抢占数字文化领域国际标准话语权和制高点，京东方自主研制的数字艺术显示系统 ITU 国际标准获批，以及 2 项超高清远程医疗国际标准取得了 ITU 立项。

3. 客户资源

京东方在全球范围内具有广泛的客户资源。其产品大多销售给全球性大型代工厂和国际顶级品牌客户，如华为、联想、三星、海信、长虹、创维、康佳、海尔、惠普、戴尔、清华同方、VESTEL 和 FUNAI 等。

4. 稳步提升的市场地位和创新业务拓展能力

进一步巩固提升了显示事业全球市场的领先地位，其显示器件的出货面积在 2019 年实现了 19% 的同比增长，显示器件出货数量实现了 16% 的同比增长，五大主流产品的销量市场占有率仍然保持全球第一位；创新应用方面的产品销售面积实现了 72% 的同比增长，销售数量实现了 49% 的同比增长；智造服务整机高附加值产品类销量占比提升，TV 整机内销市场销量实现了 180% 的同比增长。

创新转型业务的营业收入和市场占有率的增长速度持续处于高位，智慧零售、数字艺术以及移动健康等创新业务快速发展，这些业务的营业收入实现了 60% 的同比增长，稳步提高了其行业影响力和品牌知名度。

5. 领先的精益管理水平和运营效率

进一步提高生产线工艺水平，构建设备综合效率管理体系，不断优化瓶颈工序，助力产能和生产线运营水平的提升。福州第 8.5 代 TFT-LCD 生产线单月产能超过了京东方 8.5 代线单月产能的历史最高水平，有效推进了产品集中化的进程，进一步优化了生产线产品的结构。智造服务导入模块化和

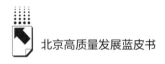
自动化生产，节省了大量的人力，进一步提升了工时效率。

全面提升客户交付满意度，出台并实施了 24 小时交付异常响应制度，加快异常处理。进一步提高了品质管理能力，在 16 家战略客户端品质绩效排名中其显示器件位列第一，还荣获多家品牌客户年度卓越质量金奖和金牌供应商等称号。成本竞争力不断提升，显示业务完善供应商战略合作联动机制，持续优化供应商资源池，确保各项资材稳定供应。智造服务建立产供销线上协同平台，实现 100% 的物资需求计划订单转化率。

（二）经营问题分析

1. 未实现最佳规模化经营

在过去五年京东方的产能堪称世界第一，是液晶制造设备的最大买家。液晶面板与半导体产业一样，基本呈寡头垄断格局。目前京东方还未形成寡头垄断格局，需尽快整体布局，实现最佳规模化经营。但目前很多新建面板厂的产能仍未完全释放。虽然在疫情下，顺利保障了重庆第六代柔性 AMOLED 生产线的项目建设进度，但由于其他新建厂未能顺利完成项目封顶，极大影响了其产品线的全面布局及其综合市场竞争力。

2. 上游产业链控制能力弱

京东方在近十年期间虽然拥有不少技术专利，还生产了全球最大尺寸的 110 英寸 8K 超高清显示屏等创新性产品，但是其产品的上游产业链控制能力较弱。目前液晶面板等核心设备和材料被日本和韩国的制造商掌控。以 OLED 生产的核心设备（即蒸镀机）为例，仅日本佳能旗下的 Canon Dokki 一家企业就拥有大规模量产的能力。以有机发光材料为例，其被韩国三星掌控，OLED 三原色中 R 发光材料约 60% 购买自美国的陶氏化学，G 发光材料约 60% 购买自韩国的 SDI，B 发光材料约 70% 购买自日本的出光高山，这几家企业均对韩国三星具有很强的依赖关系。虽然京东方也在致力于 OLED 业务的战略布局，但是仍然步人后尘，对上游产业链控制能力薄弱。

3. 人才队伍建设压力大

京东方的人才培养路线图很清晰，在初期，京东方几乎所有技术岗位都是由并购的韩国人领导的。近年来，京东方陆续挖走三星 3 位柔性 OLED 的技术带头人和韩国百位研发人才，为中国 OLED 产业做出了不小的贡献。虽然京东方的全新技术不能指望韩国研发人员，但其非常有助于弥补京东方的一些短板，在短短几个月内京东方柔性 OLED 生产线的良品率从 25% 左右迅速提高到 70% 左右。与此同时，中国高科技企业的发展当然不能只靠挖国外高级人才，培养本土高级人才更加重要。京东方的中国本土高级人才，其研发成果可以说非常惊艳。2018 年 5 月京东方成功量产 6 英寸和 8 英寸两款可折叠柔性 OLED 屏，和小米合作开发 4 款可折叠屏旗舰手机。京东方可折叠 OLED 屏的动态弯折半径是全球最小的，厚度只有 1mm。此外，为了更好地解决人才队伍建设问题，京东方还成立了京东方大学，从而完善了企业人才培养发展体系并推动其升级，逐步形成四大类别（即领军人、管理者、专业人和产业人）的培训产品线，为处于不同阶段的人才成长提供个性化的培养方案。

4. 经营与管理风险

在产品技术方面，细分市场不断凸显，但京东方产品多元化布局有所欠缺。不仅仅需要在液晶电视、笔记本电脑和功能手机显示屏领域布局，更需要拓展到手机触摸屏和平板触摸屏领域；在管理风险方面，京东方公司业务扩张带来了不可避免的管理风险和质量控制风险，如何保证技术、知识、品质在集团各个公司的一体化标准，也是京东方管理层正在面对的难题之一。与此同时，人力资源成本上升也给京东方带来了新的人才管理难题。

（三）内部环境因素小结

总体来说，京东方在长期发展过程中，积累了丰富的技术、产业布局、客户资源、生产能力等优势和能力。同时也面临对上游控制力弱、规模欠佳、融资压力等一系列内部劣势因素。根据上述分析，对京东方内部优势、劣势因素可总结如下（见表 4）。

表4 京东方发展的内部环境因素分析

优势	S1. 产业链条完整,发展基础深厚,运作效率效益水平高
	S2. 创新能力强,技术水平高,能紧贴市场前沿和需求,产品竞争力强
	S3. 技术资源积累丰富,企业生命力强
	S4. 客户资源丰富并且包括众多知名、优质全球性顶级企业
	S5. 产品不断丰富,能够主动贴合市场需求扩展产品线
	S6. 产能高,制造能力强
	S7. 人才队伍强大,业务能力强
	S8. 企业资产实力雄厚,融资能力强
劣势	W1. 产能相对标杆企业仍然不足,并且既有设备产能未充分发挥,规模效益未达到最佳水平,与标杆企业存在差距
	W2. 技术能力有限,对上游企业的议价能力、影响力弱,受制于人
	W3. 融资规模庞大,结构单一
	W4. 缺少高水平一流人才,不少骨干缺少国外培训经历
	W5. 公司扩张步伐加快,人才数量、质量难以同步
	W6. 相比国际市场主流,其产品结构还比较单一,在未来核心领域仍需开发新产品
	W7. 迅速扩张下,管理水平的提升以及产品质量的保障等仍面临挑战

三 京东方促进北京经济高质量发展的战略与策略

本节主要从新经济的数字经济和智能经济两个角度分析京东方促进北京经济高质量发展。

(一)从数字经济的角度分析京东方促进北京经济高质量发展

在数字经济方面,京东方为多个领域提供了物联网整体解决方案,具体包括智慧零售、数字艺术和商务办公等。

1. 智慧零售

在商超零售等领域,京东方为商超企业提供了包含货架管理以及价格管理等在内的物联网智慧零售解决方案,有助于它们为客户提供零售 O + O 无缝衔接服务。

以超市为例,客户在进入超市以后不需要在海量的商品中去挑选自己的需要的产品，可以使用手机或者其他电子设备利用近距离无线通信技术（NFC）或扫描超市的二维码，进入其在线商城从而便于了解所需商品的更多详细信息；超市也不用再烦恼如何快速调整其海量商品的价格问题，抢眼的促销电子标签也可以实现与后台数据库信息的同步更新……上述购物方式的智能化体验，现已成为现实生活中可接触的场景。例如，占地近万平方米的盒马鲜生旗舰店已经在北京市经济技术开发区运营了近三年时间，该旗舰店配备了京东方 ESL（Electronic Shelf Labels 电子标签）系统，可以使广大客户切实体会基于智慧零售的购物一站式生活新体验。这家旗舰店统一配备了京东方 VUSION 系列的电子价签。这种电子价签不仅可以呈现黑、白、红三色促销信息，还能够有效提高旗舰店的营销水平。此外，家旗舰店还配备了 BOE 画屏以及条形屏等全套方案，可以在很大程度上给客户提供智慧、便捷的购物体验。

当下，零售行业发展的新趋势是实现智慧零售，而在智慧零售中担任核心角色的 ESL 系统还具有非常大的市场潜力。商品价签的数字化体现，这不仅可以降低因为频繁调整价格而消耗的人力成本、物力成本，还可以避免一定的开支。这一点对需要频繁调整价格的商家（如生鲜卖场）来说特别突出。ESL 系统已经在零售领域（如中高端商场、便利店和超市等）和其他应用场景（如库存管理和物流仓储等）取得了很好的应用。

京东方提供的智慧零售物联网解决方案，是运用电子价签和自助终端等智能设备，顺应智慧零售中线上、线下深度融合的发展趋势，提高企业的运营效率以及消费者的购物体验。当下，京东方 ESL 系统除了入驻盒马鲜生以外，还为阿里 HOMETIMES 家时代、天猫超市以及京东四季优选等知名商超提供了个性化定制服务。

2. 数字艺术

在数字艺术领域，京东方推出了一款名为"BOE 画屏"的物联网产品①。

---

① 倪霞：《科技激活艺术生命力，面板老大哥京东方加紧向物联网转型丨亿欧解案例》，（2019 – 12 – 21），https：//www. iyiou. com/news/20191221120703。

BOE 画屏 S3 是京东方于 2019 年 11 月推出的新一代画屏产品，兼具智能画框和客厅智屏的双重功能。简单来说，BOE 画屏 S3 是一幅家庭装饰画与智能电视机的结合体。作为画屏产品，BOE 画屏 S3 可以把画廊的体验带回家中，它具备可匹配十大家装风格的内容服务，可以适配欧式、新中式以及现代简约等多种主流的家居场景；作为客厅智屏，它适配影音功能、娱乐中心、学习中心和互动中心四个场景。BOE 画屏 S3 显示的画作，能够高度还原画作纹理与色彩。经国际化的科技与产业创新服务平台——亿欧现场体验发现，平滑显示屏的确能还原目视凹凸的纹理效果。

BOE 画屏 S3 采用无损 Gamma 专利技术，是唯一能完美还原 256 个灰阶屏幕的技术，并且，画屏产品还具备智能图像匹配技术，给画屏配置"智能 DJ"，显示油画、国画、风格画的时候，参数会自动调整。显示油画的时候需要更突出它的色彩、质感和饱和度，画屏参数会根据不同的画质进行智能匹配，以达到最优的显示效果。而相比于普通大屏幕，BOE 画屏 S3 不仅配置了一些护眼技术，如防眩光、低蓝光和无频闪等，即考虑了护眼功能，而且还具有高还原度。历时三年的发展，BOE 画屏 App 已拥有超过 30 万用户，建立了合作关系的国际顶级艺术机构超过两百家、艺术家超过 5000 位，平台累计推送次数超过 600 万。目前，BOE 数字艺术成功形成了一个完整且健康有序的新生态。

基于此，京东方出台了"百万数字艺术馆计划"，即在三年内打造 100 万个数字艺术馆（公共数字艺术馆 + 家庭数字艺术馆）、汇集 1000 万件内容、触达 3 亿人群，从而通过 BOE 画屏使更多的馆藏瑰宝和艺术内容走进企业、商场、学校、社区以及千家万户，让美点缀普通大众的日常生活。此外，该计划还对开展国际数字艺术产业技术创新交流与合作、助力传统文化的保护与传承、助推数字文化产业的发展以及抢占全球数字艺术行业制高点具有重要的意义。

（二）从智能经济的角度分析京东方促进北京经济高质量发展

在智能经济方面，京东方提供了一种移动健康管理平台，它可以接入睡眠仪、血压计、运动手表和体脂秤等多种智能健康硬件检测设备，通过硬件互联精准监测并管理各项体征数据，并结合大数据算法以及 AI 技术，为广大消费者提供个性化的家庭健康管理服务，包括多维度体征数据的解读、体检挂号、在线问诊以及 AI 疾病风险预测等。

京东方的智能睡眠仪，外观看似大白，呆萌又可爱。除了出众的颜值外，它还是一枚贴心的枕边床伴。根据京东方智能睡眠仪的精准监测数据、京东方提供的睡眠管理解决方案，可全面分析 PSQI 睡眠质量、SQI 睡眠呼吸质量、睡眠分期以及睡眠时长等关键指标，并通过软件和硬件实现个性化服务指导，帮助提升用户的睡眠质量[①]。

京东方臂式电子血压计通过大量临床数据采集，选择 SOC 芯片和 DDWN 核心算法，聚焦信号细节，让测量结果更准确、更稳定；测量过程中全程语音播报，智能又方便；可进行远程连接，家里老人测量时可远程关注；另外可进行血压趋势管理，多人测量的话可进行分别分析，并生成结果分析报告。有了这台小小的臂式电子血压计，全家人的日常健康就有了专属小顾问。

除了上述两款智能健康设备外，由智能运动手表、BOE 智能体脂秤以及 BOE AI 医生云平台构成的运动健康解决方案，也让用户在学校、办公、健身房、医院、家庭等领域都能体验到专业的健康管理和服务。另外，京东方无创多参数检测仪、12 导联动态心电记录仪以及智能体脂秤等多款移动健康产品，让用户体验到触手可及的移动健康产品和服务。

此外，京东方还在北京布局了两家数字医院——北京京东方医院（总院）和北京明德医院，实现线上与线下医院无缝衔接，在院内按照智慧导诊便捷就医。同时，还有一系列一站式高效就诊流程及药物运输流程，以最佳体验的诊疗服务，让更多消费者体验到智慧健康的美好未来。

随着物联网、大数据、AI 和 5G 等新兴技术与大健康产业的加速深度融

---

① 中国工业新闻网：《BOE（京东方）移动健康解决方案亮相北京国际消费电子博览会》，（2019－08－05），http：//www.cinn.cn/gongjing/201908/t20190805_216602.html。

合，智慧医疗时代加快到来。今后，京东方将不断采用并深度优化智能健康产品与 App 相结合的方式，运营移动健康管理平台，为广大消费者提供全方位、个性化的移动健康解决方案；并结合多家数字医院开诊运营，以最佳体验的诊疗服务，让更多消费者体验到智慧健康的美好未来。

参考文献

［1］步丹璐、兰宗：《政府和市场的互动与企业战略实现——中国道路自信在京东方案例中的现实依据》，《财经研究》2020 年第 8 期。

［2］李欣欣：《京东方快速扩张战略的研究》，北京交通大学硕士学位论文，2014。

［3］朱萌：《友达光电股份有限公司竞争战略研究》，复旦大学硕士学位论文，2009。

［4］谢遹熠：《京东方 AMOLED 业务的发展战略研究》，北京交通大学硕士学位论文，2018。

［5］《京东方科技集团股份有限公司 2019 年年度报告》，2020。

附　　录

Appendices

B.11
北京高质量发展相关政策、文件

名称	发布机构	时间	涉及内容
2018 年北京市政府工作报告	北京市	2018 年 2 月	必须推动高质量发展,牢固树立新发展理念,强化创新驱动,加快构建高精尖经济结构,着力破解"大城市病",把高质量要求体现在城市发展的各个方面
2018 年政府工作报告	国务院	2018 年 3 月	坚持稳中求进工作总基调,坚持新发展理念,紧扣我国社会主要矛盾变化,按照高质量发展的要求,统筹推进"五位一体"总体布局和协调推进"四个全面"战略布局,坚持以供给侧结构性改革为主线,统筹推进稳增长、促改革、调结构、惠民生、防风险各项工作,大力推进改革开放,创新和完善宏观调控,推动质量变革、效率变革、动力变革,特别在打好防范化解重大风险、精准脱贫、污染防治的攻坚战方面取得扎实进展,引导和稳定预期,加强和改善民生,促进经济社会持续健康发展
关于推进文化创意产业创新发展的意见	北京市	2018 年 6 月	确立了由"两大主攻方向、九大重点领域环节"构成的文化产业高精尖内容体系,并提出九大产业促进行动
关于开展质量提升行动的实施意见	北京市	2018 年 10 月	此文件是落实中央高质量发展要求的重要举措和体现,是首都深入推进质量强国首善之区建设的重要里程碑。文件从总体要求、增加优质产品有效供给、推动服务提质增效、提升城市规划建设管理水平、培育创新发展质量竞争优势、破除质量提升瓶颈、优化质量提升环境和保障措施 8 个方面共有 26 条,部署了 24 项任务

续表

名称	发布机构	时间	涉及内容
进一步深化国资国企改革 推动高质量发展三年行动计划（2018 年~2020 年）以及 15 个配套文件	北京市	2018 年12 月	以构建企业市场化经营机制为核心,按照优化重组一批、创新发展一批、混改做强一批、推进上市一批、清理退出一批的原则要求,持续激发企业活力,推动自主创新,把国企混合所有制改革作为重要突破口,提升国有资本控制力影响力,坚持把创新作为发展第一动力,加强企业创新能力建设,推动国资国企更高质量发展
全面推进北京市服务业扩大开放综合试点动作方案	国务院	2019 年1 月	为推动全方位对外开放和经济高质量发展,在新的起点上全面推进北京市服务业扩大开放综合试点工作,涉及租赁和商务服务业、信息传输、软件和信息技术服务业、金融业、科学研究和技术服务业、卫生和社会工作、文化、体育和娱乐业等 6 个行业
2019 年北京市政府工作报告	北京市	2019 年1 月	统筹推进"五位一体"总体布局,协调推进"四个全面"战略布局,坚持稳中求进工作总基调,坚持新发展理念,坚持推动高质量发展,坚持以供给侧结构性改革为主线,坚持深化市场化改革、扩大高水平开放,继续大力加强"四个中心"功能建设、提高"四个服务"水平,抓好"三件大事",打好三大攻坚战,统筹做好稳增长、促改革、调结构、惠民生、防风险、保稳定各项工作,不断将全面从严治党引向深入,更加奋发有为地推动首都新发展
2019 年政府工作报告	国务院	2019 年3 月	统筹推进"五位一体"总体布局,协调推进"四个全面"战略布局,坚持稳中求进工作总基调,坚持新发展理念,坚持推动高质量发展,坚持以供给侧结构性改革为主线,坚持深化市场化改革、扩大高水平开放,加快建设现代化经济体系
关于推进贸易高质量发展的指导意见	国务院	2019 年11 月	为加快培育贸易竞争新优势,推进贸易高质量发展,现提出此意见:1、加快创新驱动,培育贸易竞争新优势;2、优化贸易结构,提高贸易发展质量和效益;3、促进均衡协调,推动贸易可持续发展;4、培育新业态,增添贸易发展新动能;5、建设平台体系,发挥对贸易的支撑作用;6、深化改革开放,营造法治化国际化便利化贸易环境;7、坚持共商共建共享,深化"一带一路"经贸合作;8、坚持互利共赢,拓展贸易发展新空间;9、加强组织实施,健全保障体系
北京市促进科技成果转化条例	北京市	2019 年11 月	对科技成果的权属、转化收益分配、勤勉尽职免责等做出明确规定。与科技进步法、专利法、合同法等涉及科技成果转化相衔接并更细化,利于落实到位;对高校院所、企业等成果转化重点难点问题进行制度设计

续表

名称	发布机构	时间	涉及内容
2020 年北京市政府工作报告	北京市	2020 年 1 月	全国科技创新中心建设全面加速、明确推进高质量发展 20 项重点任务,开放型、创新型产业集群加快形成,加强全市高精尖产业发展顶层设计和组织实施,全面落实新一轮服务业扩大开放综合试点方案,以更大力度更高水平打造全面开放型现代服务业发展先行区,经济高质量发展迈出坚实步伐
推动首都高质量发展标准体系建设实施方案	北京市	2020 年 1 月	方案围绕首都高质量发展 6 大方面 35 项指标,研究提出了推动首都高质量发展标准体系整体架构。分为三个层级,其中一级为首都高质量发展的六个方面。二级为城市发展总量控制、高精尖产业、城市精细化治理、京津冀区域协同发展、生态环境保护、优化营商环境、高品质人居生活等 18 个重点领域。三级(略)
北京市文化产业高质量发展三年行动计划(2020～2022 年)	北京市	2020 年 1 月	文化产业作为首都经济的重要支柱产业,已成为助推北京高质量发展的重要引擎,在构建"高精尖"经济结构、推进全国文化中心建设进程中发挥了重要支撑作用。文件规定了 4 个方面的工作任务:1 聚焦高品质文化供给、着力加强首都文化价值引领;2 加强创意设计服务支撑,着力提升文化产业发展品质;3 推动文化与相关领域融合,着力促进新旧动能转换;4 健全完善文化市场体系,着力激发文化创新创造活力
《"三城一区"知识产权行动方案(2020～2022 年)》	北京市	2020 年 3 月	围绕首都的战略定位,推进落实知识产权部署,完善"三城一区"知识产权特色发展格局,全面加强对知识产权的保护力度,构建具有区域特色的知识产权公共服务体系,加快推进以知识产权为载体的创新成果转化,充分发挥"三城一区"在北京市的引领示范作用,推动首都高质量发展
2020 年北京市政府统计系统工作报告	北京市	2020 年 4 月	加快构建高质量发展统计体系。进一步优化《北京高质量发展指数统计监测评价指标体系》。开展 2018 年"高精尖"领域行业结构数据测算,研究确定细分行业高精尖企业指数,修订"高精尖"产业标准
2020 年政府工作报告	国务院	2020 年 5 月	坚持稳中求进工作总基调,坚持新发展理念,坚持以供给侧结构性改革为主线,坚持以改革开放为动力推动高质量发展,坚决打好三大攻坚战,加大"六稳"工作力度,保居民就业、保基本民生、保市场主体、保粮食能源安全、保产业链供应链稳定、保基层运转,坚定实施扩大内需战略,维护经济发展和社会稳定大局,确保完成决战决胜脱贫攻坚目标任务,全面建成小康社会

续表

名称	发布机构	时间	涉及内容
"1+5"系列政策——《关于加快培育壮大新业态新模式促进北京经济高质量发展的若干意见》以及加快新基建、加快新场景建设、促进新消费、实施新开放、提升新服务等五大行动方案	北京市	2020年6月	北京市拟系统推进新业态新模式建立和发展,为北京经济稳步增长和高质量发展建立全新的运行体系。"1+5"系列政策立足首都城市战略定位,准确把握数字化、智能化、绿色化、融合化发展趋势,加快推进新型基础设施建设,持续拓展前沿科技应用场景,不断优化新兴消费供给,高水平推进步对外开放,全面改革创新政府服务,打造北京经济新增长点,为北京经济高质量发展持续注入新动能新活力
北京市加快新场景建设培育数字经济新生态行动方案	北京市	2020年6月	以数字化赋能经济发展和培育优化新经济生态为主线,以场景驱动数字经济技术创新、场景创新与新型基础设施建设深度融合为引领,聚焦人工智能、5G、物联网、大数据、区块链、生命科学、新材料等领域新技术应用,为推动企业特别是中小企业技术创新应用提供更多"高含金量"场景条件,积极推广新业态新模式,加快培育新的经济增长点,更好推动北京经济高质量发展
国务院关于促进国家高新技术产业开发区高质量发展的若干意见	国务院	2020年7月	国家高新技术产业开发区是我国实施创新驱动发展战略的重要载体。到2035年,建成一大批具有全球影响力的高科技园区,主要产业进入全球价值链中高端,实现园区治理体系和治理能力现代化。意见旨在着力提升国家高新区自主创新能力、激发企业创新发展活力、推进产业迈向中高端、加大开放创新力度、营造高质量发展环境和加强分类指导与组织管理
关于加快国家文化产业创新实验区核心区高质量发展的若干措施	北京市	2020年9月	此文件是北京市首次针对全市文化产业发展重点区域单独出台的政策文件,旨在加快推进国家文化产业创新实验区核心区建设。从激发文化活力、优化空间承载、构建文化生态、扩大开放融通等4个方面,以"政策18条"的形式,明确国家文创实验区下一步发展方向,辐射带动全市文化产业高质量发展,加快全国文化中心建设。此政策文件有利于构建"高精尖"经济结构和文化产业的创新格局,推动首都全国文化中心建设迈上新的台阶

B.12
北京高质量发展指数指标
解释及资料来源

（一）北京经济高质量发展指数指标解释及资料来源

1. 经济增长

（1）第一产业增加值（2005 年不变价）

根据中国 2017 年修订版《国民经济行业分类》标准，第一产业指的是农林牧渔业。第一产业增加值指的是在一定时期内单位产值的增加值。采用的是 2005 年不变价，以不变价计算的增长速度剔除了价格变动因素，使其更具可比性。具体计算公式如下：

$$第一产业增加值 = \frac{上年第一产业增加值（不变价）\times 第一产业增加值指数（上年 =100）}{100}$$

例如：2006 年第一产业增加值（2005 年不变价）

$$= \frac{2005 年第一产业增加值 \times 第一产业增加值指数}{100}$$

资料来源：《中国统计年鉴》。

（2）第二产业增加值（2005 年不变价）

根据中国 2017 年修订版《国民经济行业分类》标准，第二产业指的是采矿业、制造业和电力、热力、燃气及水生产和供应业以及建筑业。第二产业增加值指的是在一定时期内单位产值的增加值。采用的也是 2005 年不变价，以不变价计算的增长速度剔除了价格变动因素，具体计算公式如下：

第二产业增加值

$$=\frac{上年第二产业增加值(不变价)\times 第二产业增加值指数(上年=100)}{100}$$

例如：2006 年 第 二 产 业 增 加 值 （ 2005 年 不 变 价 ）

$$=\frac{2005 年第二产业增加值\times 第二产业增加值指数}{100}$$

资料来源：《中国统计年鉴》。

（3）第三产业增加值（2005 年不变价）

根据中国 2017 年修订版《国民经济行业分类》标准，第三产业指的是服务业，是除了第一和第二产业以外的其他行业。第三产业增加值指的是在一定时期内单位产值的增加值。采用的也是 2005 年不变价，以不变价计算的增长速度剔除了价格变动因素，具体计算公式如下：

第三产业增加值

$$=\frac{上年第三产业增加值(不变价)\times 第三产业增加值指数(上年=100)}{100}$$

例 如：2006 年 第 三 产 业 增 加 值 （ 2005 年 不 变 价 ）

$$=\frac{2005 年第三产业增加值\times 第三产业增加值指数}{100}$$

资料来源：《中国统计年鉴》。

（4）最终消费支出对 GDP 增长的贡献率

最终消费支出是居民消费支出和政府消费支出的总和，是支出法国内生产总值主要组成部分。具体计算公式：

$$最终消费支出对 GDP 增长的贡献率 = \frac{最终消费支出(亿元)}{GDP(亿元,当年价)}\times 100\%$$

其中：最终消费支出 = 居民消费支出 + 政府消费支出

资料来源：《中国统计年鉴》、EPS 数据平台。

（5）资本形成总额对 GDP 增长的贡献率

资本形成总额包括资本形成总额和存货变动，是支出法国内生产总值主要组成部分。具体计算公式：

$$资本形成总额对 GDP 增长的贡献率 = \frac{资本形成总额（亿元）}{GDP（亿元，当年价）} \times 100\%$$

其中：资本形成总额 = 固定资本形成总额 + 存货变动

资料来源：《中国统计年鉴》、EPS 数据平台。

（6）货物和服务净出口对 GDP 增长的贡献率

货物和服务净出口是指货物和服务出口减货物和服务进口的差额，货物的出口和进口都按离岸价格计算。具体计算公式：

$$货物和服务净出口对 GDP 增长的贡献率 = \frac{货物和服务净出口}{GDP（亿元，当年价）} \times 100\%$$

其中：货物和服务净出口 = 货物和服务出口 − 货物和服务进口

资料来源：《中国统计年鉴》、EPS 数据平台。

2. 结构优化

（1）高端制造业销售产值占工业销售产值比重

高端制造业具备高技术、高附加值、低污染、低排放等显著特征，具有较强的竞争优势。综合新经济、高技术产业、信息产业特征，在 2 位码下遴选出高端制造业：化学原料及化学制品制造业，医药制造业，通用设备、专用设备、（交通运输）铁路、船舶、航空航天和其他运输设备制造业，计算机、通信和其他电子设备制造业，仪器仪表制造业，共 7 个行业。具体计算公式如下：

$$高端制造业销售产值占工业销售产值比重 = \frac{高端制造业销售产值}{工业销售产值} \times 100\%$$

其中：高端制造业销售产值 = 化学原料及化学制品制造业 + 医药制造业 + 通用设备 + 专用设备 + （交通运输）铁路、船舶、航空航天和其他运输设备制造业 + 计算机、通信和其他电子设备制造业 + 仪器仪表制造业，七个行业的销售产值

资料来源：国研网。

（2）房地产占 GDP 比重

相关研究表明，降低地方经济增长对于房地产投资的依赖度是产业结构

升级优化的表现之一，因此采用房地产占 GDP 的比重来衡量地区结构优化程度，其中采用的房地产增加值更能凸显其增长速度。具体计算公式如下：

$$房地产占\,GDP\,比重 = \frac{房地产增加值（亿元）}{GDP（亿元，当年价）} \times 100\%$$

资料来源：《中国统计年鉴》、EPS 数据平台。

（3）第三产业占 GDP 比重

三次产业占 GDP 的比重大小，能充分体现一个地区经济发展历程和通过政策引导产业结构调整前后所发生的变化，是宏观衡量和一个地区产业结构分布的最重要的指标。世界发达地区的第三产业占 GDP 的比重达到 70% 以上。由此采用第三产业占 GDP 比重指标来衡量地区的产业结构优化度。具体计算公式如下：

$$第三产业占\,GDP\,比重 = \frac{第三产业产值（亿元）}{GDP（亿元，当年价）} \times 100\%$$

资料来源：《中国统计年鉴》、EPS 数据平台。

（4）第三产业与第二产业之比

第三产业占 GDP 比重若高于第二产业占 GDP 比重，是经济结构调整和转型升级的重大变化，由原来的工业主导型经济向服务主导型经济转变。由此采用第三产业占第二产业之比指标来表征其转型升级的程度。具体计算公式如下：

$$第三产业与第二产业之比 = \frac{第三产业占\,GDP\,比重}{第二产业占\,GDP\,比重}$$

资料来源：《中国统计年鉴》、EPS 数据平台。

（5）投资与消费之比

投资、消费是拉动经济增长"三驾马车"的关键组成部分，相关研究表明，相对较高的投资率对我国经济增长具有重要意义，投资效率揭示了资本供给与产出需求之间的内在关系，因为资本供给与产出需求的静态结构及动态变化反映了投资与消费的比例。如果出现持续高涨的高投资消费比例，即投资占 GDP 之比越来越高，消费支出占 GDP 的比重持续下降，则经济再平衡或者经济发展方式的转变的关键之一在于刺激消费。具体计算公式如下：

$$投资与消费之比 = \frac{固定资产投资额占\,GDP\,比重}{社会消费品零售总额占\,GDP\,比重}$$

资料来源：《中国统计年鉴》、EPS 数据平台。

3. 效率提升

（1）第一产业劳动生产率

劳动生产率是社会生产力发展水平的体现，该指标的提升是经济高质量发展的特征之一。第一产业劳动生产率已广泛应用于农业发展水平评价中，其劳动生产率的提升是在实施乡村振兴战略中弘扬创新发展理念、推动经济高质量发展的重要体现。具体计算公式如下：

$$第一产业劳动生产率（元/人）= \frac{第一产业增加值（亿元,2005\,年不变价）\times 10000}{城镇第一产业从业人员（万人）}$$

资料来源：《中国统计年鉴》、EPS 数据平台。

（2）第二产业劳动生产率

第二产业劳动生产率是表征工业发展质量的重要指标之一，该劳动生产率的提升也是弘扬创新发展理念、推动经济高质量发展的重要体现。具体计算公式如下：

$$第二产业劳动生产率（元/人）= \frac{第二产业增加值（亿元,2005\,年不变价）\times 10000}{城镇第二产业从业人员（万人）}$$

资料来源：《中国统计年鉴》、EPS 数据平台。

（3）第三产业劳动生产率

现阶段，我国第三产业正处于快速发展期，其涵盖了文化、教育、医疗、金融、科研等众多领域。发达国家的第三产业占比达到 70% 以上，相关研究发现，目前第三产业劳动生产率是效率提升的重要拉动力。具体计算公式如下：

$$第三产业劳动生产率（元/人）= \frac{第三产业增加值（亿元,2005\,年不变价）\times 10000}{城镇第三产业从业人员（万人）}$$

资料来源：《中国统计年鉴》、EPS 数据平台。

（4）全员劳动生产率

全员劳动生产率是考核地区城市经济活动的重要指标，是衡量该地区生产技术水平、经营管理水平、职工技术熟练程度和劳动积极性的综合表现。具体计算公式如下：

$$全员劳动生产率（元/人）=\frac{GDP（亿元,2005年不变价）\times10000}{城镇从业人员（万人）}$$

资料来源：《中国统计年鉴》、EPS 数据平台。

（5）固定资产投资占 GDP 比重

固定资产投资占 GDP 比重又称为固定资产投资率，反映了固定资产投资对经济增长的贡献。具体计算公式如下：

$$固定资产投资占GDP比重=\frac{固定资产投资总额（亿元）}{GDP（亿元,当年价）}\times100\%$$

资料来源：《中国统计年鉴》、EPS 数据平台。

（6）利润–税费比率

利润—税费比率又称为成本费用利润率，表征企业对社会的贡献和企业的盈利水平。一般地，企业的成本费用越低，则企业盈利水平越高；反之，企业的成本费用越高，则企业盈利水平越低。具体计算公式如下：

$$利润—税费比率=\frac{利润总额（亿元）}{成本费用总和（亿元）}\times100\%$$

其中，成本费用总额 = 营业成本 + 营业税金及附加 + 营业费用 + 管理费用 + 财务费用 + 资产减值损失。

（7）企业资金利润率

企业资金利润率是表征投资者投入企业资本金的获利能力的指标。一般地，该比率越高，表明企业资金的盈利能力越强；反之，则表明企业资金的盈利能力越弱。具体计算公式如下：

$$企业资金利润率=\frac{利润总额（亿元）}{总资产（亿元）}\times100\%$$

资料来源：《中国统计年鉴》、EPS 数据平台。

（8）资产负债率

资产负债率是表征公司负债水平及风险程度的综合指标，也是衡量公司利用债权人资金进行经营活动能力的指标。这一比率越低，表明公司的偿债能力越强。具体计算公式如下：

$$资产负债率 = \frac{负债总额（亿元）}{总资产（亿元）} \times 100\%$$

资料来源：《中国统计年鉴》、EPS 数据平台。

4. 创新驱动

（1）地方财政科学事业费支出

科学事业发展的规模和速度与财政向科学事业提供的经费息息相关。本书中，该指标所用数据来源于一般预算支出中的科学技术支出。

资料来源：《中国统计年鉴》、EPS 数据平台。

（2）R&D 投入占 GDP 的比重

罗默的内生经济增长模型显示：知识和技术的研发可产生科技创新，从而产生知识溢出效应，推动生产前沿面前移，从而带动全要素生产率的提升，拉动经济增长。本报告采用该指标用于表征全社会用于基础研究、应用研究和试验发展的经费支出占国内生产总值的比重。R&D 投入占 GDP 的比重被视为衡量科技投入水平的重要指标。具体计算公式如下：

$$R\&D \ 投入占 GDP 的比重 = \frac{R\&D \ 经费内部支出（亿元）}{GDP（亿元，当年价）} \times 100\%$$

资料来源：《中国统计年鉴》、EPS 数据平台。

（3）基础研究占的 R&D 投入比重

基础研究常常反映着知识的原始创新能力。加强基础研究是提高我国原始创新能力、积累智力资本的重要途经，是我国跻身世界科技强国的必要条件，是我国建设创新型国家的根本动力和源泉。2019 年，我国基础研究经费占 R&D 经费的比重首次突破 6%，今后我国的基础研究经费仍将快速增长。该指标具体计算公式如下：

$$基础研究占的 R\&D 投入比重 = \frac{基础研究支出(亿元)}{GDP(亿元,当年价)} \times 100\%$$

资料来源：《中国统计年鉴》、EPS 数据平台、全国科技经费投入统计公报。

（4）技术市场成交额

技术市场成交额是表征技术市场发展速度的重要指标。2019 年，我国技术市场交易成交额首次突破 2 万亿元，创历史新高。本书中，该指标所用数据来源于分地区技术市场成交额。

资料来源：《中国统计年鉴》、EPS 数据平台。

（5）每 10 万人发明专利授予数量

该指标是衡量区域科研产出质量和市场应用水平的综合指标，并已成为国民经济和社会发展综合考核指标体系的重要组成部分。具体计算公式如下：

$$每 10 万人发明专利授予数量 = \frac{发明专利申请授权数(件)}{常住人口(万人)} \times 10$$

资料来源：《中国统计年鉴》、中经统计网。

（二）北京环境高质量发展指数指标解释及数据来源

1. 环境质量

（1）全年优良天数比例

该指标来源于《"十二五"城市环境综合整治定量考核指标及其实施细则》，可用来表征研究对象的大气环境质量。选用 API 指标进行空气质量表征，能够综合、直观地表征城市的整体空气质量状况和变化趋势。

API 划分为六档，对应于空气质量的六个级别。API≤100 对应的空气质量为优良。

具体计算公式如下：

$$全年优良天数比例 = \frac{API≤100 的天数}{全年天数} \times 100\%$$

资料来源：《中国统计年鉴》、EPS 数据平台、《中国环境统计年鉴》。

其次，是生态状态指标。相对于环境状态指标，生态状态指标强调环境整体的状态及稳定性。具体将通过以下指标进行表征：

（2）建成区绿化覆盖率

该指标来源于《"十二五"城市环境综合整治定量考核指标及其实施细则》，可用于表征研究对象区域内的绿化水平。具体计算公式如下：

$$建成区绿化覆盖率 = \frac{建成区内绿化覆盖面积（平方公里）}{建成区总面积（平方公里）} \times 100\%$$

资料来源：《中国统计年鉴》、EPS 数据平台、《中国环境统计年鉴》。

（3）受保护地占国土面积比例

该指标来源于《国家生态文明建设试点示范区指标（试行）》，可用于表征研究对象区域内受保护区域的面积占比。具体计算公式如下：

$$受保护地占国土面积比例 = \frac{自然保护区面积（平方公里）}{区域总面积（平方公里）} \times 100\%$$

资料来源：《中国统计年鉴》、EPS 数据平台、《中国环境统计年鉴》。

（4）土地利用

该指标来源于环境安全界限理论，表征人类对土地进行利用的合理程度。依照环境安全界限理论，选用耕地占全部土地利用类型的比例作为土地利用安全界限的表征，具体计算公式如下：

$$耕地占比 = \frac{耕地面积（平方公里）}{区域总面积（平方公里）} \times 100\%$$

资料来源：《中国统计年鉴》、EPS 数据平台。

（5）淡水压力

该指标来源于环境安全界限理论，表征区域内淡水资源的丰富程度。根据环境安全界限理论，淡水资源的表征方式为全球人类水消耗（亿立方米/年）。并认为全球人类水消耗的安全范畴是小于每年 4 万亿立方米。

由于中国各省份具有人口分布不均的特点，使用总消耗量对省域淡水资源使用情况进行衡量难以反映现实问题。因而，根据 IAEG-SDGs 发布的可持续发展进程指标体系提出的有关淡水的指标，定义淡水压力为淡水资源指

标情况的表征。计算公式如下：

$$淡水压力 = \frac{用水总量（立方米）}{水资源总量（立方米）} \times 100\%$$

资料来源：《中国统计年鉴》、EPS 数据平台。

2. 污染防治指标

污染防治指标主要由排放强度指标、环境建设指标和绿色生活指标三大类构成。从机理上看，排放强度直接表征人类社会经济活动对生态环境造成的压力；环境建设指标体现研究对象区域控制污染防治所进行的努力；绿色生活指标体现研究对象区域控制污染排放所取得的成效。

首先，是排放强度指标，属于污染防治指标中表征"压力"的二级指标，即区域内人类经济活动（驱动力）向环境系统排放的污染物强度。具体下分指标包括：

（1）CO_2 排放强度

该指标来源于环境安全界限理论中的气候变化。环境安全界限理论中选用"大气中的 CO_2 的浓度（百万分率）"或"辐射强迫（瓦/平方米）"作为气候变化安全界限的表征。考虑到大气流动的动态开放特性，及浓度数据在省级层面极弱的可获得性，最终选择与《国家生态文明建设试点示范区指标（试行）》相结合，使用 CO_2 排放强度作为表征数据，计算公式如下：

$$CO_2 \text{ 排放强度} = \frac{当年 CO_2 \text{ 排放总量（吨）}}{GDP \text{ 总量（亿元，2005 年不变价）}} \times 100\%$$

资料来源：《中国统计年鉴》、EPS 数据平台、《中国环境统计年鉴》。

（2）SO_2 排放强度

该指标来源于《国家生态文明建设试点示范区指标（试行）》。SO_2 是常见的大气污染物，是酸沉降（包括酸雨、酸雪、酸雾等湿沉降及以气态物质、颗粒物等形式产生的干沉降）形成的重要前驱物。1995 年，我国修订的《大气法》首次增加了控制酸雨的条文，开启了我国对 SO_2 污染进行控制的阶段。进入"十二五"后，中国 SO_2 减排进入全面攻坚阶段，对污染源的排放监管和减排评估工作成为环境管理层面的迫切需求。由此，使用

SO_2 排放强度作为表征数据以衡量大气污染防治中的 SO_2 减排成效，计算公式如下：

$$SO_2\ 排放强度 = \frac{当年\ SO_2\ 排放总量（吨）}{GDP\ 总量（亿元,2005\ 年不变价）} \times 100\%$$

资料来源：《中国统计年鉴》、EPS 数据平台、《中国环境统计年鉴》。

（3）COD 排放强度

该指标的设置参考了《国家生态文明建设试点示范区指标（试行）》。在河流污染和工业废水性质的研究以及废水处理厂的运行管理中，COD 是一个重要的而且能较快测定的有机物污染参数。由此，使用 COD 排放强度作为表征数据以衡量水污染防治中的 COD 排放控制的减排成效，计算公式如下：

$$COD\ 排放强度 = \frac{当年\ COD\ 排放总量（吨）}{GDP\ 总量（亿元,2005\ 年不变价）} \times 100\%$$

资料来源：《中国统计年鉴》、EPS 数据平台、《中国环境统计年鉴》。

（4）氨氮排放强度

该指标的设置参考了《国家生态文明建设试点示范区指标（试行）》。使用氨氮排放强度作为表征数据以衡量水污染防治中的氨氮排放控制的减排成效，计算公式如下：

$$氨氮排放强度 = \frac{当年氨氮排放总量（吨）}{GDP\ 总量（亿元,2005\ 年不变价）} \times 100\%$$

资料来源：《中国统计年鉴》、EPS 数据平台、《中国环境统计年鉴》。

（5）工业废水排放量

该指标来源于《循环经济发展评价指标体系（2017 年版）》，指研究对象区域内经过企业厂区所有排放口排到企业外部的工业废水量。指标可用以表征水污染防治中工业废水排放的规模。

资料来源：《中国统计年鉴》、EPS 数据平台。

（6）城镇生活垃圾填埋处理量

该指标来源于《循环经济发展评价指标体系（2017 年版）》，指采用卫

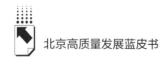
生填埋方式处置生活垃圾的总量。指标可用以表征固体废物污染防治中生活固体废物处理处置的规模。

另外，是环境建设指标，主要涉及污水处理、集中供暖、废物处置等污染控排设施建设相关揭示衡量指标，属于污染防治指标中表征"响应"的二级指标。具体将通过以下指标进行表征：

（7）城市生活污水集中处理达标率

该指标来源于《"十二五"城市环境综合整治定量考核指标及其实施细则》，指研究对象区域中城市建成区内经过城市集中污水处理厂二级或二级以上处理且达到排放标准的城市生活污水量与城市生活污水排放总量的百分比。指标可用以表征污水处理设施建设的成效。计算公式如下：

$$城市生活污水集中处理达标率 = \frac{城市污水处理厂生活污水达标处理量（万吨）}{城市生活污水排放总量（万吨）} \times 100\%$$

资料来源：《中国统计年鉴》、EPS 数据平台。

（8）生活垃圾无害化处理率

该指标来源于《"十二五"城市环境综合整治定量考核指标及其实施细则》，指经无害化处理的研究对象区域内生活垃圾数量占区域内生活垃圾产生总量的百分比。指标可用以表征废物处置设施建设的成效。对应计算公式如下：

$$生活垃圾无害化处理率 = \frac{生活垃圾无害化处理量（万吨）}{生活垃圾产生总量（万吨）} \times 100\%$$

资料来源：《中国统计年鉴》。

第三，是绿色生活指标，属于污染防治指标中表征"响应"的二级指标。该分类下的指标关注人民生活基本生活中的绿色环保水平。具体将包括以下表征指标：

（9）农村卫生厕所普及率

该指标来源于《绿色发展指标体系》，反映农村疾病防控及居民生活水平提高程度。计算公式如下：

$$农村卫生厕所普及率 = \frac{农村卫生厕所覆盖人口(万人)}{农村人口(万人)} \times 100\%$$

资料来源:《中国统计年鉴》、EPS 数据平台、《中国社会统计年鉴》。

(10) 城镇每万人口公共交通客运量

该指标来源于《绿色发展指标体系》,反映城镇公共交通设施建设及居民出行生活的绿色程度。计算公式如下:

$$城镇每万人口公共交通客运量$$
$$= \frac{城镇公共汽电车客运量(万人次) + 城镇轨道交通客运量(万人次)}{城镇人口(万人)}$$

资料来源:《中国统计年鉴》、EPS 数据平台。

3. 资源利用指标

环境高质量发展要求以较少的资源能源消耗和环境破坏来实现经济发展,提高资源利用效率是环境高质量发展的应有之意。资源利用指标主要由结构优化指标和综合利用指标两大类构成。从机理上看,结构优化指标主要表征社会经济系统能源结构的合理性,意图通过结构调整以降低社会经济活动对环境的;综合利用指标则表征对废水及固体废物等进行重复利用水平,以体现研究对象区域废物资源化、循环经济发展水平。

首先,是资源产出指标,属于资源利用指标中表征"压力"的二级指标,其内涵为社会经济发展过程中利用各类资源的效率。具体下分指标包括:

(1) 能源产出率

该指标来源于《循环经济发展评价指标体系(2017 年版)》,指研究对象区域生产总值与能源消耗量的比值,反映单位能源的产出情况。该项指标越大,表明能源利用效率越高。对应计算方式如下:

$$能源产出率(万元/吨标准煤) = \frac{地区生产总值(亿元,2005 年不变价)}{能源消费量(万吨标准煤)}$$

式中能源消费量涉及的能源主要包括:原煤、原油、天然气、核电、水电、风电等一次能源。

资料来源：《中国统计年鉴》、EPS 数据平台。

（2）水资源产出率

该指标来源于《循环经济发展评价指标体系（2017 年版)》，指研究对象区域生产总值与水资源消耗量的比值，反映单位水资源的经济产出情况。该项指标越大，表明水资源利用效率越高。对应计算方式如下：

$$水资源产出率(元/吨) = \frac{地区生产总值(亿元,2005 年不变价)}{地区总用水量(亿吨)}$$

资料来源：《中国统计年鉴》、EPS 数据平台。

（3）建设用地产出率

该指标来源于《循环经济发展评价指标体系（2017 年版)》，指研究对象区域生产总值与建设用地总面积的比值，反映单位面积建设用地的经济产出情况。该项指标越大，表明建设用地的利用效率越高。对应计算方式如下：

$$建设用地产出率(万元/公顷) = \frac{地区生产总值(亿元,2005 年不变价)}{地区城市建设用地面积(万公顷)}$$

资料来源：《中国统计年鉴》、EPS 数据平台。

（4）煤炭消费占能耗总量的比重

该指标参考了《"十二五"城市环境综合整治定量考核指标及其实施细则》中清洁能源使用率指标——研究对象区域终端能源消费总量中的清洁能源使用量的比例。相对地，煤炭消费的占比可视为研究对象区域非清洁能源消费的情况，且相关数据的获取更为直接、容易。对应的计算公式如下：

$$煤炭消费占能耗总量比重 = \frac{地区煤炭消费量(万吨标准煤)}{地区能源消费量(万吨标准煤)} \times 100\%$$

该指标为负向指标，即比重越低，则研究对象区域的能源清洁化水平更高。

资料来源：《中国统计年鉴》、EPS 数据平台。

4. 环境管理指标

良好的生态环境也是推动高质量发展的生产要素之一，而环境保护投资是实现好的生态环境的必然要求。环境管理指标主要由环保投资指标构成。

从机理上看，环保投资指标能够体现研究对象区域对于环境管理的投入。

环境保护投资占 GDP 的比重

指标来源为《"十二五"城市环境综合整治定量考核指标及其实施细则》，表征研究对象区域为环境保护进行投资的数额，能够直接反映区域对环境保护的重视程度。计算公式如下所示：

$$环境保护投资比例 = \frac{区域环境保护投资（万元）}{区域生产总值（万元）} \times 100\%$$

其中，区域环境保护投资 = 环境污染治理投资 + 环境管理与污染防治科技投入。

资料来源：《中国统计年鉴》、EPS 数据平台、《中国环境统计年鉴》。

（三）北京社会高质量发展指数指标解释及资料来源

1. 民生优化

民生优化与老百姓生活幸福度密切相关，体现在百姓的衣食住行、就业、教育、医疗、社会保障等方面。民生问题是老百姓最关心的问题，本报告主要借鉴现有相关文献资料、紧扣政府目标，从教育、就业、收入、消费、公共基础设施、医疗、社会保障等 7 个方面选取相关代表性的评价指标。

（1）城乡居民可支配收入

城乡居民可支配收入是反映城乡居民生活水平的重要指标，是居民用于最终消费支出以及其他非义务性支出及储蓄的总和，是衡量民生优化的一个重要表征。本报告采用的是城乡居民可支配收入的资料。

资料来源：《中国统计年鉴》。

（2）城镇登记失业率

就业是表征民生优化的重要方面，失业率是评价地区就业状况的主要指标。本报告采用城镇登记失业率来衡量地区就业情况。

资料来源：《中国统计年鉴》、中经统计网。

（3）居民消费价格指数（CPI）

CPI 可以在一定程度上反映地区居民家庭所购买的消费品和服务价格水

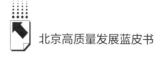

平的变动情况，在民生优化的消费方面选取了 CPI 来衡量地区消费水平的变动情况。

资料来源：《中国统计年鉴》、中经统计网。

（4）城镇商品房价格与居民收入水平比例

一般来说，地区发展水平越高，其居住的支出占居民家庭消费的开支比例相对越大，若城镇商品房与居民收入水平差距越大，居民的幸福指数越低，会影响到民生优化水平。本报告选取城镇商品房价格与居民收入水平比例来表征民生优化的消费与收入的平衡度，具体计算公式如下：

$$城镇商品房价格与居民收入水平比例 = \frac{城镇商品房价格}{居民收入}$$

资料来源：《中国统计年鉴》、《中国社会统计年鉴》。

（5）教育支出

教育是民生优化的重要组成部分，用教育支出水平在一定程度上可以衡量地区对教育的重视程度，可表征民生优化方面的教育投入水平。本报告采用的是一般预算支出中的教育支出资料。

资料来源：《中国统计年鉴》、中经统计网。

（6）每百名学生拥有专任教师数

地区的教育水平与教师息息相关，用每百名学生拥有专任教师数可以在一定程度上衡量地区的教育水平，表征民生优化方面的教育发展水平。具体计算公式如下：

$$每百名学生拥有专任教师数 = \left(\frac{专任教师}{各类学生在校数} \right) \times 100$$

其中，专任教师 = 高中专任教师 + 职业技术专任教师 + 初中专任教师 + 小学专任教师 + 特殊教育专任教师

资料来源：《中国统计年鉴》、中经统计网。

（7）每万人拥有卫生技术人员数

医疗是民生优化的重要组成部分，用每万人拥有卫生技术人员数这个具有代表性的指标来衡量地区对医疗资源方面的投入程度，可表征民生优化方

面的医疗人力资源的投入水平。具体计算公式如下：

$$每万人拥有卫生技术人员数 = \frac{卫生技术人员数（人）}{常住人口（万人）}$$

资料来源：《中国统计年鉴》、中经统计网。

（8）每千人口医院床位数

每千人拥有医院床位数这个具有代表性的指标来衡量地区对医疗硬件投入的程度，可表征民生优化方面的医疗基础设施的投入水平。具体计算公式如下：

$$每千人口医院床位数 = \frac{医院床位数（个）\times 10}{常住人口（万人）}$$

资料来源：《中国统计年鉴》、中经统计网。

（9）参加城乡居民基本医疗保险人数增长率

医疗保障是社会保障的重要组成部分，用参加城乡居民基本医疗保险人数来衡量地区对社会保障医疗方面的完善程度，剔除各地区基数的影响，选取参加城乡居民基本医疗保险人数增长这个可动态表征其发展水平的指标来衡量，具体计算公式如下：

$$参加城乡居民基本医疗保险人数增长率 = \left(\frac{当年参加城乡居民基本医疗保险人数 - 去年参加城乡居民基本医疗保险人数}{去年参加城乡居民基本医疗保险人数} \right) \times 100\%$$

资料来源：《中国统计年鉴》、《中国社会统计年鉴》。

（10）养老金增长率

养老保障是社会保障的重要组成部分，养老金是用于保障职工退休后的基本生活的需要，用养老金增长率来衡量地区对退休人员的保障程度，剔除各地区基数的影响，选取养老金增长率这个可动态表征其发展水平的指标来衡量，具体计算公式如下：

$$养老金增长率 = \left(\frac{当年养老金额 - 去年养老金额}{去年养老金额} \right) \times 100\%$$

资料来源：《中国统计年鉴》、《中国社会统计年鉴》、《中国劳动经济资

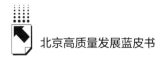

料库》。

（11）参加城乡居民养老保障人数增长率

养老保障是社会保障的重要组成部分，采用参加城乡居民养老保障人数来衡量地区对社会保障养老方面的完善程度，剔除各地区基数的影响，选取参加城乡居民养老保险人数增长这个可动态表征其发展水平的指标来衡量，具体计算公式如下：

参加城乡居民养老保障人数增长率 =

$$\left(\frac{当年参加城乡居民养老保障人数 - 去年参加城乡居民养老保障人数}{去年参加城乡居民基本养老保障人数}\right) \times 100\%$$

资料来源：《中国统计年鉴》、《中国社会统计年鉴》。

2. 城乡统筹

（1）公共交通运输能力和服务水平

推进城乡交通运输一体化、提升公共服务水平是加快城乡统筹协调、缩小区域发展差距的迫切需要，采用城镇和农村总和的公共交通客运量这个指标来衡量城乡交通统筹发展情况。

资料来源：《中国统计年鉴》。

（2）城镇化率

城镇化率是衡量地区社会经济发展水平的重要标志，反映了城市发展的规模。具体计算公式如下：

$$城镇化率 = \left(\frac{城镇常住人口}{常住总人口}\right) \times 100\%$$

资料来源：《中国统计年鉴》。

（3）城乡居民可支配收入之比

城乡居民可支配收入之比是衡量城乡居民收入差距的重要指标，是反馈国民生活水平的重要参考数据。该指标具体计算公式如下：

$$城乡居民可支配收入之比 = \frac{城镇居民可支配收入}{农村居民可支配收入}$$

资料来源：《中国统计年鉴》。

（4）城乡居民恩格尔系数之比

恩格尔系数反映了居民生活水平的高低。越富裕的家庭，食品支出占比越低。城乡居民恩格尔系数之比是衡量城乡居民家庭支出差异的重要指标。该指标具体计算公式如下：

$$城乡居民恩格尔系数之比 = \left(\frac{城镇居民家庭食品烟酒支出}{城镇居民家庭支出}\right) \Big/ \left(\frac{农村居民家庭食品烟酒支出}{农村居民家庭支出}\right)$$

资料来源：《中国社会统计年鉴》。

（5）城乡居民人均住房建筑面积之比

城乡居民人均住房建筑面积的增长是新中国经济社会发展成就的重要体现。城乡居民人均住房建筑面积之比表征着城乡居民居住水平的差异。该指标具体计算公式如下：

$$城乡居民人均住房建筑面积之比 = \frac{人均城镇住宅竣工面积}{人均农村住宅竣工面积}$$

资料来源：《中国社会统计年鉴》。

（6）城乡燃气普及率之比

燃气是居民生活和工业发展的重要资源。近年来，我国居民燃气消费迅速增长。城乡燃气普及率之比旨在探讨燃气普及方面的城乡差异。该指标具体计算公式如下：

$$城乡燃气普及率之比 = \left(\frac{期末城区使用燃气的人口}{城镇常住人口}\right) \Big/ \left(\frac{期末农村使用燃气的人口}{农村常住人口}\right)$$

资料来源：《中国社会统计年鉴》。

（7）城乡互联网普及率之比

互联网是现代经济社会生活重要的信息沟通工具，一个区域互联网的普及率可反映出该区域经济社会发展水平。近年来，随着移动互联网向农村持续扩展，城乡互联网普及率的差异进一步缩小。该指标具体计算公式如下：

$$城乡互联网普及率之比 = \frac{人均城镇宽带连接数}{人均农村宽带连接数}$$

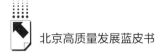
资料来源：《中国社会统计年鉴》。

（8）城乡居民平均受教育年限之比

平均受教育年限是指一定区域内人口群体接受学历教育的年数总和的平均数。城乡居民平均受教育年限之比旨在探讨城乡居民在受教育年限方面的差异。该指标具体计算公式如下：

$$城乡居民平均受教育年限之比 = \frac{城镇居民平均受教育年限}{农村居民平均受教育年限}$$

资料来源：中国人力资源指数，http：//humancapital. cufe. edu. cn/rlzb zsxm. htm。

3. 风险防控

（1）城市应急管理水平

采用地震应急避难场所积累个数、地震台个数这个具有代表性的指标来表征城乡应急管理水平。

（2）交通事故发生数（万起）增长率

交通事故是指车辆在道路上因过错或者意外造成人身伤亡或者财产损失的事件。交通事故率发生数增长率是评价交通事故数量变化的一种指标，也是评价经济发展过程中风险防控方面的重要指标。该指标具体计算公式如下：

$$交通事故发生数（万起）增长率 = \left(\frac{当年交通事故发生数 - 去年交通事故发生数}{交通事故发生数} \right) \times 100\%$$

资料来源：《中国统计年鉴》。

（3）12345市民热线诉求办结率

12345市民热线是各地设立的专门受理热线事项的公共服务平台。12345市民热线诉求办结率表征着为民服务水平，同时也是评价经济发展过程中风险防控方面的重要指标。

资料来源：各省市12345官网网站、年度公报。

（4）信访总量增长率（%）

信访工作对于维护社会秩序、化解社会矛盾十分重要。信访总量增长率是评价信访数量变化的一种指标，也是评价经济发展过程中风险防控方面的重要指标。该指标具体计算公式如下：

$$信访总量增长率 = \left(\frac{当年信访总量 - 去年信访总量}{去年信访总量} \right) \times 100\%$$

资料来源：政府工作报告。

Abstract

The Fifth Plenum of the 19th Central Committee of the Communist Party of China clearly puts forward the theme of promoting high-quality development. High quality development covers economic growth, environmental protection, resource utilization, social undertakings and other aspects, which is a complex systematic engineering through the whole process of social reproduction in production circulation, distribution and sales. It is necessary to implement systematic research and formulate reasonable and feasible development goals in combination with characteristics of resource endowment both in our country and the capital. In order to better implement the decision and deployment of the CPC Central Committee and Beijing Municipality, Beijing Academy of science and technology, together with Tsinghua University and Beijing University of technology, has been involved in systematic research on high-quality innovation driven development of the capital in which a seminar on high-quality development of the capital is held and the report on Beijing high-quality development index is released. The report puts forward three dimensions to measure regional high-quality development, namely high-quality economic development, high-quality social development and high-quality environmental development, which constructs 68 index systems to measure regional high-quality development, evaluates and analyzes Beijing's high-quality development while it makes a comparative study with Shanghai and other cities with high-quality development level. Obviously the optimization of industrial structure is an important theme in high-quality development, and new economic development is an important power engine of industrial structure optimization in Beijing. 2021 annual report focuses on high-quality development of new economy, puts forward five development essence and six connotations in new economy while it constructs the evaluation index system of Beijing's new economy from six dimensions, in which it is informed that Beijing's new economic development has six characteristics. Finally development strategies are listed to offer advices for high-quality development of Beijing's new economy.

The report consists of five parts, namely general report, divisional report, special report, case report and appendix, with a total of 12 chapters. The general report analyzes the current situation and achievement of Beijing's high-quality development in 2020, evaluates Beijing's high-quality development by constructing mathematical model and relevant index and puts forward ten strategic trends of high-quality development in the 14th Five-Year Plan period. Based on data analysis the divisional report constructs high- quality index system of economy, society and environment while estimating their high-quality development level from 2005 to 2018, makes a comparative analysis with provinces and cities of better scores in each dimension. The special report focuses on development of Beijing's new economy, analyzes development status of global new economy, compiles Beijing's new economic index, studies promoting high-quality development mechanism of the new economy, constructs the input-output model of new economy and high quality, The case report makes a case study on new economic enterprises promoting Beijing's high-quality development with representative enterprises of Baidu and JD in Beijing area. The appendix contains policy documents, index interpretation and data sources of Beijing's high-quality development.

The main achievements of the report are as follows. First the evaluation index system of Beijing's high-quality development is constructed from three dimensions of economy, society and environment. According to the reports of international authoritative institutions economic dimension, social dimension and environmental dimension are three pillars of sustainable development; in light of demands of new development concept high-quality development is compared with high-speed growth and focuses on economic development, social equity and ecological environment from one dimension of economic growth; as for positioning of Beijing high-quality economic development, high-quality social development and high quality environmental development are three essence of Beijing's high quality development. As science and technology innovation center, Beijing has gathered rich talents together with science and technology resources environment, which serves innovation as the first engine to guide and drive economic structure upgrading and economic growth efficiency improving so as to achieve high-quality economic development. As the first city in China to substantially reduce its development, Beijing should stimulate its reform mechanism to achieve more output ratio through appropriate reduction based on its existing population, land and environment. Since Beijing is the model city in China people's well-beings will be firstly solved to promote overall planning of urban and rural areas and advance high-quality development in social field according to Seven-Haves by President Xi Jinping and Five-Qualities by Mr. Cai Qi (Secretary of Beijing Municipal Committee of CPC).

Next it is pointed out that Beijing's high-quality development presents five characteristics. The report evaluates high-quality development level of Beijing between 2005 and 2018 on the basis of high-quality economic development, high-quality social development and high-quality environmental development, which focuses on evaluation and analysis of Beijing's high-quality development in 2018. It is concluded that Beijing's high-quality development presents five characteristics. First, Beijing's high-quality development shows a sustainable growth trend with leading index. Second, green development is deeply rooted in public mind and high-quality environment proves to be the main driving force. Third, high quality economic development is more relied on innovation-oriented high and advanced industries. Fourth, resource utilization index is prominent and ecological environmental quality takes on spiraling rise. Fifth, narrowing the gap between urban and rural areas will become the biggest increasing point in optimization of people's well-beings.

Then the report evaluates and analyzes Beijing's economic high-quality development. The report constructs the evaluation index system of high-quality economic development from four dimensions of economic growth, structural optimization, efficiency improvement and innovative drive while it evaluates and analyzes Beijing's high-quality economic development level between 2005 and 2018. The result shows that Beijing's high-quality economic development level leads in other provinces and cities in light of innovative driven. At present Beijing's high-quality economic development mainly depends on innovation-oriented index and economic growth index and structural optimization tends to be reasonable but efficiency improvement needs to be improved. Specifically Beijing's economic growth index maintains a steady growth and structural optimization index presents a slow growing trend in fluctuation. Next stage will be the key to move forward to high and advanced industry. Contribution of efficiency improvement to Beijing's economic high-quality development needs to be improved and improvement of industrial labor productivity will be the key. Innovative drive has become the driving force to Beijing's high-quality economic development in which the contributing proportion to Beijing's high-quality economic development is increasing. In particular, enterprises' R&D investment will be increased.

Next high quality development of Beijing society is evaluated and analyzed. The report constructs the evaluation index system of high-quality social development from three dimensions of people's well-being optimization, urban and rural integration and risk prevention and control. Further it evaluates and analyzes high-quality social development level of Beijing between 2005 and 2018. The result shows that Beijing's high-quality development index presents Z shape growth trend and its fluctuation range is relatively large. The dimension of people's well-being optimization is the main driving force of high-quality social development in Beijing while the contribution of urban-rural integration and risk prevention dimension needs to be improved. Therefore efforts to narrow the gap between urban and rural development and strengthen risk prevention and control will be the main driving force of Beijing's high-quality social development in the future.

Then high quality development of Beijing's environment is evaluated and analyzed. The report constructs environmental evaluation index system of high-quality development from four dimensions of environmental quality, pollution reduction, resource utilization and environmental management and analyzes Beijing's environmental high quality development level between 2005 and 2018. The result shows that high-quality growth of Beijing's environment has changed from gentle growth to fluctuating growth, but the fluctuation range is relatively small. Specifically the environmental quality still needs to be continuously improved although green coverage rate has achieved remarkable results. Beijing's pollution reduction index is at the leading level in China showing a trend of fluctuating growth with a relatively large growth rate. Resource utilization has the highest contribution to high-quality development of Beijing's environment, which has become the main power source. Environmental management index shows an alternating growth state between increase and decrease. In the future it is a key to change from unsteady growth to steady growth with increasing investment in environmental protection.

Next ten strategic trends of high-quality development are suggested in in the 14th Five-Year Plan period. Combined with the development plan of the 14th Five-Year Plan the report puts forward ten strategic trends of high-quality development. First, the internal circulation system promotes high-quality development. Second, upgrading of economic structure promotes high-quality development. Third, independent innovation leads high-quality development; fourth, new economy facilitates high-quality development. Fifth, digital intelligence and digital economy drive high-quality development. Sixth, consumption promotes high-quality development. Seventh, service-oriented manufacturing advances high-quality development. Eighth, regional coordinated development promotes high-quality development. Ninth green development accelerates high-quality development. Tenth, shared development focuses on high-quality development.

Then the mechanism of new economy promoting high quality development is analyzed. From macro level new economy can promote high-quality economic development in stimulating national innovation and social innovation. In middle level new economy can promote high-quality economic development in improving industrial efficiency and promoting factor flow. In micro level new economy can continuously promote high-quality economic development by promoting different enterprises to achieve internal circulation and renewal. New economy functions in kinetic energy transformation, structural optimization and co-evolution which is targeted at high-quality development.

Next Beijing's new economic indicator with six dimensions and 51 indexes is constructed at first. The report puts forward five main points in new economic development. First, it is aimed at stepping into knowledge-based society under promotion of new economy. Second, new economy has improved production efficiency of the whole society. Third, cities and life are more intelligent under promotion of new economy. Fourth, new economy has stimulated a new economic force-Unicorn Companies. Fifth, new economy has promoted coordination of system and technology to improve public service construction. Further the report puts forward six connotations of new economy. Economic vitality is cornerstone of new economic development; knowledge-based human investment is support of new economic development; innovation competence is the core of new economic development; internationalization is carrier of new economic development; digital intelligence is the key of new economic development; transformation and upgrading is the direction of new economic development. Originally Beijing's new economy indicators with six dimensions and 51 indexes are put forward. Compared with new economic indicators of the United States, Beijing's new economic indicators have richer content and more logical relationship, which adds independent query data especially in dimension of innovation competence to improve transformation and upgrading indicators in the context of high-quality development.

Then new economic development level of Beijing is evaluated. After evaluation and analysis Beijing's new economic development has the following six characteristics. First, new economic industry has promoted development to bring Beijing's economic vitality increase. Second, investment in knowledge-based talents has achieved remarkable results and the scale of Beijing's knowledge-intensive service industry has grown steadily. Third, innovation competence of new economy has been continuously improved and independent innovation still needs to be strengthened. Fourth, internationalization of new economy has achieved outstanding results and Beijing's new economy has progressed greatly to become global center of unicorn companies. Fifth, digital economy has become the main power engine of new economy from digitalization to digital intelligence. Sixth, green development momentum progresses for the better and new economy has become protagonist in transformation and upgrading. Beijing's new economic index increases from 157. 4 to 351. 1 with an average annual compound growth rate of 22. 2% between 2015 and 2019. On the basis of contribution analysis digital intelligence index of new economy is listed as the first in Beijing's new economic development however transformation and upgrading index needs to be improved.

Finally the input-output model of new economy and high quality is constructed. The report analyzes influence coefficient of Beijing's new economy between 2002 and 2017. The result shows that impact of new economic manufacturing industry on production of other sectors is more than average social influence level, which shows that new economic manufacturing industry has played an important role in promoting the overall economic growth. However, only influence coefficient of scientific research and technical services is more than 1 in new economic service industry, which indicates development level of Beijing's new economic service industry still need to be promoted. From the perspective of inductivity coefficient the inductivity coefficient of communication equipment, computer and other electronic equipment, information transmission, software and information technology services in new economy is more than 1 while that of the other nine new economic sectors is less than 1. It shows that in the process of high-quality economic development the intensity of new economy to provide output for other industries is not enough. At the same time the degree of coordinated development between new economy and traditional economy is also not enough. Hence the report puts forward countermeasures and suggestions to promote Beijing's new economic development. It is concluded in continuously improving manufacturing industry level, vigorously promoting service industry development, strengthening industrial ecosystem, promoting governance system of high-quality development and implementing demonstration project of high-quality development in new economy.

Keywords：Beijing's High-quality Development; Economic High-quality Development; Social High-quality Development; Environmental High-quality Development; Beijing's New Economic Index

Contents

I General Report

The book covers following contents: progress and achievements; evaluation on Beijing's high-quality development; evaluation on Beijing's new economic development; research conclusion and suggestion; ten strategic trends of high-quality development.

Abstract: General Secretary of the CPC Central Committee Xi Jinping first puts forward that China's economy has shifted from high-speed growth to high-quality development stage during delivering a keynote report in the 19th National Congress of the Communist Party of China. Hence relevant policy and document on Beijing's high-quality development have been introduced successively and Beijing's high-quality development enters a new phase. In process of high-quality development the concept is obviously changed and significant progress has been made in key areas and important policies. The report summarizes current situation and achievements of interactive development of "One-Body and Two-Wing" model, "Three-Science City and One-Zone" progress, "Two-Zone and Three-Platform" plan as well as Beijing's new economic development. Through construction of mathematical model and application of index evaluation system the report quantitatively measures high-quality development and new economic

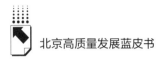

development level of Beijing. It can be summarized as followings.

(1) Beijing's high-quality development shows a sustainable growth trend with index leading. Environmental high-quality development has become main driving force of Beijing's high-quality development while high-quality economic function has gradually become more prominent and potential of high-quality social development needs to be further stimulated. (2) Beijing's high-quality economic development mainly depends on innovation drive and economic growth therefore Beijing's structural optimization index level is far higher than national average level and the ratio of three industries tends to be reasonable, which shows more reasonable industrial structure has been shaped in Beijing's economic development, and the next stage will focus on high and advanced industries to improve intensive development. (3) Beijing's high-quality social development index shows Z shape growth trend. The optimization dimension of people's well-beings serve as main driving force in Beijing's high-quality social development however contribution of urban-rural integration of risk prevention and control dimension needs to be improved. Among them big difference between commercial housing and income serves as main restricting factor that affects optimization of people's well-beings in Beijing hence vitality of employment and consumption needs to be stimulated. Narrowing the gap between urban and rural areas will become the biggest improving point. (4) Beijing's environmental high-quality development changing from a gentle growth to a fluctuating growth while ecological environmental quality continues to spiral up. The contribution of green travel functions prominently to Beijing's pollution reduction. Resource utilization contributed most to Beijing's environmental high-quality development which becomes the fastest growth rate as well as main power source. Investment of environmental protection is still in large gap that still needs to increases accordingly. (5) Between 2015 to 2019 Beijing's new economic index increases rapidly from 157. 4 to 351. 1. Generally speaking Beijing's new economic development has six characteristics. First, new economic industry develops rapidly and Beijing's economic vitality rises correspondingly. Second, investment in knowledge-based talents achieves remarkable results and scale of Beijing's knowledge-intensive service industry grows steadily. Third,

innovative ability of new economy constantly improves while independent innovation needs to be strengthened. Fourth, internationalization of new economy achieves outstanding results and Beijing has become global center of unicorn companies. Fifth, digital economy becomes main engine of new economy from digitalization to digital intellectualization. Sixth, there appears better momentum in green development and new economy has become protagonist of transformation and upgrading. In 2019 growth rate of Beijing's new economic digital intelligence index ranks first among the above six dimensions, which plays a leading role in the development of Beijing's new economy. However, Beijing's new economy has ushered in a critical period of transformation and upgrading. The transformation and upgrading index of Beijing in 2019 is slightly lower than that of 2015 hence transformation and upgrading becomes the difficulty of Beijing's new economic development. On the basis, the report puts forward corresponding countermeasures and suggestions, and predicts ten strategic trends of high-quality development that needs to be grasped in the 14th Five-Year Plan period.

Keywords: Beijing's High-quality Development; Economic High-quality Development; Social High-quality Development; Environmental High-quality Development; Beijing's New Economic Index

Ⅱ Topical Reports

B.2 Sub-report on High-Quality Economic Development

of Beijing 2021   / 055

Abstract: The report of the 19th National Congress of the Communist Party of China puts forward high-quality development and high-quality economic development is of great significance to promote high-quality development of Beijing. Based on data analysis the report quantitatively measures high-quality economic development level of Beijing between 2005 and 2018 by constructing high-quality economic index system while making a comparative analysis with domestic provinces and cities of better scores in each dimension. The result shows that Beijing's high-quality economic development index changes from moderate growth to rapid growth in that Beijing's high-quality economic development mainly depends on innovative drive and economic growth. Among them structure optimization tends to be reasonable while contribution of efficiency improvement in high-quality economic development decreases, which presents U-shaped development trend. Innovative drive has become the most important power source to promote high-quality development of Beijing's economy, and its contribution rate to economic high-quality development has continuously improved. In particular contribution of technology market turnover is remarkable but investment gap in scientific research and education is still large. In the future it is still necessary to keep stable economic growth. The key is to improve industrial labor productivity, accelerate per capita output efficiency and further stimulate potential of efficiency improvement. Strengthening advantages, ramming foundation and improving weaknesses will be future strategic focus of Beijing's high-quality economic development.

Keywords: Economic High-quality Development; Economic Growth; Structure Optimization; Efficiency Promotion; Innovative Drive

B . 3 Sub-report on High-Quality Social Development
of Beijing 2021   / 080

Abstract: High-quality development of social security is an important part of high-quality development. The report measures level of Beijing's high-quality social development between 2005 and 2018 through building a high-quality social index system on the basis of data analysis and makes a comparative analysis with domestic provinces and cities with better indicators in each dimension. The result shows that high-quality development index of Beijing society presents Z-shape growth trend while optimization dimension of people's well-beings serves as main driving force of high-quality development of Beijing society however contribution of urban-rural coordination and risk prevention needs to be improved. Among them optimization index of people's well-beings appears in an unstable growth trend due to fluctuations. Big difference between commercial housing and income becomes main constraint factor affecting people's well-being optimization in Beijing while vitality of employment and consumption needs to be stimulated. Next urban-rural integration index shows convex-shape development trend and coordinated development of urban and rural areas still has a long way to go. Currently risk prevention and control maintains a stable growth. Therefore, efforts to narrow the gap between urban and rural development and strengthen risk prevention will be the key to future high-quality development of Beijing society. As a matter of above analysis relevant countermeasures and suggestions are proposed.

Keywords: Social High-quality Development; Optimization dimension of people; Urban-rural integration; Risk prevention and control

B.4   Sub-report on High-Quality Environmental Development
          of Beijing 2021   / 099

Abstract: As an important part of high-quality development high-quality environmental development is of great significance to promote Beijing's high-quality development. On the basis of data analysis the report measures Beijing's high-quality environmental development level between 2005 and 2018 through constructing high-quality environmental development index system. Then it makes comparative analysis with domestic provinces and cities with better scores in each dimension. The result shows that Beijing's high-quality environmental development index presents a trend from moderate growth to fluctuating growth however fluctuation range is relatively small. Green coverage has achieved remarkable result but environmental quality needs to be improved. Although pollution reduction index is at the leading level in China it presents fluctuating growth trend and growth rate is relatively large. In addition green travel has made a prominent contribution to Beijing's pollution reduction index but pollution emission level needs to be improved. Resource utilization has the highest contribution to high-quality development of Beijing's environment while its growth rate is also the fastest. Next environmental management index continues to be increasing-decreasing trend and investment gap in environmental protection is still large. In the future Beijing's high-quality environmental development will focus on improving environmental quality. Since the proportion of coal consumption is quite limited seeking new power will become the primary problem to be solved in high-quality environmental development.

Keywords：Environmental High-quality Development；Environmental quality；Pollution reduction；Resource utilization；Environmental management

B.5 Sub-report on High-Quality Development between Beijing and Shanghai / 122

Abstract：High quality development will serve as the main transformation direction and important goal in the future. The report quantitatively measures Beijing's high-quality development through constructing mathematical model and applying index to make a comparative analysis with Shanghai. It is found that Beijing's high-quality development presents five characteristics when compared with Shanghai. Based on the research conclusions, the report discusses enlightenments to improve high-quality development of Beijing from three perspectives, namely preparing for worst-case scenarios, improving weak links and making full use of advantage.

Keywords：Beijing's High-quality Development；Shanghai's High-quality Development；Comparative Study

III   Special Reports

Abstract: Under impact of COVID-19 global economic environment has been severely weakened but it has also brought opportunities and challenges to new economic development. At present international organizations such as WB, IMF and UN have analyzed the world economy and new economic situation respectively. Among them WB's global economic outlook 2020 and UN's world economic situation and outlook 2020 respectively analyzes new economic development situation of the United States, European Union, Japan. Analysis of world economic outlook by IMF points out necessary protective measures of COVID-19 seriously affect world economic activities and predict global economic development in 2020 will shrink sharply by 3% . Under the background of global slow economic growth new economy has become a new driving force to promote economic recovery and growth but its future development still needs to overcome obstacles of industrialization, marketization and investment while extensive use of emerging technologies will not only have a profound impact on mode of economic operation, but also its continuous innovation will lead to expansive diffusion of new economy. Finally main development trends of new economy under epidemic situation will be concerned although the United States, European Union and Japan are difficult to avoid economic recession, which can be listed as followings. First construction of digital infrastructure and infrastructure digitization is accelerated. Second fine division of labor and cooperation between robots and people as well as development of non-contact business will usher in an explosive period. Freelancers and casual economy will become development trend. Labor employment relationship of enterprises will be transformed into mutually beneficial and cooperative relationship. Third epidemic will accelerate development of new economy, which needs intelligent governance. At the moment of epidemic situation platform economy can realize seamless transformation of resources and quickly switch to relevant epidemic application scenarios since the hidden new information technology has realized empowerment.

Keywords: New Economy; World Bank (WB); International Monetary Fund (IMF); United Nations (UN)

B . 7　Sub-report on Beijing's New Economic Index 2021　　　／161

Abstract: In June 2020 Beijing formulates guidelines on accelerating cultivation and expansion of new formats and models to promote high-quality development of Beijing's economy in order to promote development of Beijing's new economy to a higher level. The report points out that new economy includes five development essentials and six connotations while Beijing's new economic development has six characteristics. Hence the report constructs evaluation index system of Beijing's new economy in six dimensions and makes a quantitative measurement of Beijing's new economy. The results are listed as followings. First growth rate of Beijing's new economic digital intelligence index in 2019 ranks the first among six dimensions, which plays a leading role in development of Beijing's new economy. Second Beijing's talent aggregation has achieved remarkable results and its emphasis on knowledge-based human resources has gradually increased and Beijing's knowledge-based human resources investment index in 2019 has increased by 3. 4 times compared with that in 2015. Third innovation ability index of new economy has been continuously improved and Beijing's business environment has been continuously optimized, resulting in more active development of new economic technology, new industries, new formats and new business models. Fourth Beijing's transformation and upgrading index in 2019 is slightly lower than that in 2015 while Beijing's new economy is ushering in a key transformation and upgrading period. Sixth Go-Global strategy of scientific and technological innovation in Beijing's new economic enterprises has achieved remarkable results with an annual compound growth rate of nearly 10% in internationalization index in that its internationalization influence is increasing. Through contribution analysis new economic digital intelligence index is listed as the first hence becomes the first engine of Beijing's new economic development but transformation and upgrading index needs to be improved. On the basis of research conclusions the report puts forward countermeasures for Beijing's new economic development of in 2021 that is to break the waves and sail out ahead.

Keywords: Beijing's New Economic Index; Digital Economy; Intelligent Economy

B. 8 Sub-report on Mechanism Analysis of New Economy
Promoting High-Quality Development   / 188

Abstract: First internal mechanism of new economy promoting high-quality development is studied, which mainly includes three aspects, namely theoretical basis, theoretical logic and mechanism analysis. Among them theoretical basis includes endogenous growth, system economics and evolutionary economics, theoretical logic is mainly discussed from the macro, middle and micro levels while mechanism analysis is mainly combined with endogenous growth theory, system economics theory and evolutionary economics theory on the basis of kinetic energy transformation, structural optimization and collaborative development of new economy to promote high-quality development. Then Input-Output model of new economic high quality is constructed. After deeply analyzing input-output connotation and investigating classification of new economic industries the report is combined with another two reports titled Statistical Classification of New Industries, New Formats and New Business Models 2018 & Classification of Beijing's New Economic Activities 2020 as well as actual operability. Based on interregional Input-Output table of 31 provinces, autonomous regions and municipalities which is published in 2017 the report selects industries that are in line with characteristics of new economic activities and integrates them to form a new industry. Within the scope of new economy statistics 12 major industries will be formed, including agriculture, forestry, animal husbandry and fishery, mining and dressing industry, food & beverage and tobacco, light industry manufacturing (textile and clothing, etc.), resource intensive manufacturing (coal, steel, crude oil, chemical industry, etc.), equipment manufacturing, public utilities, construction and real estate industry, traditional service, public service, new economy manufacturing, and new economy service. Based on Input-Output table of Beijing 2017 the report puts forward an improved Input-Output table and constructs an Input-Output model of new economic high- quality. Finally the relationship between Beijing's new economy and high quality development is studied by applying Input-Output model of new economic high quality. Specifically sensitivity coefficient and influence coefficient are further calculated and the result is analyzed in depth by calculating direct consumption coefficient, complete consumption coefficient and complete demanding coefficient.

Keywords: New Economy; High-Quality Development; Input-Output Model; Mechanism Analysis

IV   Case Reports

B.9   Case Report on Internet Companies Promoting High-Quality Development of City

Abstract: In case study of Baidu the report first reviews core business of Baidu, including Baidu ecology (products for consumers, services for merchants, products and services for partners, etc.), new business of artificial intelligence (DueROs, Paddle, Xiaodu Assistant, Baidu Cloud and Apollo, etc.) and core technology (Artificial Intelligence, Search Engine, P4P Technology, etc.)

. Then it analyzes core business of Baidu through case analysis of Haidian District intelligence it is found that combination of Baidu's core technology and urban governance can significantly improve level of urban fine governance, solve difficult points, blocking points and pain points in efficient operation of the city while it will improve efficiency of urban management, reduce working intensity of managers, enhance the sense of public access and promote city development. At the same time it analyzes case of Baidu in promoting modernization of emergency management (taking the joint innovation laboratory of artificial intelligence application as an example). Through case analysis we find that application of Baidu's core technology in emergency management can effectively promote modern and intelligent application of urban natural disasters, safety production, fire safety, emergency command and other business. In order to ensure efficient operation of urban emergency management service function, comprehensively improve basic ability of emergency management and effectively guarantee urban safety and social stability the report puts forward some Baidu-based suggestions to promote high-quality development of Beijing's economy. First new infrastructure of artificial intelligence is the entry point of high-quality development of new economy. Second as a systematic project high-quality economic development demands government and enterprises to work together. Third intelligent economy promotes new business forms. Finally high-quality development of new economy depends on development of ecosystem.

Keywords: Baidu; Beijing's High-Quality Development; Intelligence; Modernization

B. 10   Case Report on High-Tech Companies Promoting

High-Quality Development of City

—*Take BOE as an example*   / 229

Abstract: Founded in April 1993 BOE is an IOT company that provides

297

smart port products and professional services for information interaction and human health. At present BOE has rapidly developed into a leading enterprise of the Internet of things in China and is also one of the most representative enterprises in Beijing's new economy industry. The report first analyzes development of BOE in detail from external environment, including PEST analysis of BOE's business, overview of China's LCD panel industry and Five-Force Model analysis of BOE's industry. Then it summarizes seven advantages and seven challenges of BOE's development on policy, economy and social technology. Next it analyzes development of BOE in detail from internal business environment, including five aspects of core competence analysis and four aspects of business problem analysis while summarizing eight advantages and seven disadvantages of BOE in terms of internal environmental factors. Finally the report analyzes BOE's promotion of high-quality economic development in Beijing from the perspective of digital economy and intelligent economy of new economy. In the aspect of digital economy BOE's smart retail (BOE provides new retail solutions of IOT such as price management, shelf management, customer behavior analysis, etc., realizing seamless O + O connection of retail) and digital art (BOE launches digital art of IOT, namely BOE screen with perfect combination of technology and art). In the aspect of intelligent economy the mobile health management platform launched by BOE is taken as an example. The platform can access a variety of intelligent health hardware detection devices such as sphygmomanometer, sleep meter, body fat scale, sports watch and provide personalized family health management services. In addition BOE has also set up two digital hospitals in Beijing, Beijing BOE hospital (General Hospital) and Beijing Mingde hospital so as to realize seamless connection between online and offline hospitals hence provide convenient medical treatment in accordance with intelligent guidance.

Keywords: High-Quality Development; BOE; New Economy; Digital Economy; Intelligent Economy

V Appendices

社会科学文献出版社

皮 书

智库报告的主要形式
同一主题智库报告的聚合

✦ 皮书定义 ✦

皮书是对中国与世界发展状况和热点问题进行年度监测，以专业的角度、专家的视野和实证研究方法，针对某一领域或区域现状与发展态势展开分析和预测，具备前沿性、原创性、实证性、连续性、时效性等特点的公开出版物，由一系列权威研究报告组成。

✦ 皮书作者 ✦

皮书系列报告作者以国内外一流研究机构、知名高校等重点智库的研究人员为主，多为相关领域一流专家学者，他们的观点代表了当下学界对中国与世界的现实和未来最高水平的解读与分析。截至2021年，皮书研创机构有近千家，报告作者累计超过7万人。

✦ 皮书荣誉 ✦

皮书系列已成为社会科学文献出版社的著名图书品牌和中国社会科学院的知名学术品牌。2016年皮书系列正式列入"十三五"国家重点出版规划项目；2013~2021年，重点皮书列入中国社会科学院承担的国家哲学社会科学创新工程项目。

权威报告・一手数据・特色资源

皮书数据库
ANNUAL REPORT(YEARBOOK)
DATABASE

分析解读当下中国发展变迁的高端智库平台

所获荣誉

- 2019年，入围国家新闻出版署数字出版精品遴选推荐计划项目
- 2016年，入选"'十三五'国家重点电子出版物出版规划骨干工程"
- 2015年，荣获"搜索中国正能量 点赞2015""创新中国科技创新奖"
- 2013年，荣获"中国出版政府奖・网络出版物奖"提名奖
- 连续多年荣获中国数字出版博览会"数字出版・优秀品牌"奖

成为会员

通过网址www.pishu.com.cn访问皮书数据库网站或下载皮书数据库APP，进行手机号码验证或邮箱验证即可成为皮书数据库会员。

会员福利

- 已注册用户购书后可免费获赠100元皮书数据库充值卡。刮开充值卡涂层获取充值密码，登录并进入"会员中心"—"在线充值"—"充值卡充值"，充值成功即可购买和查看数据库内容。
- 会员福利最终解释权归社会科学文献出版社所有。

数据库服务热线：400-008-6695
数据库服务QQ：2475522410
数据库服务邮箱：database@ssap.cn
图书销售热线：010-59367070/7028
图书服务QQ：1265056568
图书服务邮箱：duzhe@ssap.cn

社会科学文献出版社 皮书系列
SOCIAL SCIENCES ACADEMIC PRESS (CHINA)
卡号： 374163195975
密码：

中国社会发展数据库（下设 12 个子库）

　　整合国内外中国社会发展研究成果，汇聚独家统计数据、深度分析报告，涉及社会、人口、政治、教育、法律等 12 个领域，为了解中国社会发展动态、跟踪社会核心热点、分析社会发展趋势提供一站式资源搜索和数据服务。

中国经济发展数据库（下设 12 个子库）

　　围绕国内外中国经济发展主题研究报告、学术资讯、基础数据等资料构建，内容涵盖宏观经济、农业经济、工业经济、产业经济等 12 个重点经济领域，为实时掌控经济运行态势、把握经济发展规律、洞察经济形势、进行经济决策提供参考和依据。

中国行业发展数据库（下设 17 个子库）

　　以中国国民经济行业分类为依据，覆盖金融业、旅游、医疗卫生、交通运输、能源矿产等 100 多个行业，跟踪分析国民经济相关行业市场运行状况和政策导向，汇集行业发展前沿资讯，为投资、从业及各种经济决策提供理论基础和实践指导。

中国区域发展数据库（下设 6 个子库）

　　对中国特定区域内的经济、社会、文化等领域现状与发展情况进行深度分析和预测，研究层级至县及县以下行政区，涉及省份、区域经济体、城市、农村等不同维度，为地方经济社会宏观态势研究、发展经验研究、案例分析提供数据服务。

中国文化传媒数据库（下设 18 个子库）

　　汇聚文化传媒领域专家观点、热点资讯，梳理国内外中国文化发展相关学术研究成果、一手统计数据，涵盖文化产业、新闻传播、电影娱乐、文学艺术、群众文化等 18 个重点研究领域。为文化传媒研究提供相关数据、研究报告和综合分析服务。

世界经济与国际关系数据库（下设 6 个子库）

　　立足"皮书系列"世界经济、国际关系相关学术资源，整合世界经济、国际政治、世界文化与科技、全球性问题、国际组织与国际法、区域研究 6 大领域研究成果，为世界经济与国际关系研究提供全方位数据分析，为决策和形势研判提供参考。

法律声明

"皮书系列"（含蓝皮书、绿皮书、黄皮书）之品牌由社会科学文献出版社最早使用并持续至今，现已被中国图书市场所熟知。"皮书系列"的相关商标已在中华人民共和国国家工商行政管理总局商标局注册，如LOGO（ ）、皮书、Pishu、经济蓝皮书、社会蓝皮书等。"皮书系列"图书的注册商标专用权及封面设计、版式设计的著作权均为社会科学文献出版社所有。未经社会科学文献出版社书面授权许可，任何使用与"皮书系列"图书注册商标、封面设计、版式设计相同或者近似的文字、图形或其组合的行为均系侵权行为。

经作者授权，本书的专有出版权及信息网络传播权等为社会科学文献出版社享有。未经社会科学文献出版社书面授权许可，任何就本书内容的复制、发行或以数字形式进行网络传播的行为均系侵权行为。

社会科学文献出版社将通过法律途径追究上述侵权行为的法律责任，维护自身合法权益。

欢迎社会各界人士对侵犯社会科学文献出版社上述权利的侵权行为进行举报。电话：010-59367121，电子邮箱：fawubu@ssap.cn。

社会科学文献出版社